积累的语文

姜正德◎著

中国文联出版社
http://www.clapnet.cn

图书在版编目（CIP）数据

积累的语文 / 姜正德著 . —北京 : 中国文联出版
社 , 2017.11
ISBN 978-7-5190-3262-3

Ⅰ . ①积… Ⅱ . ①姜… Ⅲ . ①小学语文课—课外读物
Ⅳ . ① G624.203

中国版本图书馆 CIP 数据核字（2017）第 280950 号

积累的语文

作　　者：姜正德	
出 版 人：朱　庆	
终 审 人：朱彦玲	**复 审 人**：王　军
责任编辑：刘　旭	**责任校对**：傅泉泽
封面设计：人文在线	**责任印制**：陈　晨

出版发行：中国文联出版社
地　　址：北京市朝阳区农展馆南里 10 号，100125
电　　话：010-85923043（咨询）85923000（编务）85923020（邮购）
传　　真：010-85923000（总编室），010-85923020（发行部）
网　　址：http://www.clapnet.cn　　http://www.claplus.cn
E-mail：clap@clapnet.cn　　liux@clapnet.cn

印　　刷：廊坊市海涛印刷有限公司
装　　订：廊坊市海涛印刷有限公司
法律顾问：北京天驰君泰律师事务所徐波律师
本书如有破损、缺页、装订错误，请与本社联系调换

开　　本：710×1000		1/16	
字　　数：356 千字		**印　　张**：19.25	
版　　次：2018 年 3 月第 1 版		**印　　次**：2018 年 3 月第 1 次印刷	
书　　号：ISBN 978-7-5190-3262-3			
定　　价：58.00 元			

序

汪　潮

认识姜正德是在 2010 年 11 月。那时我校举办"浙江省小学语文高端培训班"，由我担任这个班的主持导师和首席导师。这个班是面向全省招收市级名师以上的优秀教师。姜正德是这个研修班的学员，那时他是常山县实验小学的副校长，已连续两届被评为衢州市名师。

在为期两年的培训期间，我多次点"将"让他发言和上课，姜正德的突出表现给我留下了很深的印象。近些年来，我应邀多次赴他任职的常山县实验小学和常山育才小学进行专题教研活动，使我们有了更深入的沟通和交流。姜正德为人勤恳，学习勤奋，工作勤勉，一个"勤"字了得。

前段时间，姜正德告诉我准备把近二十年来的研究成果编辑成书，让我给他提提建议并写个序。作为常山育才小学的校长、书记，他在繁杂的行政管理工作之余，仍然不忘初心。他深入小学语文课堂，一边教学，一边研究，获得了丰硕的研究成果。他的追求实在难得，其精神难能可贵，我欣然答应了写序的要求，并提出了书的框架和撰写建议。

很快我就收到了他的书稿。

《积累的语文》，好一个新颖而别致的书名！一看就知道这是阐述语文教学方面的书，更为重要的是它直面"积累"，从中折射出"积累"对于小学语文教学极其重要性的强大信号。

熟悉我的人都知道，我一直致力于语文的学理研究，提出语文教学要符合教育的真理、教学的原理、学习的心理等。因为有理可依，才能理直气壮而理所当然。"积累"就是一个重要的学理。

1. 积累的学理依据

关于语文的"积累"，有坚实的"文件依据"。《义务教育语文课程标准》是语文教学的指导性文件。其中关于"积累"的相关条目有十多条，涉及"积累"的途径、"积累"的内容、"积累"的资源等。本书对此有翔实的条分缕析。

关于"积累"的论述观点,可以上溯到先秦的孔子、孟子、荀子等教育大家,以及韩愈、朱熹的教育理论。《学记》《师说》等教育专著也有重点阐述。近现代的两位大师陶行知和叶圣陶的教育理论也有深入透彻的分析。西方一些教育家及近现代教育心理学的成果,也有关于"积累"的思想元素。

本书的作者对以上理据都有翔实介绍。这样宽阔的研究视域,高远的研究眼光,是值得充分肯定的。

2. 积累的变化过程

"积累"符合事物量变到质变发展的规律。墨子说:"江河之水,非一源之水也;千镒之裘,非一狐之白也。"(《墨子·亲士》)大意说长江、黄河的水,不是来自一个源头;价值千镒的裘皮大衣,不是一只狐狸的纯白皮毛做成的。江河之所以成其大,是因为汇百川之水;白裘之所以成为袍,是因为采百狐之皮。这句话说明积累的重要性,说明事物的质变是由量变发展而成的。管仲说:"海不辞水,故能成其大;山不辞土石,故能成其高;明主不厌人,故能成其众;士不厌学,故能成其圣。"(《管子·形势解》)这几句话给我们的启示是:只有从点滴的积累开始,从平凡的小事做起,才能获得事业的成功;也就是说,只有量的积累才会带来质的变化。说理透辟,发人深省。小学语文的积累也是如此。

3. 积累的现实价值

"积累"的话题直视现实,聚焦核心,是解决当下语文教学很多问题的一把金钥匙。上海师范大学吴忠豪教授在《语言积累是学习语文的基础》中指出很多语文教学"问题出在没有如此丰富的语言积累,进而就写不出这样优美的词句";"因为任何一种语言学习都离不开语言材料的积累,让儿童在记忆力最旺盛的时期尽可能多地积累语言材料,可以为学生终身的语文学习奠定坚实的基础"。(《语文教学通讯》2015 年第 6 期)他还在《再论语言积累是学习语文的基础》一文一针见血地指出:"忽视语言积累是现代语文教学的一大失误。"提出"靠改病句或教师分析指导都只能治标,只能解决局部问题;治本的方法只有靠大量规范语言的输入。学生有了大量规范的句子范型,才能逐步纠正不良的内部语言,逐步形成规范的语言表达习惯,形成好的语感"。(《小学语文教师》2015 年第 9 期)

江苏著名特级教师于永正老师在《也谈语言积累》指出:"如果我们的老师都能按课程标准说的'少做题,多读书,好读书,读好书,读整本的书'去做,注意语言的积累,我们的语文教育就有希望了,我们的学生就有希望了。"(《语文教学通讯》2015 年第 5 期)

一位著名的语文研究专家,一位资深的语文教师,不约而同苦口婆心谈语言积累，不能不看出"积累"的重要价值所在。

4. 积累的基本内涵

除了对"积累"已有理论观点的梳理外，本书对"积累"的内涵做了拓展。除我们比较常见的"字词句段篇"等语言文字的积累外，本书还把语文学习态度积累、语文学习姿势积累、语文学习习惯积累、语文积累途经（感受积累、课堂积累、生活积累）等也纳入了"语文积累"这个范畴。这种思考，拓展了语文教育改革的思路和方向。语文学习，不仅是学习读书作文，还要重视养成良好的学习习惯，提高学生语文素养。这对于纠正那种"重视积累就是读读背背"，乃至于"死记硬背"的狭隘理解，是很有助益的。**特别是本书中关于"语文文化的积累"方面的论述，是小学语文教学领域对当下大热"文化复兴"思潮的一个响亮回应。从这个角度看，这是中国小学语文界对积累进行系统探讨的第一本专著，具有里程碑意义。**

5. 积累的教学实践

这是探讨"语文积累"的一本专著，既有较深入的理论阐述，又有较丰富的实践提示。姜正德站在第一线教师的角度，就"积累"的难点、盲点、重点等提出了自己的一些观点和实施策略。每个章节都有一些教学案例加以佐证说明，这些案例有的是完整的一个课堂教学设计或者教学实录，有的是一个最精彩的课堂教学片段，有的是比较简略的教学思路说明。一事一议，有理有据，论述简练明快，剖析切中关键，有很强的实用性。

关于语文积累，向来是仁者见仁智者见智的。姜正德的研究、思考和观点是一家之言，一派之说。我见证了他的语文积累思想的形成全过程，为之欢呼。《积累的语文》这本专著，是姜正德对从教以来语文教育工作的系统总结。他写下的这些记录，既是对自己的语文教育生涯做了回顾，也是为其他语文教师提供了可以借鉴的宝贵经验。

随着时间的推移，相信姜正德对于语文教育、对于语文积累，认识会更加全面，思考会更加深入，成果也会更加卓越。

是为序！

（汪潮：浙江外国语学院小学教育研究所所长、教授，浙江省中小学教师培训中心培训部主任，国培专家）

前言 *Qian Yan*

　　我是一位普通的小学语文老师，1991年中等师范毕业，应该说学历起点不高，教育理论修养薄弱。刚毕业，被分配在一所乡中心小学任教，校长也许是无兵可用，也许是高看一眼，安排我任毕业班班主任兼语文、常识老师。这个安排不可谓不大胆，不可谓不冒险，因为毕业班是要全县统测排名的。

　　这可真叫作压担子。

　　当时的我，也单纯，就一门心思想着把学生成绩抓上去，不要辜负领导的信任，不要耽误孩子的前程。既然是考试，那就用考试的办法应对。于是就赶紧到新华书店买下许多的毕业班试卷，自己认认真真做上一次，然后把相关的题目，批注于语文书上，结果5个平行班，第一年就考了个全乡第二。第二年继续毕业班，全乡第一，第三年还是毕业班，又是全乡第一。就在我自认为已经摸着语文教学的门道，甚至有点沾沾自喜时，第四年的毕业班给了我一记闷棍，我清楚地记得其中的一道阅读题，选自课文《藤野先生》，就叫学生仿写"物以稀为贵"，结果考试结束一对答案，呵呵，几乎是全军覆没。

　　于是乎，我忽然明白，我们一直感叹着学生不会"妙语连珠"的时候，极为容易忽视积累的基础性工作，要知道"巧妇难为无米之炊"呀！

　　不经一事，不长一智。"读书破万卷""下笔如有神"的真谛是积累，只有语言仓储丰富了，语言物流通畅了，才可能将流淌于心中的生活，蕴涵于心中的情感，转化成流动于笔尖的文字，婉转于唇齿的话语。

　　于是，我开始思考，语文到底应该学些什么？"第一，要向人民群众学习……第二，要从外国语言中吸收我们所需要的成分……第三，我们还要学习古人语言中的许多有生命的东西。"（毛泽东《反对党八股》）于是，我开始多关注那些意境优美、造句凝练的名句；多留心那些润泽心灵、生成智慧的格言；多注意那些生动活泼、风趣幽默的歇后语等。将这些"浓缩的精华""民族的精粹"学好用好，不就有了中国风、民族范儿了吗？

我开始琢磨，语文到底应该怎么学？首先得大量阅读，这才有源头活水。于是，动脑筋推荐阅读书目，开展读书竞赛；挤出阅读时间，提供阅读空间；营造阅读氛围，点燃阅读热情；加强阅读指导，进行阅读督促等一系列措施落地。其次要主动积累。遇到新鲜的词儿，鲜活的语言，须有"有花堪折直须折"的意识，要有"不动笔墨不读书"的态度，用敏捷的双眼去发现，用勤劳的双手去摄取，用睿智的大脑去体验，用细腻的情感去品味。我们要求做好"一集两会"，即做好"采蜜集"，办好"读书报告会"与"积累交流会"。

在语文积累的天地中开始耕耘，发现天地很广阔。1996年调入城里，学生的阅读量与阅读面扩大不少，于是，我又尝试布置任务，学生搜集，然后课上交流整理。

这是新做法，新发现。过去是阅读＋摘录，显然属于"单干"，现在更上一层楼，搞交流＋记录，自然就是"互助"。

在整理的过程中，首先把握一个"萃"字。一是荟萃。围绕某一个项目，各自把摘录的东西拿出来进行交流，在相互交流中启发，在相互交流中补充，在相互交流中完善，众人拾柴火焰高，众人划桨开大船！我们可尝试创设歇后语"碰碰车"，古诗"对对子"等情趣盎然的练习，鼓励学生积累语言像韩信点兵——多多益善。二是精粹。引导学生取其精华，去其糟粕。对一些生僻的词句要考虑学生的年龄、心理、接受能力及实际引用或应用的前景；对一些构造方式比较特殊的句式要加以研究，加以点拨，使学生认识、掌握，便于举一反三，形成语言库。通过"物以类聚"这种练习形式把相关内容，相关形式的语言聚集在一起。

其次是注重一个"趣"字。一是兴趣。就是说要抓住学生情感的脉搏，培养学生学习语言的兴趣。我们教师要善于做一些改头换面的"小动作"，即把语言常态换个样式呈现，避免产生审美疲劳，让人产生一种焕然一新的感觉，从而激起学习兴奋，增强记忆效果。二是情趣。语言的学习要搞得有声有色，富有情趣。

整理之后再做挖掘，首先讲究一个"活"字。一是活泼。学好语言的关键是要让语言直接与生活对应起来，在日常生活中找寻语言的踪影，这样的学习显得生动自然。二是活力。要让语言学习活动呈现出旺盛的生命力。其次凸出一个"理"字。一是理会。学习语言应能正确了解它们的含义，通晓它们的奥妙幽微之处，熟练掌握它们的用法。比如通过换一个词，一个句，或者换一种句式，一种语气，达到更精确的表达，更妥帖的运用，以此考验学生积累的多少，检查学生领会的程度，锻炼学生推敲的水平。二是理性。学生在学习语言时，必然对一些语言材料进行思考、分析，并加以整理和改造，形成概念、判断、推理的一些基本能力。例如，学生对一些生活现象经过思考分析后，有意识地引用一些语言进行逻辑论证，产生新的思维角度，催生新的思维模式。

胸藏万汇凭吞吐，笔有千钧任翕张。渐渐地，有趣的语言现象，有趣的语言表达，开始进入我的课堂，学生也渐渐开始有了一些变化。学生的积累本越来越厚了，学生的语言越来越丰富了，学生的表达越来越生动了。这当然是我们乐意看到的，活学，志在活用。厚积，意在薄发。"养兵千日，用在一时"嘛！

英国有一位作家说过一句俏皮话："莎士比亚是个有名气的剧作家，他是靠写让人家引用的话来过日子的。"它从另一个角度说明了"引用"在写作中的存在价值。所以，我们在积累的同时，就同步配上习作训练，从而将丰富多彩、妙趣横生的积累生活转化为写作资源，我们也如愿欣赏到"妙语如珠，佳句叠出"的学生作文。

于是，一堂难忘的语言积累课演绎成一堂多彩的作文课，有的写《成语72变》《古诗36式》《富有哲理的格言》等；有的写《会变语言魔术的老师》《他是语言积累的冠军》等；有的写《有趣的一堂课》《语言变脸》等，甚至延伸开来，写《一份耕耘，一份收获》《我的写作旅程》等。

让语言成为搜索的引擎，让语言成为想象的翅膀，让语言成为生活的要素，对生活进行梳理、提取，自由拟题，不拘体例，不限题材，将所学的优美语言恰当地运用到写作中去，掌握语言运用的奥妙，我们由此欣赏到了许多个性张扬，表达自由的好文章。

属狗的——翻脸不认人（片段）

五（3）班　黄晓筱

谁知，（1）班的几个捣蛋鬼来了。他们肯定是黄鼠狼给鸡拜年——没安好心。果然被我这个姜子牙——能掐会算的人猜了个八九不离十。他们见球就踢，见人就撞，真是那属螃蟹的——横行惯了。这还不算，还摆出一副帅呆了、酷毙了的姿态，哼，整个儿牛粪上插朵花——臭美。

是可忍，孰不可忍。他们的破坏，激起了公愤，在"该出手时就出手"的召唤下，我们班的"斗牛士"群起而攻之，把一位侵略者的手一扭，疼得他哭爹喊娘。我们可是乐坏了。"斗败的公鸡们"见捞不了便宜，便悻悻地说："咱们骑驴看唱本——走着瞧！"我们不甘示弱，回敬一句："你不仁，休怪我不义。"我们可是属狗的，莫怪翻脸不认人。

这位同学将歇后语、俗语巧妙运用于文章，读来引人入胜，妙趣横生，令人发笑，同时又鞭辟入里，启发思考，令人回味。

后来，又察觉语言能为思想导航，人生点灯。孙双金老师说："一个词能生出情智之根，一句话能长出情智之叶，一段文能开出情智之花，一篇章能结出情智之果。"是呀，"先天下之忧而忧，后天下之乐而乐"会激励学生为"为中华之崛起而努力读书"，可见，语言为思想的补脑液，是人生的航标灯；"业精于勤荒于嬉，行成于思毁于随"，会指引学生"学而不思则罔，思而不学则殆"；"读书百遍，其义自现"，可见，语言是方法的启辉器，是人生的火花塞；"吸取你的前辈所做的一切，然后再往前走"，会唤醒学生"天下难事，必作于易；天下大事，必作于细"。可见，语言是行动的指南针，是人生的方向盘。遨游书海，驰骋语林，汲取语言里志存高远的追求，厚德载物的品质，荡涤心智的力量，成为学生诗意人生的栖居，艺术人生的诠释，幸福人生的点灯。

研究着，深入着，扩展着……我知道了，积累，不仅仅是语言文字，还有语言文化；我知道了，积累，不仅仅是听说读写的技能，还有良好的情感态度价值；积累，不仅仅在课堂教学中，还在丰富多彩的社会生活中……于是乎明白，教语文就是教中国文化，就是教民族认同，就是在提高学生的"语文素养"：在积累中热爱祖国的语言文字、祖国的语言文化，理解和运用祖国语文的正确态度，丰富的语文知识，提高了适应实际生活需要的语文能力，对语言文学敏锐的领悟和品味能力，培养了良好的思维品质，养成了良好的个性，完善健全了人格等。

积累，历久弥新！积累，任重道远！

目录 *Mu Lu*

第三编　语文积累的类型

第四编　语言积累的途径

第五编 语文积累的方法

01

第一编

语文积累的意义

第一章　语文本质与积累

时下，关于语文课程和语文教学诸多理论和实践问题的讨论和争论，众说纷纭，各抒己见，使得语文教学领域人云亦云，莫衷一是。从思维方式的角度看，这是由于缺乏对语文课程与教学的本质的正确把握所造成的。对语文课程与教学特点、性质、本质认识的肤浅和模糊，是语文教学改革和发展缓慢的最主要原因。对课程与教学本质的认识，决定语文课程研究的方法论取向，是语文课程论研究的逻辑起点，也是确立语文教学目标、内容、策略和方法的依据，事关重大。当然，这也是探讨语文积累的重要前提。

下面从现象与本质、特点与性质、性质与本质、本质与教学等等的关系阐述对语文课程与教学本质的认识。

第一节　现象与本质

众所周知，语文课程与教学是一个因素众多、关系复杂的综合体。这启示我们思考两个问题：一是必须用综合的方法解决语文课程与教学的问题，二是必须从复杂的表面现象中把握其内在的本质。后者显得尤为重要和必要。

现在有相当多的语文教学把课文情节内容等同于教学内容，使语文课堂成为故事情节演绎的展示台。更有甚者，语文课堂中出现了繁杂、臃肿而且是非语文的现象。如一位老师执教二年级《画风》，设计了听风、说风、试风、看风、画风五个环节，课堂热闹而风骚，但是在很大程度上，试风、看风、画风都不是语文现象。这种设计把简单的事情搞复杂了。而且在这五个环节中，连起码的读、写基本训练也忽视了。这就是语文教学中的"现象主义""形式主义"，其中最主要的原因是追求语文课堂中的现象热闹，这就是缺乏对语文课程与教学本质的深刻认识造成的混乱局面。

辩证唯物主义思想为语文课程与教学的研究提供了方法论启示：任何事

物都是由现象和本质组成的。现象是事物的外在方面，是表面的、多变的、丰富多彩的；本质是事物的内在方面，是深藏的、相对稳定的、比较深刻、单纯的。因而现象是可以直接认识的，本质则只能间接地被认识。现象是本质的现象，本质是现象的本质。也就是说，语文课程与教学的本质只能通过现象表现出来，语文课程与教学的现象也只能是本质的显现，他们之间是表现和被表现的关系。

一、认识语文课程与教学现象

语文课程与教学现象，是指语文课程与教学在其形成、发展、变化中所表现的外部显性形态，它有三个层次：一是物质性的，如教室、教学设备、语文课程标准、语文教材、语文教学资源等。二是活动性的，如语文课程的研制、课堂教学、教学评价、教学研讨活动等。三是关系性的，如语文课程内容与课程目标的关系、教学内容与教学方式的关系、教学与学生发展的关系、教学过程与教学结果、语言内容与语言形式的关系等。语文课程与教学中的林林总总的现象涉及三个基本问题：怎样教？教什么？为什么教？这使得语文课程与教学现象纷繁复杂而多变，我们应感知现象、分析现象、研究现象，透过现象看本质。

以语言内容与语言形式的关系为例加以说明。语言内容和语言形式是语言的两个不同属性，两者相互依存，不可分离，语言内容必须通过语言形式去反映，而语言形式又必然反映着语言内容。语言形式的不同排列和组合，会直接影响语言内容的含义。在语文课文里，语言是以词、句、段、篇按线型排列的，词语、语句、句段、段篇的不同排列组合，构成不同的语言表达形式和特点，这在句式、句型、段式、篇式中表现得尤为突出。在语言表达中，内容相同，语言也一样，但由于形式上的位移而改变了内容的表达效果的例子是不胜枚举的。例如，（1）他关心同学。（2）同学关心他。在这两个句子中使用的词是一样的，但词排序的顺序不同，句子的意思也就各异。这种形式上的表达特点就是语言学习的精髓。用歌德的话说就是："内容人人看得见，含义只有有心人得之，形式对于大多数人是一个秘密。"语文课程与教学不能抛开语言形式而孤立地去分析语言内容，应当引导学生在语言内容和语言形式的统一中着重理解语言表达形式的特点和规律。

二、把握语文课程与教学的规律

在认识语文课程与教学现象后，要深入到语文课程与教学的内在联系和内在结构中去，揭示其基本规律，并以之对语文课程与教学行为产生规范作用。对语文课程与教学诸多现象进行分析研究，其根本任务就是揭示语文课程与教学规律并指导语文课程建设与语文教学改革。

语文课程与教学现象是语文过程中的外在表现形式，而语文规律则是其发展中内在的、本质的、必然联系的反映，它是语文教学内部诸因素之间、语文教学与其他事物之间的内在必然联系。从语文现象去追寻语文特点，进而揭示语文教学的规律，这才是更有本质意义的。例如，语文课程与教学理论中有一个重要的规律，叫作"形象大于思想"。学语文，不要简单地抽象思想，重要的是学习语言所表达的形象。这种"形象"就是：如临其境，如见其人，如闻其声。现在许多的语文课程与教学的终极目标往往是一个抽象概念。《苏武牧羊》要形成什么思想？爱国。其实，解读《苏武牧羊》不要空讲爱国，要多解读典型的画面：北国边塞，白雪飘飘，荒草遍野，有一个人穿着破烂的衣服在放羊。但他手里拿的不是羊鞭，而是举着一支汉朝的旌节。就让这样一幅形象的画面永远留在学生头脑里，鼓励他们爱国爱家乡。《负荆请罪》也是一样，不要光讲知错就改，而是要让学生把这幅画面刻在心里。语文课程与教学和《品德与生活》《品德与社会》《道德与法治》课程与教学的区别就在这里。

所以，语文教学是"慢"的艺术，只有对课文反复地研读，才能透彻地理解和把握课文的内在本质。读《阿Q正传》，不同遍数地读其效果是不同的：第一遍，我们会笑得肚子痛；第二遍才砸摸出一点不是笑的成分；第三遍，鄙视阿Q的为人；第四遍，鄙视化为深思的眼泪；第五遍，阿Q还是阿Q；第六遍，阿Q向自己走来。这是从现象到本质的逐步理解和内化过程，符合阅读教学的规律。

第二节　特点与性质

特点（特征）、性质、本质是三个不同层次的概念，有不同的含义，并组成两种关系：一是特点与性质，二是性质与本质。先看特点与性质的关系。

一般认为，性质指的是事物的特有属性，人们可以根据它来区别事物，也往往用它来定义事物。特点指的是一种事物跟另一种事物的不同之处，是在比较中产生的。而特征就是一种事物的特点表现出来的表象，是人们所能看到的。

有人对语文课程与教学的特点进行了系统整理，认为特点有三大类八小项：（1）本质属性：工具性（符号性、实用性、基础性）、人文性（民族性、教育性、思想性）；（2）一般特点：综合性（多元性）、实践性（技能性）；（3）其他特点：知识性（科学性）、文学性（艺术性）、审美性（愉悦性）、社会性（生活性）。这种疏理是有意义的，但"比较"不明，因而特点不"特"。

其实，关于语文课程与教学特点的表述应该主要是通过语文课程与自然类课程、理论性课程比较后提出的，并从语文课程的特点、学生认识的特点、语文学习的特点以及语言文字的特点揭示语文课程与教学的基本特点。

一、语文课程的人文性

语文课程要密切关注语文课程的人文性特点，并把它作为语文课程的显著特点加以阐述。这既反映了世界各国母语教学发展的共同趋势，又反映了当前中国语文教学的改革重点。语文课程丰富的人文内涵对学生整个精神世界的影响是深远的，应该注重语文课程的价值取向，充分发挥语文课程对学生的人文感染作用。语言不仅有其"语形"，而且还有"语意"。"言"源于"意"，取决于"意"，只有感受了"意"，才能理解"言"，才使"语形"和"语意"统一起来。

二、学生认识的多元性

由于学生的知识基础、生活经历、情感体验、思维水平、认识风格等等之间存在差异，他们对语文课程、语文教学内容、语文教学方法以及语文教学评价等的反应必然是独特而有差异的。语文教学要尊重学生在认识过程中的独特体验，积极倡导语文教学的多元化。

三、语文学习的实践性

语文是一种工具，而掌握任何工具的基本途径是实践。语文教学过程是在教师指导下，学生以语文课程的文本为中介，自主参与语文实践活动的过程。正如当代丹麦语言学家叶斯大林帕森说的那样："把孩子们投入到语言的海洋"。所以，语文课堂应该是学生语文"践行"的海洋。语文学习的实践活动是开放而丰富的，主要有3种类型：语文课堂上的听、说、读、写实践活动；语文课堂内的其他实践活动；课外实践活动。第一种"言语"实践活动是最本质的。

四、语言文字的独特性

汉语言文字在世界语言系统中属汉藏语系的汉泰语族，它的总体特点是以形表义，音、形、义结合。一般有以下特点：

（一）汉字的字音有400多个音节，如果采用"同音归类"的方法，就能简化识字过程。

（二）汉字的字形千变万化，如果采用"据形明义"的方法，可以提高识字效率。

（三）汉字的词义复杂，有同义词、多义词、反义词之分，如果采用"依文解字"就能快速而正确地理解字义。

（四）汉语言文字还具有形象性、意会性、信息冗余性等特点，因而语文教学不仅要进行理性分析，而且也要重视整体感悟。

比"特点"更为重要的是对语文课程和教学的"性质"的理解。《语文课程标准》首次从"素养"这一角度对语文课程和教学进行新的规定。有关素养的提法有"人文素养""科学素养""思想品德素养""科学文化素养""语文素养"等等，其中"语文素养"一词前后出现十多次。在中国语文教学发展史上，首次把语文课程和教学规定为"致力于学生语文素养的形成与发展"。其核心概念是"语文素养"。"语文素养"不同于"语言能力"。"能力"指的是一个人顺利完成某项工作的心理特征的总和，它重在"功用性"。而"素养"指的是人通过长期学习逐渐养成的涵养达到的某一高度，它既有"功用性"，又有"非功用性"。从内容上看，"语文能力"包括听、说、读、写能力。而"语文素养"包括的内容要丰富得多，既包括语言能力，也包括语文学习习惯和方法，还包括知识视野、情感态度、思维品质、文化品位、人文精神，等等。可见，语文素养的概念比语文能力的概念更为宽泛。这能进一步开发语文教学在"功用"之外的功能，增强语文教学的文化底蕴，提高学生的整体修养水平。

"语文素养"的内容是非常丰富的，它不是一种纯粹的知识或能力，而是一种综合性的涵养，是个体发展不可缺少的基本修养之一。

第三节　性质与本质

从哲学层面看，性质指的是一种事物和其他事物相互联系中所表现出来的特有属性。本质指的是一事物区别于他事物的一种内部规定性。性质是事物表现出来的根本特点，本质是最基本的东西。性质表现在外，本质隐藏在内。性质有多样性，而本质只有一个。认识事物的性质，是认识事物的第一个层次，认识事物的本质，是认识事物的第二个层次。性质在一定情况下可以改变。本质是生来具有，无法改变的。据此，语文课程与教学的性质要说明的是它的属性，而语文课程与教学的本质要揭示的是它的本性。

我们探讨语文课程与教学的本质，是指体现语文内涵同时又使语文课程区别于其他课程的语文所特有的内部规定性。辩证唯物主义认为，事物的本质只有一个。作为本质，它不能是两种甚至三四种性质的综合。那种若干属性综合的说法是二元论和多元论的观点，必然造成理论上的混乱和实践中的错位。所以我们常说的"工具性和人文性的统一"，只能是语文课程与教学的显著特点，不可能是语文课程与教学的本质。关于语文课程与教学的本质，有两种代表性的论点：

一、工具论

"工具论"有两个基本命题：一是语文是教语言的，语言是工具，所以工具性是语文课程与教学的本质。此论没有区分语言和言语，是大前提错误。二是语文是人们学习、生活的工具。那么，数学、物理、化学等哪一个又不是人们学习、生活的工具？物理学相对于天文学来说又具有工具性，化学相对于生命科学来说也具有工具性。"工具性"不能揭示语文的基本内涵，也不是使语文区别于其他课程的本质。所以，语文课程具有工具性，但工具性不是语文课程的本质。

二、人文论

人文论者用马克思的话"语言是思想的直接现实"作为论据证明语言有人文性，进而推导出语文课程的"人文性"。但是，人文是泛指人类社会的一切文化现象，具有"人文性"的学科很多，如哲学、政治学、经济学、历史学等，它们都从不同的角度和层面传播着人类社会的文明，都具有"人文性"。当代学者认为，天文、数学还与人文科学有着"最为密切"的关系。所以，说语文课程具有人文性是成立的，但说语文课程的本质是人文性，在学理上是站不住脚的。单纯地强调人文性，必将忽视语文基本能力的落实。语文课程有人文性，但它必须按照语文的方式去体现，必须在反映语文教学特质的言语活动中实现。教师和学生必须努力提高自身的人文素养，但这都不是得出语文课程"人文性"结论的充分条件。所以，语文课程具有人文性，但人文性也不是语文课程的本质。

同理可证，语文课程具有知识性、系统性、基础性、交际性、综合性、实践性、民族性等，但这些都不是语文课程所独有的、体现课程的特质的语文的本质。只有"言语性"才对语文课程的其他一般属性具有理论上的包容性。语文课程与教学的"言语性"，并不排斥其显著的属性：工具性和人文性等。相反，语文课程与教学的"工具性"和"人文性"恰恰是因"言语性"的存在而存在的。"言语性"是"工具性"和"人文性"等共同具有的特质，是语文课程与教学最核心的、本质的属性。

根据浙江省临海市教育局教研室邹兆文老师的研究，[1]"言语"是现代语言学的重要概念，在20世纪初就有现代语言学之父索绪尔做过专门论述。20

世纪 50 年代在我国曾经开展了一次关于语言和言语的大讨论。而言语概念运用于语文教学论领域，则是在八九十年代。在 90 年代的语文课程性质大讨论中许多人引入"言语"概念，对"工具性"提出挑战，其中代表人物有王尚文、李海林等，只是王尚文得出的结论是"人文性"，李海林则只破不立，并未明确地界定语文教学的性质。不过，李海林在《言语教学论》中提出语文教学论要由"以'语言'为主体的本体论"变为"以'言语'为主体的本体论"，[2]对"言语性"的提出奠定了基础。正式提出言语性是语文的本质属性的是福建师大的潘新和教授。[3]

首先要理解语言和言语的差异。现代语言学将语言分解成语言（Language）和言语（Parole）两个概念，语言是一套音义结合的符号系统，言语是人们用语言进行交际的过程，包括言语理解和言语表达两个方面。语言是一种社会现象，言语是一种心理现象；语言是交际的工具，而言语则是交际的过程。

其次要准确把握"语文"的内涵，"语文"一词是 1949 年由叶圣陶主持编写语文课本时提出的（这以前小学叫"国语"，中学叫"国文"）。叶老是这样解释"语文"的："平常说的话叫口头语言，写到纸面上叫书面语言。语就是口头语言，文就是书面语言。把口头语言和书面语言连在一起说，就叫语文。"叶老这里使用"语言"的概念应为现代语言学的"言语"。所谓口头语就是口头使用的语言，也就是凭借发音器官所发出的语音来表达思想感情的语言；所谓书面语，就是书面使用的语言，也就是凭借文字来表达思想感情的语言。换一句话说，口头语和书面语，是根据使用语言的不同凭借和方式进行的一种语言功能分类。口头语是口头的语言运用，书面语是书面的语言运用，口头语和书面语的属概念是"语言运用"，口头语和书面语是在这一属概念下根据"语言运用"的不同凭借方式区分开来的种概念。所以，语用意义上的"语言"就是言语。也就是说叶老所讲的口头语言和书面语言的"语言"都是言语。既然"语"是言语，"文"也是言语，语文的内涵便当然是言语。语文教学的本质是"言语习得"。[4]

"言语习得"是语文课程与教学的本质，不仅因为言语是语文的内涵，提高学生的言语能力是语文课程与教学的目的，言语习得是语文教学的内容和主要方式，还因为"言语习得"是使语文区别于其他课程的关键。也有人认为外语也具有言语性，并以此来否定语文课程的"言语性"。语文因言语的整体属性而区别于非语言课程的其他课程，语文因言语的内在个别属性（民族性）而区别于外语。语文和外语的共同性要大于语文和其他课程，语文和外语的性质当然有相似之处。但是，语文和外语的区别只能靠"言语性"来体现。

在"言语习得"本质的观照下，语文课程与教学要立足于言语形式的言语实践过程，把握"言"与"意"的转换，培养学生的实用言语能力。据此，语文教学的主要目标是指导学生掌握语言知识，发展言语表达能力，形成一个以言语为主轴、以传授言语知识和培养言语能力为两翼的"言语型"的课程与教学体系。语文课程与教学有四个主要内容：言语习得、思维培养、人文渗透和常规训练。其中最基本、最重要的是言语习得，它是语文自身独有的本质的规定性。其他的内容应有机地渗透到言语习得之中，而不是凌驾其上、游离其外。值得注意的是，在语文教材中有不少思想性课文、常识性课文，主要向学生介绍一些伦理知识和科普知识，语文教学如果眼光只盯在文中介绍的知识上，就变相上成政治课、自然课。忽视言语习得，那就失去了语文教学的本质意义。

我国传统的语文教学，基本上是孟子的"以意逆志"的思维方法，就是从文章的字面意思，倒上去追溯作者的写作意图。这种方法有一定的意义，但是它容易产生一个误区，就是"得意忘言""得意忘形"，把文学作品的语言、形象忘了，追寻的往往只是道德教训。新形势下的语文课程与教学，应站在言语的立场，用言语习得的思路设计语文课程问题，用言语习得的方法解决语文教学问题。这就是传统语文教学与当代语文教学的本质之区别。

第四节　本质与教学

一、语文意识

语文课堂教学首先要有语文意识。这本来不成其为问题。然而时下的语文课堂教学常常出现繁杂、臃肿而且是非语文的现象。有一句话说得很有哲理：语文课要有"语文味"。对此，笔者提出一种语文意识：用语文的头脑思考语文教学现象，用语文的手段解决语文教学问题，用语文的标准评价语文教学效果。

（一）语文意识是一个体系

只有在强烈的意识引导下，学生才可能产生强烈的动机，充分发挥学习语文的潜力。语文意识是一个内容庞大的体系，有着各种不同的层次和内容，各种层次的意识之间又存在层层递进的关系。根据分析，语文意识分 5 个层次：语文需要、语文动机、语文兴趣、语文理想、语文信念等。下面从实例看语文意识的初步形成过程。

作文课始，老师说："同学们，我们在一起学习、生活已有一年多的时间了。这期间，我们朝夕相伴，亲密无间。近来，我有一个愿望，开始它只在我心里一闪，像交响乐中极不引人注意的音符，仅发出了微弱的音响；而现在这音符发展了，强烈了，终于成为激烈的、反复出现的主旋律，时时在我心里激荡。可是，我又不好意思说出来。"

"说，您说呀！"学生们叫唤起来。老师轻轻地说："我非常非常想去你们家玩。"这时，学生个个流露出欢喜的神情。

"可是，我怎么寻找你们的家呢？"正在学生为难之时，老师说，"我有一个一箭双雕的办法，不知你们——"还没等老师说完，学生们就热情地打断了老师的话语。老师见火候已到，便一挥手在黑板上写下《老师，您这样寻找我的家》。学生们恍然大悟，随即摸纸拿笔，跃跃欲试。老师提出要求说："同学们该不会乱写一气，故意让老师找不到你们的家吧？到时，我按你们指定的路线寻找，要是迷了路，丢失了，以后你们就没有语文老师了。"一阵欢笑声过后，大家在轻松、激动、兴奋的情绪支配下动笔了。

批阅作文的时候，老师发现师生之间的情感交流达到了水乳交融的境界，学生幼稚的语言里蕴藏着可爱的心灵：

"老师，您坐我们厂的车子来吧，每天下午五点半有车子来大众电影院门口接人，您不用买票，售票员问您，就说是厂里××的儿子的老师去家访，就行了。"

"老师，您最好正月初一来，那时我们家什么都有。"

就连平时很顽皮的学生也在结尾处深情地写道："老师，我知道您忙，不可能到每个同学的家里去，不过我还是详详细细地写出来，这是我最认真写的作文了，因为我希望您能来。"

部分同学还附有草图。

这是教师培养学生语文意识的一个教例。在上述情境下，由于教师巧妙地诱导，使学生对写作本身发生兴趣，写作活动本身使学生获得满足，无须外力而自愿写作。本教例的目的在于引起学生对写作的内在动机。教师先提出"怎么寻找你们的家"的有趣问题，这深深地吸引了学生，激起了学生解答问题的兴趣，进而产生写作的需要。在这种情况下，就连平时很顽皮的学生也自称"这是我最认真写的作文"。可见，写作的内在动机可直接推动写作活动的产生和发展。一般说来，学生原有的写作需要得到满足后，又会产生新的写作需要，引起新的写作动机。正是不断地满足了新的需要而产生新的写作动机，也就不断地加强和维持了学生作文的积极性。教师的重要任务之一，在于引导学生产生新的语文需要。

（二）语文意识是一种向导

在语文课堂，思想决定行动。我们常说：理念有多新，课就有多精彩。

11

语文课堂教学中语言的习得、语言问题的讨论、语言文化的渗透等都是在语文意识驱动下的语文行为。

著名特级教师支玉恒老师一上课就对学生说："请小朋友大声自由地把课文读一遍。"然后让学生说说这句话告诉大家几个要求，学生说有三个要求：大声地读、自由地读、读一遍。接着，支老师要求学生用总分结构说话，紧接着要求学生用先具体后概括的方式说话。在这个过程中，且不说让学生明确了学习的具体要求，也不说教学设计的巧妙，单就"读一遍"的特别意义，就值得深刻地思索。把语文课堂极其平常的一句教学常规用语，演绎得如此精彩，一个很重要的指导思想是语文意识，引导学生说语文、用语文，在语文实践中进行语言学习。

（三）语文意识是一种设计

从本质上说，语文意识是一种自觉的、主动的心理倾向，但它不可能凭空形成，在初始阶段需要精心设计，积极引领。在教学人教版第二册《识字4》时，浙江省德清县莫干山外国语学校吴秋霞老师在教室四周布置了几个大展板，上面画上夏天的美景。上课伊始，她先让学生观察，后让学生说话，说说看到了什么：蝴蝶、蜻蜓、蚂蚁、蚯蚓等。然后引导学生发现画中的小秘密：原来画上有一个"小窗户"，里面藏着要学的词语。当学生把这些小秘密一个一个地找出来时，兴奋之情溢于言表。高明之处在于：这个展板情境的设计是为学习语文服务的。语文课堂教学应浸润在富有诗情画意的"语文世界"里，师生应沉浸在充满生机的"语文状态"之中。

二、语文现象

时下有相当多的语文教学把课文情节、内容等同于教学内容，语文课堂成为教师水平演绎的展示台。其实，语文教学首先要关注语文现象。语文现象有语言现象、教学现象之分。

（一）语言现象

本色的语文教学首先要关注语言，直面语言。纵观语文教学的发展历程，关于语文教学的本质的讨论众说纷纭，莫衷一是，有文学性、思想性、综合性、工具性、人文性等说法。展开讨论对揭示语文教学的真谛是有意义的。笔者认为语文教学的本质在于语言性，这可能比较接近对语文教学本质的认识。据此，语文教学的主要目标是指导学生语言习得。语文教学有四个主要内容：语言习得、思维培养、人文渗透和常规训练。其中最基本、最重要的是语言习得，它是本质。其他都是本质属性，应有机地渗透到语言习得之中，而不是凌驾其上、游离其外。值得注意的是，在小学语文教材中有不少思想性课文、常识性课文，主要向学生介绍一些伦理知识和科普知识，语文教学如果眼光只盯在文中介绍的知识上，就变相上成政治课、自然课，忽视语言习得，那就失去了语文教学的本质意义。一位老师上《太阳》一课，先引导学生理解课文第1～3自然段的内容，然后用一课时安排了读写结合的训练。训练题目是："写一段话介绍太阳的特征"，最后进行讲评。上述教学程序安排本身并无错误，但训练题目值得研究，这个题目的设计已经把语文课变相上成了常识课。同样是一篇介绍太阳的文章，自然常识课主要是向学生讲解太阳的特征（组成、大小、温度与地球的距离等），而语文课引导学生训练的不再是太阳的特征，而是课文怎样"用比喻和数量反映太阳的特征"这种特殊的语言表达方式，准确、简明、生动地说明事物特征。这样，语文课要讲"太阳"，但要逐渐远离"太阳"。笔者建议本训练题目改为"用比喻和数量反映事物特征的写作方法写一段话，介绍自己的教室"。从"太阳"到"教室"的设想，遵循了小学语文教学的本质要求，在语言习得中有机渗透自然常识知识的讲解。

（二）教学现象

语文课堂是一个教学场所，教学现象典型地表现为师生之间的"对话"现象。语文教学应在师生平等对话的过程中进行，阅读教学更为典型。阅读不但是因文会意的理解活动，而且是以文会友的对话行为。学生和教师都是文本的读者，都要与文本的作者对话，这是一种全方位、跨时空的交流。

1. 师生之间的对话是平等的

要摒弃传统语文教学以教师为轴心，学生绝对服从教师的"教师中心论"，也不主张以学生为轴心，教师无原则迁就学生的"学生中心论"，认为师生的地位应该是平等的。这种平等关系可以比喻为：要获得天平秤上的准确度量，两边就必须是平衡的。在语文教学中，教师和学生都是主体，双方是平等的、合作的。在师生平等的情形下，学生才可能活跃思维，畅所欲言。

2. 师生之间的对话是互动的

这种对话是一种双向交流，双方是相互促进的。通过互动实现多种信息的沟通、汇聚和融合，从而提升境界或克服偏见。互动不仅促进学生的发展，而且也促进教师的发展。师生之间的互动依赖于3个技巧：一是"倾听"。倾听的目的是为了吸收。倾听时要能根据对方的话语、表情、手势等，理解对方的观点和意图。倾听的基本要求是专注而耐心："专注"要求对话时聚精会神、专心一致。"耐心"要求对话时内心平静，不打断对方的话语。二是"表达"。既要关注表达某个观点的内容，又要注意表达的形式和方式。表达要有中心，有条理，有依据，而且要注意表达的表情和语气。三是"应对"。在互动性的对话中，要根据需要及时调整自己的表达内容和方法，灵活、迅速地处理偶发事件。

3. 师生之间的对话是有意义的

这种对话不同于日常生活中的"聊天"或"传话",而是一种启示、一种提高,这是意义建构的活动。这取决于 4 个要素:第一是"吸收"。能接纳对方传输的有意义的信息,并迅速转化为自己的营养。第二是"宽容"。容纳对方的不同观点和意见。第三是"思考"。师生双方各种不同观点的碰撞,可以给学生或教师以新的启迪,引发学生更深入的思考。第四是"提升"。通过平等对话,取长补短,改变原有的知识结构,促进新意义的生成。

4. 师生之间的对话是全方位的

语文教学的最终目的是促进学生的发展,而发展是带全局性的。师生之间的对话既有日常交际意义上的对话,也有语文教学意义上的对话,还有心理学意义上的对话。更重要的是,"平等对话"是一种心灵上的交流。

5. 教师是平等对话的引导者

教师是学生学习活动的组织者和引导者。要提高师生对话的实效性,教师的主导作用不能忽视。"平等对话"不是体育活动中"平移"性的抛球和接球,而是一种指向明确、高效率的交流。

关于语文课堂的"平等对话",笔者提出进一步思考的问题:第一,"对话"不同于"一问一答"。前者强调的是意义的建构,后者解决的是知识的传授。第二,"对话"有两种基本类型。除了教师与学生、学生与学生之间的人与人的"对话"外,要注意学生与文本之间的人与物的"对话"。学生是通过与文本意义的互动去理解文本,发展文本,让文本语言的肌体圆润起来,让文本语言充满文化意味和生命灵性。

当然,在某种意义上,语文现象是语文教学过程中的外在表现形式,而语文规律则是其发展中内在的、本质的、必然联系的反映,它是语文教学内部诸因素之间、语文教学与其他事物之间的内在必然联系。从语文现象去追寻语文特点,进而揭示语文教学的规律,这才是更高境界的。

三、语文素养

(一)对"语文素养"的解读

"语文素养"的近义词是"语文素质",两者都是指语文教学的一种结果形态。但是,如果对这种结果形态进行生成性分析,动词性的词素"养",反映了语文学习的持续过程及学生在其中的主体作用。"语文素养"的形成不是单纯由教师的传授完成的,也不是一种语文学习的终结状态,而是由学生自主地把优秀的语文文化成果内化为自身的涵养,这种内化是伴随着语文教学过程而持续进行的。而"语文素质"中的"质",是一个名词性的词素,反映的是语文学习的一种静止的终结状态。可见,"语文素养"比"语文素质"更能揭示语文水平生成特点及原因。语文素养概念的提出，可以启发我们重新审视语文课程的价值和功能，调整当前和今后语文教学的观念和策略。

（二）语文素养的基本内容

"语文素养"的内容是非常丰富的，它不是一种纯粹的知识或能力，而是一种综合性的涵养，是个体发展不可缺少的基本修养之一。语文素养的基本内容包括以下基本点：[5]

1. 热爱祖国语文

这是爱国主义情感在语文教学上的具体体现。热爱祖国语文包括热爱祖国的语言文字、祖国的语言文化。

2. 理解和运用祖国语文的正确态度

主要包括尊重祖国语文的态度；关心当代文化、尊重多样文化、吸取人类优秀文化营养的态度；逐步养成实事求是、崇尚真知的态度；主动学习语文的态度；敢于对自己的言行负责的态度，等等。

3. 丰富的语文知识

对语文知识的规定主要是：在对优秀诗文背诵推荐篇目的建议中规定，九年义务教学阶段学生应背诵 240 篇诗文；在对课外读物的建议中规定，九年义务教学阶段课外阅读量达到 400 万字以上；在语法修辞知识要点中指出，学生应掌握词的基本分类、短语的结构、单句的成分、复句（限于二重）的类型以及常见的修辞格等。还要求把社会常识、科普常识作为教学内容安排在各年级的课程、教材之中。

4. 发展语文能力

包括识字写字能力、阅读能力、写作能力和口语交际能力，并促使这些能力适应学生实际生活的需要。

5. 培养语感

语感指的是对语言文学敏锐的领悟和品味能力，主要包括形象感、意蕴感、情趣感。语感强调个人经验、个人感悟和个人的语言修养。

6. 提升思维水平

语文课程以激发想象力和创造潜能为重点，让学生初步掌握科学的思想方法，培养良好的思维品质。

7. 养成良好的个性

个性是个人面貌的独特侧面，主要包括两个方面：一是良好的气质和性格，如自信、自主、创意等。二是良好的语文品质，如个人的语言习惯、语言风格和语言品位等。

8. 完善健全的人格

完善健全的人格包括社会主义道德品质、积极的人生态度、正确的价值观、审美情趣、文化品位、良好的社会适应能力、健康的生活情趣，等等。

（三）语文素养的全面提高

全面提高学生的语文素养是一个宏大的工程，涉及多种因素、各个层次。笔者概要地提出 5 个基本策略：加强必要的语言积累、培养基本的语文能力、养成良好的语文习惯、增进现代的人文素养、形成完美的精神世界。

下面重点说明"语言积累"问题。《语文课程标准》在"课程的基本理念"中提出："要丰富语言积累"。在"总目标"中又指出："有较丰富的积累"。在"教学建议"中又提到："语文教学要注重语言的积累、感悟和运用。"这里用"丰富""有较丰富""注重"等词作为语言积累的操作要求，表明了语言积累的重要性。

语言积累包括 4 个基本方面。

（1）语言知识的积累：包括字、词、句、段、篇知识的逐步积累积和丰富。

（2）语感的积累：积累语言中所蕴含的形象感、意蕴感和情趣感。

（3）语言法则的积累：包括词法、句法、章法和修辞法则。

（4）规范语言的积累：如课文精彩片断的记忆、优秀诗文的诵背等。

语言积累不只是对语言现象的简单记忆，而需要经历一个理解、感悟、鉴赏、应用的复杂过程。所以，语言积累不只是一个结果的描述，而是一种动态的体现，渗透到语文课堂教学的整个过程和各个环节。

当然语文积累有比语言积累更宽泛的内容，主要包括语文态度的积累、语言文字的积累、语文文化的积累；还要研究语文积累的途径和语文积累的方法等。

本书对语文积累的考察是基于对语文本质探讨的基础之上的。

第二章　积累思想的演化

中国传统的语文教育，有丰富的教学经验、教学理论的遗产。在教材内容、教学原则、教学组织、教学检测等方面都有对我们现代语文教育很大的启发。其中，积累，是一项重要的教育理论精华。

第一节　古代"积累"思想

一、古代教育家论述积累

（一）孔子

首先，孔子本人尽管自谦"述而不作"，但是他对中国历史文化的积累、整理起了重要作用，对后世最主要的文化贡献，那应该是他在数十年间断断续续地完成了一个编定六经的伟大工程。一是把他先前一千多年间的官方文告，进行精心的筛选，而成《书经》（汉代始有《尚书》之名）；二是将从西周初期到春秋末期五百余年间的诗——包括官方的、贵族的和民间的，共三千余篇，筛选、精编成了《诗经》，其中包含了三百零五篇诗，分作风、雅、颂三大部分；三是追迹三代之礼，对残存篇什的规章典制悉心整理以成《礼记》；四是编定了《诗经》以后，他把其中的所有诗篇，都加以重新配乐，"以求合《韶》《武》《雅》《颂》之音"，形成了《乐经》；五是孔子晚年对《周易》很感兴趣，经常翻阅，以至于"韦编三绝"；六是孔子依据鲁之春秋，再添加上周和列国诸事，修成中国第一部编年体综史《春秋》。

所以，钱穆在《孔子传》中说："在孔子以前，中国历史文化当已有两千五百年以上之积累，而孔子集其大成。"所指就是编定六经：《诗经》《书经》（《尚书》）、《礼经》《易经》（《周易》）、《乐经》《春秋》。

除了在文化传承方面有贡献，孔子注重启发民智，兴办"私学"，使当时学术下庶人，把文化教育从"官学"的桎梏下解放出来，有极大的进步作用，对于"教"的态度，则是主张"有教无类"。他的"诲人不倦""有教无类"的精神，是我国教育史上宝贵的传统。

1. 孔子的教育理想

孔子教学的主要对象是士，他的教育目的就是要培养士成为他理想的人才，从而改善春秋以来"天下无道"的局面，以实现他的理想社会。就如余秋雨先生所说的培养"君子人格"，对己能"修己"，对人能"安人""安百姓"。

2. 孔子的教育内容

孔子可以说是第一个提出"终身学习、终身积累"的教育家，他自述"吾十有五而志于学，三十而立，四十而不惑，五十而知天命，六十而耳顺，七十而从心所欲，不逾矩"，即展现了他十五岁有志于学问，三十岁时能坚定自立，四十岁能够不被各种世间现象迷惑，五十懂得天命，六十对于人世间的各种话都能融会贯通，不再感到心有违逆，七十岁能放任心之所欲，也不会有违反规矩顺逆之处的终身学习积累的历程。

孔子是以"文、行、忠、信"来教育学生（子以四教：文、行、忠、信），而"行、忠、信"则属道德范畴。至于"文"，则是指诗、书、礼、乐等典籍。从《论语》看，大概主要是《诗》、礼、乐；至于其顺序则基本上是先教《诗》，再教礼，最后则教乐，用孔子的话说，就是"兴于《诗》，立于礼，成于乐"（《论语·泰伯》）。把这句话翻译成现代汉语，意思就是这样：用《诗》去激发学生的兴趣，用礼来作为学生行为的立脚点，用乐来完成学生的自我修养。

可见孔子要求学生积累培养的不仅是深厚广博的知识体系，更要在入世方面加强自己的德行修为，养成对待一切事，一切人的诚信品质。

3. 孔子在积累教学方面，主要采用以下教学方法

（1）以传统经典为核心，小心选择和灵活运用作为积累学习的材料，以《诗经》为例（子曰："小子何莫学夫诗？诗可以兴，可以观，可以群，可以怨。迩之事父，远之事君，多识于鸟兽草木之名）。

（2）教学方法上善于诱导学生学习的积极性，注意培养学生的独立思考能力，如"循循善诱"使学生"欲罢不能"，"温故而知新，可以为师矣"等，使积累、学习成为学生的习惯。

（3）注意学生的个别差异和学习的过程和态度，主张"因材施教"，注意学生"学思行"的结合；善于运用问答法的教学形式，启发学生积极的思维活动。

另外他所要求的教师要"博学""学思结合""学行结合""学无常师"

"专业乐业""诚实""不固执""谦虚"等，值得我们重视和批判继承。

（二）孟子

作为儒家的"亚圣"，孟子教育思想对后世中华民族精神的激发、崇高精神境界的形成，有极重要的启蒙作用。

1. 孟子的教育理想

孟子曾说："人皆可以为尧舜。"他认为，任何人只要肯接受教育，肯于学习，就可以把先天的善端充分发挥，达到最完善的境界，这就是圣人。他主张教育目的在于培养"君子""圣贤"及"大丈夫"，"富贵不能淫，贫贱不能移，威武不能屈，此之谓大丈夫"。孟子也要求一个人格高尚的人，一定要经得起富贵、贫贱、暴力的考验，把道德意识转化为自己的坚定信念。这种人格理想对后世的影响十分巨大。

2. 孟子的积累教学内容

他说："设为庠序学校以教之。庠者，养也；校者，教也；序者，射也。夏曰校，殷曰序，周曰庠，学则三代共之，皆所以明人伦也。"他主张兴办庠、序、校等教育机构来培养学生，其目的都是为了阐明人与人之间的各种关系及掌握社会生活准则，具体来说，所谓"明人伦"，就是"教以人伦——父子有亲，君臣有义，夫妇有别，长幼有序，朋友有信"，后世亦称为"五伦"，代表着五种最基本的人际关系，目的在于维护上下尊卑的社会秩序和道德观念。

3. 孟子的积累教学方法

（1）强调积累涵养"气"

孟子说："我善养吾浩然之气。"孟子认为，普通的人只要注意"养气"，经过量的积累就能形成所谓"浩然之气"，通俗地说就是正直豪迈的心理或精神状态。有了"浩然之气"，就能达到"舍生取义"的理想境界："生亦我所欲也，义亦我所欲也，二者不可得兼，舍生而取义者也。"

（2）强调积累锻炼"志"

孟子非常，尤其是主张在逆境中得到磨砺。他有一段名言："天将降大任于斯人也，必先苦其心志，劳其筋骨，饿其体肤，空乏其身，行拂乱其所为，所以动心忍性，增益其所不能。"他认为，人的成才得之于艰苦的磨炼。环境越是恶劣，条件越是艰苦，对人的造就功能积累效应就可能越大。

（3）强调积累学习的关键在于自觉

他说："君子深造之以道，欲其自得之也。自得之，则居之安，居之安，则资之深，资之深，则左右逢其源。"自觉学习追求而得到的，掌握得会比较牢固，牢固地掌握了，就会积蓄得很深，积蓄得深了，就能取之不尽，左右逢源。否则就是"尽信书则不如无书"。

（4）强调积累学习要循序渐进

孟子说："流水之为物也，不盈科不行。"又说："其进锐者，其退速。"进程过于迅速，势必影响实际效果，致使退步也快。正确的进程应当像流水一样，注满了一个洼坎之后再往下流。孟子还以我们熟悉的"揠苗助长"的寓言来说明循序渐进的重要性，用拔苗的方法去助长，结果是适得其反。

（5）强调积累学习必须一以贯之

孟子以《学奕》（见人教版小学语文六年级下册第一课）为例，认为学习必须专心致志，集中注意力，同时，还提出了持之以恒的思想，他说："有为者辟若掘井，掘井九仞而不及泉，犹为弃井也。"这说明有为者必须有恒心，不能半途而废。学习也是如此，必须坚持到底，不能功亏一篑。孟子反对"一曝十寒"的学习态度，他说："虽有天下易生之物也，一日暴（曝）之，十日寒之，未有能生者也。"

（三）荀子

荀子是战国末期的思想家、教育家、文学家，儒家学派中的大师，李斯、韩非都是他的学生。他的学问渊博，在继承前期儒家学说的基础上，又吸收了各家的长处加以综合、改造，建立起自己的思想体系，发展了古代唯物主义传统。

1. 荀子的教育理想

在人性问题上，他针对孟子"性善论"提出"性恶论"，认为人性本来是恶的，"其善者伪也"，即经过后天改造才变善。所以荀子特别强调教育的教化功能，特别强调后天学习的重要性。他认为人的知识、品德不是天赋的，是后天经过礼义教化、学习改造获得的。著名的《劝学》就是为了勉励人们努力学习，"积善成德"，成为有知识有修养的人。另外他非常重视教师在教学中的地位和作用，认为国家要兴旺，就必须看重教师，同时对教师提出严格要求，认为教师如果不给学生做出榜样，学生是不能躬行实践的。他说："礼，所以正身也；师，所以正礼也，无礼，何以正身？无师，吾安知礼之为是也？"《荀子·礼论》称礼有三本："天地者，生之本也；先祖者，类之本也；君师者，治之本也。"后世将天、地、君、亲、师并列，即由此而出。

2. 荀子的积累教学内容

在教育内容方面，荀子特别强调学习《诗》《书》《礼》《乐》《春秋》和《易》等儒家经籍，而尤重礼乐。他认为礼是自然与社会的最高法则，所以说："学至乎《礼》而止矣。"他曾写《乐论》一文，认为，乐是表现情感的重要方式，"乐者，乐也，人情之所必不免也，故人不能无乐。"乐的教育作用很大，"声乐之入人也深，其化人也速"。他认为礼可使上下有别，乐可使上下和谐，礼乐并施就能"移风易俗，天下皆宁，善美相乐"。

3. 荀子的积累教学方法

(1) 强调积累要注重"积""渐"

荀子强调,无论是知识还是道德,乃至人的最终成就,都是由于积累而成的。他说:"可以为尧禹,可以为桀跖,可以为工匠,可以为农贾,在势注错习俗之所积耳。""注错习俗"即指客观环境对人的影响与教育。他还说:"积土成山,风雨兴焉;积水成渊,蛟龙生焉;积善成德,而神明自得,圣心备焉。"这说明知识和道德是一个不断积累和提高的过程。

(2) 强调积累的阶段过程

荀子说:"不闻不若闻之,闻之不若见之,见之不若知之,知之不若行之,学至于行而止矣。"闻、见是积累学习的起点、基础,也是知识的来源。行是积累学习必不可少的也是最高的阶段。他说:"吾尝终日而思矣,不如须臾之所学也。"他也曾说:"君子之学也,入乎耳,著乎心,布乎四体,形乎动静。"这段话表达了积累学习过程中阶段与过程的统一。

(3) 强调积累学习要专心有恒

荀子特别反对志不专注,用心浮躁,提倡积累学习就要持之以恒,不断朝着一个方向努力。荀子说:"骐骥一跃,不能十步;驽马十驾,功在不舍。锲而舍之,朽木不折;锲而不舍,金石可镂。"学习就如同雕刻一样,只要坚持不舍,金石也可以镂空。"锲而不舍"的精神是进学修德的有效途径。所以,学生获得知识技能,不取决于愚与敏,如果能不懈地努力,就一定能学有所成。

(四) 朱熹

朱熹(1130.9.15—1200.4.23),是唯一非孔子亲传弟子而享祀孔庙,位列大成殿十二哲者中,字元晦,又字仲晦,号晦庵,晚称晦翁,谥文,世称朱文公。宋朝著名的理学家、教育家、诗人,儒学集大成者,著述甚多,有《四书章句集注》《周易读本》《楚辞集注》等,其中《四书章句集注》成为钦定的教科书和科举考试的标准,世尊称为朱子。朱熹的理学思想对元、明、清三朝影响很大,成为三朝的官方哲学,是中国教育史上继孔子后的又一人。

1. 朱熹的教育理想

朱熹重视教育对于改变人性的重要作用。在朱熹看来,气质之性,有清有浊,有善有不善。只有通过教育来澄浊为清,去不善而从善,强调"为学乃变化气质耳"。他认为教育的目的在于"明天理,灭人欲"。他说:"圣人千言万语只是教人存天理,灭人欲";"学者须是革尽人欲,复尽天理,方始是学。"他认为:"古昔圣贤所以教人为学之意,莫非使之讲明义理以修其身,然后推己及人,非徒欲其务记览、为辞章,以钓声名取利禄而已。"然而,当时的教育却反其道而行之,士人"所以求于书,不越乎记诵、训诂、文辞之间，以钓声名，干利禄而已"，无论是在当时还是现在，都是具有一定积极意义的。

2. 朱熹的积累教学内容

朱熹提出教育分两个阶段，8 至 15 岁入小学，15 岁之后入大学。"小学者，学其事；大学者，学其小学所学之事之所以。"朱熹主张以小学而言，主要是"教之以事"，如"礼乐射御书数，及孝弟忠信之事"。至于发掘和探究事物之理，则是大学教育之任务。"大学是穷其理"，"小学是事亲事长且直理会那事，大学是就上面委曲详究那理，其所以事亲是如何，所以事长是如何。"朱熹特别强调的是积累学习的重要性，提出若小学能受到很好的教育，"便自养得他心不知不觉自好了，到得渐长更历，通达事物将无所不能"。所以朱熹在教材开发上做了很多努力，取得了很多成果，编写的大量著述中，儿童用书占有很大的比重，如《论语训蒙口义》《易学启蒙》《小学》《四书集注》等，都是他亲自编写的儿童读物。特别《小学》和《四书集注》，一直被宋末和元明清三代六七百年间封建统治者作为正统的小学教材。

2. 朱熹的积累教学方法

朱熹认为，小学教育是基础，是"培根"的工作，故从小向儿童进行道德品质教育尤其重要。他也重视平民教育，强调整个社会再教育的重要性。他强调要帮助学习者掌握正确的学习方法。关于积累学习，朱熹自己总结如下：

（1）循序渐进

朱熹主张学习之法应当"循序渐进"。方法是："字求其训，句索其旨，未得乎前，则不敢求其后，未通乎此则不敢忘乎彼，如是循序渐进，则意志理明，而无疏易凌躐之患矣。"也就是说要一个字一个字地弄明白它们的含义，一句话一句话地搞清楚它们的道理。前面还没搞懂，就不要急着看后面的，这样就不会有疏漏错误了。他还说："学者观书，病在只要向前，不肯退步，看愈抽前愈看得不分晓，不若退步，却看得审。"就是说，读书要扎扎实实，由浅入深，循序渐进，有时还要频频回顾，以暂时的退步求得扎实的学问。

（2）熟读精思

所谓熟读，就是要把书本背得烂熟。所谓精思，即是反复寻绎文义。依朱熹的看法，"谓读书有三到：心到、眼到、口到。"朱熹认为，对于经典，必须熟读。读书"百遍时，自是强五十遍时；二百遍时，自是强一百遍时。今所以记不得，说不去，心下若存若亡，皆是为精不熟之患"。同时，还要分析、思索。"学者观书，读得正文，记得注解，成诵精熟，注中训释文意、事物、名件，发明相穿纽处，一一认得，如自己做出来底一般，方能玩味反复，向上有通透处。"

（3）虚心涵咏

所谓虚心涵咏，即是以客观的态度，还古书的本来面目，并不执着旧见，接受简明平正的解说，而不好高务奇、穿凿立异。依朱熹的看法，读书须是虚心方得。圣贤说一字是一字。自家只平着心去秤停他，都使不得一灰杜撰。学者看文字，不必自立说，只记前贤与诸家说便了。

（4）切己体察

这一条包含有读书的"结合实际"的原则。所谓切己体察，即是读书时，使书中道理与自己经验或生活结合起来，并以书中道理去指导自己的实践，以实践来加深自己的积累与理解。

古代教育家、思想家关于积累教学的论述，限于篇幅，我们就简述到这里。

二、古代教育专著论述"积累"

古代中国还有许多专门的教育理论专著论述"积累"，我们选择《学记》和韩愈的《师说》，简要论述。

（一）《学记》

1. 情况概述

《学记》是儒家经典《礼记》中的一篇，一般认为是儒家思孟学派的作品，成文于战国末期。《学记》全文仅1200多字，但内容却颇为丰富，比较系统地总结了先秦儒家的教育理论和教育实践，它是人类有史以来一部比较系统完备的以教学论为主的教育专著。

2. 主要教育思想

《学记》在开篇就说："发虑宪，求善良，足以谟闻，不足以动众；就贤体远，足以动众，未足以化民。君子如欲化民成俗，其必由学乎。""玉不琢，不成器；人不学，不知道。是故古之王者，建国君民，教学为先。"把教育的社会作用概括为"建国君民""化民成俗"，一方面强调通过教育国家需要的德才兼备的统治人才，积极推行德政；另一方面强调通过教育，形成统一的社会道德风尚，形成良好的社会习俗。这段论述，明显地揭示了教育是立国之本的理论问题。

3. 关于积累教学的论述

在具体分析教育、教学的成功与失败的经验教训的基础上，《学记》提出了一系列教育、教学的原则和方法，对于我们更好地理解"积累"，有着很好的指导作用。

（1）藏息相辅，学游结合

《学记》指出："大学之教也，时教必有正业，退息必有居学。不学操缦，不能安弦；不学博依，不能安诗；不学杂服，不能安礼。不兴其艺，不能乐学。故君子之于学也，藏焉修焉，息焉游焉。"也就是说，按规定时间进行的正课学习，与课外练习必须兼顾，相互补充，相互促进。课外练习可以深化正课学习的内容和提高对正课学习的兴趣。"藏息相辅"的教学原则要求课外练习与正课学习有机配合，学习与休息兼顾，学习与游乐相间，亲师与乐友结合，使学习成为学生的一种内在需要。

（2）豫时孙摩，合作学习

《学纪》在总结"教之所由兴"和"教之所由废"的重要规律时指出："大学之法，禁于未发之谓豫，当其可之谓时，不陵节而施之谓孙，相观而善之谓摩。此四者，教之所由兴也。"这被称为"大学之法"的豫、时、孙、摩，就是使教学成功的四个基本原则。豫，就是预防性原则。时，是及时施教原则。孙，是循序渐进原则。摩，即学习观摩原则。"相观而善之谓摩"，学友间相互观摩，相互学习，取长补短，就能共同进步。否则，"独学而无友，则孤陋而寡闻。"

（3）启发诱导，激发兴趣

《学记》主张采用启发式的教学，激发学生的学习兴趣，充分调动学生学习和思考的积极性、主动性，指出："君子之教，喻也：道而弗牵，强而弗抑，开而弗达。道而弗牵则和，强而弗抑则易，开而弗达则思。和、易、以思，可谓善喻矣。"强调教学中要积极引导学生，而不是硬牵着他们走；也要严格要求学生，不断进行勉励和督促，而不是压抑他们，这样他们学习自然感到容易；更要开启学生的思路，让他们自己去钻研，而不是代替学生得出结论，这样就能促使学生独立思考。

（二）《师说》

1. 情况概述

韩愈，唐朝著名的思想家、文学家、政治家，在教育史上的最突出的贡献是他关于"师道"的论述。面对当时社会上存在着严重的"耻学于师"的风气，韩愈为恢复师道，不仅自己抗颜为师，并做《师说》，对师道做了精辟的论述。《师说》是我国教育史上第一篇比较全面地从理论上论述师道的文章，为我国教育史提供了新的比较进步的见解。《师说》这篇文章虽然只有456个字，但它精湛的思想却一直影响着历代教育工作者，是我国古代教育史中珍贵的教育文献，是一份宝贵的教育遗产。

2. 主要教育思想

韩愈《师说》中重点论述的是教师问题，在一定程度上反映了教师工作的客观规律，是很有创见的。他阐明了教师的作用——"古之学者必有师"，自古以来任何一个人的知识学问，都是从老师那里学来的，"人非生而知之者，孰能无惑?"如果"惑而不从师，其为惑也，终不解矣"；明确教师的任务——传道、授业、解惑。《师说》指出："师者，所以传道、授业、解惑也"，仅用十一个字，就把教师的任务概括得很全面。三者中以传道为本，以授业解惑辅之。他认为只有完成这三方面任务，才配称作教师；提出择师的标准——"道之所存，师之所存"。他说："生乎吾前，其闻道也，因先乎吾，吾从而师之；生乎吾后，其闻道也，亦先乎吾，吾从而师之，吾师道也。夫庸知其年之先后生于吾乎?是故无贵无贱，无长无少，道之所存，师之所存也。"他认为可为师者，不在于其年龄大小和地位的高低，而在于其懂得"道"比自己早或比自己多，师其"道"也。

3. 关于积累教学的论述

韩愈自己勤奋求学，招收过很多学生，成为当时大批青年的导师，所以，在自学和教学方面均有相当丰富的经验。对于"积累"，也有卓越的见解。

（1）勤勉善思

韩愈在《进学解》中说："业精于勤，荒于嬉；行成于思，毁于随"。学业的精深在于勤奋刻苦，学业的荒废，在于嬉戏游乐；道德行为的成功在于深思熟虑，败毁在于因循苟且。他所说的"勤"，包括口勤、手勤、脑勤，夜以继日地学习。他说："口不绝吟于六艺之文，手不停披于百家之编"；"焚膏油以继晷，恒兀兀以穷年。"勤奋以学，长年不懈，这是他对前人治学经验的总结，也是他自己治学多年的宝贵经验的结晶。

（2）钩玄提要，博约相辅

在治学方法上韩愈提出"论事者必提其要，纂言者必钩其玄"，意即读不同性质的书，要采取不同方法。阅读史籍一类的书，一定要做出提要，提纲挈领，掌握要点。阅读辑录古人言论的书籍，一定要探索其要旨，着重领会书中的精神实质。这种读书方法至今仍是可取的。

韩愈认为"贪多务得，细大不捐"，意即学业的精深要以广博地掌握和积累知识为基础，一定要博览群书务求有所得，知识不论大小，要兼收并蓄。但要正确处理博与约的关系，由博而约，由约而博，结合进行。

（3）沉浸浓郁，含英咀华

他所提出的"沉浸浓郁，含英咀华"，意思是说，枳累学习不能浮光掠影，满足于一知半解，要融会贯通，对书中精华要仔细体味，反复领会。这个见解至今仍有普遍的指导意义。

三、对传统语文积累教学理论与实践的认识

通过以上简要的勾勒，我们可以窥见中国传统语文积累教学理论与实践之一斑，可以说，积累，是我国千百年来传统教育中的精华，对中国语文教

育先哲和学者提出的符合教育规律的理论观点和实践经验，不应该妄加否定。笔者认为，传统的积累教学理论，有以下几点值得借鉴。

（一）文道统一的教学模式

传统语文积累教学是采用文道统一，文以载道的方式进行教学的。让学生们在学习语言的同时，能学习一些为人做事的基本道理，也可以学习天文地理的基本知识，发挥语文教学的综合性和基础性。

（二）扎实稳固的基础教育

传统的语文积累教学有效地利用了青少年是人生当中记忆力最好的时期这一年龄特点，通过记诵学习《三字经》《百家姓》《千字文》等蒙学书本，集中学习汉字；通过记诵经典文章，涵咏章句，打好篇章结构的基础，便于在读书和作文时博采众长。而且选文往往都是很好的启蒙教材，其中涵盖了人性、自然、社会科学、学习方法、励志思想等多方面内容，这样有助于让人在最初的学习中便很好地认识生活，启迪人性。

（三）"循序渐进，熟读精思"

朱熹说："循序渐进，熟读而精思"这句话很好地概括出了传统语文教学的精髓。熟读、精思、博览、多作，这是一个循序渐进的过程。"读"要读得"熟"，不单要如此还要做到"精思"。何为"精思"？朱熹读书的"三到"，即"口到""眼到""心到"，如此才能做到"精"。孔子曰："学而不思则罔"，如此看"精思"在我们的阅读过程中是很必要的。"熟读"只是一种读书要达到的熟读程度，"精思"则是更深一步的加工过程，将已读之文内化为自己的东西。"精思"是一个过程，是不断领悟的过程，是伴随着"读"的过程反复进行的。"熟读"伴随着"精思"，不断地反复，不断地深化。

（四）平衡"精读"与"博览"

唐彪说："凡读文贪多者必不能深造，能深造者必不贪多，此理当深悟也"。这里的告诫与"博览"并不冲突，只是告诫我们在读"精"之后再"博览"。传统"积累"教学是强调做好"博览群书"的功夫的。"读万卷书，行万里路"，但要注意处理好"精"与"博"二者之间的关系。"精"是基础，有了坚固的基础，我们才能更好地发展。"博览"是我们"读"之所趋。杜甫曾说："读书破万卷，下笔如有神"，孙诛也说："熟读唐诗三百首，不会作诗也会吟"，只有"熟读"了，"精思"了，"博览"了，吸收、借鉴更优秀的成分来内化，才能美化自己的修养和文笔。

当然，看"传统"对我们语文积累的启示，并不是要我们生搬硬套老一套的模式，我们也要清醒地看到，传统的积累教学，和现代的需要相比，特别是和《义务教育语文课程标准》对比，确实有不适应时代需要的地方：

（1）传统的语文积累，学习者的主动性不足。教学始终把儒家思想、道德教育放在首位，课内积累多，课外积累少；封闭式积累多，开放式积累少；被动式记诵积累多，主动式拓展积累少。

（2）传统的语文积累，学习内容陈旧片面，主要为识字、读古文、作古文，把古人作为学习的楷模，把古文作为学习的最高境界，引导人们向后看，而不是向前看。现代语文积累强调应该把诵读现代美文和古典文言平衡。

（3）传统的语文积累，教学方法死板、单一，只重整体感知，缺乏分析认识，忽视求异思维、发散思维，强调"头悬梁，锥刺股""囊萤映雪"的苦读精神，无视读者理解的主动性、创造性，和现代语文教育尊重学生的阅读感受，尊重学生的多元解读，提倡愉快式积累，减轻学生学习负担的理念相违背。

（4）传统的语文积累，培养的能力单一，只重视经典的语言文字材料积累，内容锁定为经典诗文，侧重培养读和写的能力，脱离口头语言实际，注重书面语感，不重视听话能力和说话能力的训练。和现代语文强调的"听说读写书"能力全面协调发展的要求不适应。

其他如忽视文学教育，忽视语文美育，没有建立起适宜于语文教学的知识体系等都是值得批判的地方。

第二节　现代"积累"理论

研读世界语文教育史，会发现一个有意思的现象：在母语教学上，不仅中国的教育家强调"积累"的作用，外国教育家也重视教育本身的巨大作用，重视"积累"，重视"循序渐进""因材施教"等积累教育原则。以古罗马著名教育家昆体良为例。他对教育的作用抱有极大的信心，怀有很高的热情和期望，说："天生畸形因而愚鲁不可教的人是很少很少的。"如果人的禀赋不同，教育的方法也应不同。

昆体良认为虽然七岁前的儿童接受知识的能力有限，但学习总比闲着好，一点一滴地学习，积少成多，长期下去就很可观了。而且，儿童虽然学的不多，但记得牢，所学的东西终身有用。他认为阅读应分三个阶段来进行：首先是阅读诗人的作品，以此培养学生高尚的心灵；其次是阅读悲剧作品，陶冶学生的心灵；最后是阅读喜剧作品，培养学生的辩才。昆体良甚至认为，"凡是最能培养心灵和增长思维力量的作品都应成为孩子的教材"。

不过由于当时人们的认识水平限制，尚无法对积累进行更加精确的科学分析解释。随着人们认识自然、认识自我的水平不断提高，对于积累，有了更深入的认识。

一、关于"积累"的心理学解释

在国外,心理学家根据信息加工的认知心理学的观点和方法,也对语言积累学习的过程进行许多研究和分析。他们提出语言积累与内化涉及三个主要的成分:一是读者的认知能力(有关外部世界的一般知识),二是读者的语言能力(包括他们的语音知识、句法知识、语义知识),三是文本(文章)的结构组织。在不同的理论模型中,研究者强调的重点不同,理论模式大致可以分三类:自上而下的、自下而上的和相互作用的。

(一)自下而上的模式

这种模式假设信息处理过程始于信息的最小单位(笔画),即阅读从字词的解码开始一直到获取意义。从本质上说,积累理解就是把印刷的"新语言"与读者早已掌握和理解的口头语言联系起来。因此,阅读者要掌握文本的全部意义,就必须加工句子,而这种加工取决于读者是否分析了那些句子的子句和短语。分析又取决于读者是否辨认出了那些单位中的字词。对大部分语言来说,字词的识别又取决于读者是否辨认出了它们的字母(笔画)组成。显而易见,这种模式强调的是文本本身的作用。

按照这种模式,阅读积累的过程是有组织的、有层次的。它首先是眼睛扫描书写的文字,在头脑中形成字母特征的短暂表征。然后是读者从肖像表征中认出字母,根据字母的组合,在大脑中查找词的意义,最后是连续加工各个单词,并联词成句,理解整个句子。所以要达到任何一个水平,读者必须首先达到所有低级或简单一些的水平;但反过来说,达到低级水平并不一定就能保证达到高一级的水平。转换成汉语语境,则积累教学应当由字而词、由词而句、由句而章、由章到"智略",形成一个合理的层次结构。

(二)自上而下的模式

古德曼(K. S. Goodmen,1976)与高夫的观点不同。他注意到,当儿童边读边理解意义时,偶尔会出现符合文理的错误,读出与原字有别的音来。他主张阅读是一个预测下一步信息并做确实或否定的过程。所以积累的过程不是单线程的线性结构,古德曼把阅读看作是一个"取样、预期、检验和评实"的循环过程,强调读者利用已有的知识和吸收的少量信息,猜测、构想出字母、字词和语音。他说,有效的阅读不是对文章所有元素准确知觉及辨别,而是选择最少、最有建设性的必要线索去猜测而且一次猜测正确的技能。这是自上而下的模式:阅读始于智略层次,向下按序做信息分析,读者运用已有的知识猜测文章继之而来的文字或意义。

自上而下和自下而上模式一样,都具有片面性。自下而上模式没有认识到读者带进阅读过程中的高层知识的作用,而自上而下模式则不承认低级加工水平的重要性。对于推进学生有效积累，都是不够的。

（三）相互作用的模式

相互作用模式吸取了自上而下与自下而上两种模式的合理之处，不再偏重文章提供的信息或读者已有的信息，而是把两者有机地结合起来，认为成功的阅读离不开自上而下加工和自下而上加工。

博克明（Birkmimc）1985 年在大学物理系和音乐系的学生中做了一个实验，让这两组学生阅读有关物理、音乐知识、某一鸟类知识等三篇文章，其结果是，当文章内容与学生的背景材料有联系时，学生的阅读速度与理解程度明显地超过缺乏相应背景材料的情况。这种实验的结果应该说是意料之中的。"夏虫不可语冰"的比喻就说明了这个道理。所以，光是"读万卷书"仍是不够的，还得"行万里路"才行。茅盾说："他应当一边读，一边回想他所经验的相似的人生，或者一边读，一边到现实的活人中去看。"凡此，无不点明和强调了阅读的重要条件之一，即生活经验的积累。而另一个条件：识字与知识的具备为一般常识。只有当这两个条件同时具备时，才能在不同层次上开始不同层次的阅读活动，阅读的"还原"活动才能发生。

二、关于"积累"的专家观点

外国教育心理学关于"积累"的研究成果，被中国教育家借鉴、吸收、本土化，形成了一系列的研究成果，推动了语文教育理论的深入发展。

阅读是"吸收"的事情，从阅读，咱们可以领受人家的经验，接触人家的心情。

————叶圣陶：《略谈学习国文》

叶圣陶主要是从阅读的积累功能方面做出说明。其中"领受人家的经验""接触人家的心情"，既指明了"积累"的内容，也点出了"积累"的特点是"领受"和"接触"。

阅读文章是透过书面语言，领会其意义，从中获取思想和学习语言的活动程序，是人们学习和认识世界的一种基本手段。

————朱绍禹：《中学语文教育概说》

对于语言积累"功能"，朱先生的"透过书面语言"便指出了"积累"的特殊性之一。

阅读从认知文字符号开始，经过大脑的分析综合活动，领会课文的意义，体会课文的感情，并凭借着课文练习阅读的技能，从而发展阅读能力。

————张隆华主编《语文教育学》

这里，张先生点明了语言积累这一复杂的事情，主要是"大脑的分析综合活动"。

阅读就是通过视线的扫描，筛选关键性语言信息，结合头脑中储存的思想材料，引起连锁性思考的过程。

——章熊、张隆华：《语文教学的再认识》

这里，不仅点明了接触读物的是视觉，而且提出了"结合头脑中储存的思想材料"这一重要条件。关键性的语言信息与读者头脑中已有的有关材料的结合，便能实现读者与读物的沟通，即将"言"还原为"意"，实现语言积累的升级。

三、语文积累教育理论的两位大家

20 世纪起，西方教育思想不断冲击中国传统语文教育，经过一代代人的努力，中国语文教育不断褪去旧有的不合时宜的色彩，形成了富有中国特色的语文教育理论与实践体系，其中，叶圣陶和陶行知是两座高峰，他们的理论对于我们更好地开展"积累"研究，有很重要的指导意义。

（一）叶圣陶

1. 教育的宗旨

叶圣陶先生认为，读书，读教科书，只是一种手段，最终目的在学会做人。他说："受教育的意义和目的是做人，做社会的够格的成员，做国家的够格的公民。"既然教育的宗旨在使受教育者学会做人，那么做人是人人必须学会的，否则要影响整个人类文明的进步，影响整个社会和国家的发展，所以教育的受益者必须是受教育者的全体。叶圣陶指出："教育要为全社会而设计，要为训练成对社会做点事的人而设计；教育决不能为挑选少数选手而设计，结果使这些人光荣显耀，站在众人的头顶上，伸出手来，收受众人的供养。"而人的培养重在"习惯"——这是实现教育宗旨的关键。叶圣陶说："无论哪一种能力，要达到了习惯成自然的地步，才算我们有了那种能力。不达到习惯成自然的地步，勉勉强强的做一做，那就算不得我们有了那种能力。"

2. 语文积累教学的理论创新

叶圣陶先生有句教育名言：教，是为了达到不需要教。一个受过教育的人必须是一个具备足够的自学能力的人，能够随时随地进行自我教育的人；否则，算不得是个受过教育的人。因此，叶圣陶先生进一步强调说："所有各级各类学校以及补习、进修机构的主要职能，全都在引导来学的人向自学方面不断进展。"

（1）教师要善于"放手"

教育工作"如扶孩子走路，虽小心扶持，而时时不忘放手也"。这"时时不忘放手"，正是叶圣陶先生形象表述的一条教育原则。叶氏说："善于启发的老师都把学生看成有机的种子,本身具有萌发生长的机能,只要给以适宜的培育和护理,就能自然而然地长成佳谷、美蔬、好树、好花。"

（2）丰富学校生活

叶圣陶先生认为语文积累要在生活中进行拓展。学校生活也是社会生活的一个组成部分,因此,学校应该为学生设置种种环境,让他们能在这种种环境里直接去积累语文、学习生活、学习做人。他任教早期学校里开辟"生生农场"、开办"利群书店",还设置"百览室""音乐室""篆刻室",组织戏剧队、演讲队等等,开展丰富多彩的课外实践活动,让学生早早地去接触生活,丰富积累,锻炼生活能力。

（3）在直接接触各种人中积累

古人有"近朱者赤,近墨者黑"的说法,叶圣陶先生强调一个人在青少年时期应该多接触品行端正的人,接触足以为人楷模的人,使他们从中受到好的影响。他说:"要使学生'真能'实践好行为,有没有直观的门径呢?我说有。其一,教师以身作则,事事处处为人师表,这是学生最亲切的直观。其二,让学生多接近各方各面的先进人物,也是极为有益的直观。"从高尚、正直的成年人身上,青少年会看到自己的未来,这是十分重要的直观。

叶氏的教育理论博大精深,体现了鲜明性和丰富性的统一。这些理论观点,对于观察、研究、推进我们当前的教育工作仍然具有指导和借鉴的意义。叶圣陶先生批判和否定旧式积累教学的"功利主义",对于旧时代符合教育规律的理论观点和实践经验,他批判性的加以继承,比如启发性原则,他强调:"愤悱启发是一条规律。"比如"吟诵",叶圣陶先生就认为"语文学科,不该只用心与眼来学习;须在心与眼之外,加用口与耳才好。吟诵就是心、眼、口、耳并用的一种学习方法",对吟诵的科学依据做了透彻的说明。但他也注意到了传统吟诵法只重"强记"的缺陷,指出"强记的办法是要不得的,不久连字句都忘记了,还哪里说得上体会?"

（二）陶行知

1. 教育的宗旨

陶行知的语文教育是为实现他的培养"有知识、有实力、有责任心的国民"的目的,提出教育所负担的使命是:教民"造富""均富""用富""知富""拿民权以遂民情而保民族"。"为着应济生活需要而办之教育",这也是生活教育理论的主要内容。陶行知认为教育的目标是为了改造生活。教育是培养人的社会活动,所培养出来的人,不仅能够在社会中更好的生存,而且要通过自身的生存和发展,来推动社会的前进。作为一位伟大的人民教育家,他从教育促进社会发展和培养全面人才的思想出发,建构起了他的语文教育思想体系,并以语文教育实践为主要途径去实现他的教育理想。

2. 语文积累教学的理论创新

从生活教育理论出发，陶行知认为学习语文是为了"向前向上的"生活，要实现这个目的，必须学习具有生活的内容，运用符合生活的方法。只有这三者完全的统一起来，才是真正意义上的语文教育。

（1）学习积累语文是为了"向前向上的"生活

强调"大众语与大众文必须合一"。陶行知认为，只有语文成为"大众高兴说、高兴听、高兴写、高兴看的语言文字"，才能保证语文快速地被大众掌握，进而为大众的生活服务。学习语文首先要培养人们日常生活所必不可少的能力，这是最基本的要求。他认为人们应该通过语文积累学习具有"现代社会的生活或该有的力量""培养人生与共和国国民必不可少之精神态度""发挥国民性的优点，补充国民性的缺点。"

（2）积累首先要积累生活常用字

在这方面，他和朱经农一起编辑的《平民千字课》所用的字，是陈鹤琴用了一年半的时间，经过统计，在一百万字当中使用过一百零一次以上的字。他认为把这些字当作课本所用字，是"一种很好的根据"。他强调，文字是生活的符号，必须和大众的生活结合起来，才能使文字发挥作用。"要想鼓起民众读书的兴趣，必须拿他们生活所需要的文字来教。"

（3）积累的内容必须是生活的

陶行知号召大家"读活人的书，做活人的事，过活人的生活"。他批判传统教育的"读死书，死读书，读书死"。为了识字而识字，为了读书而读书，不管文字所表达的内容是否和生活有联系，他认为具有这种内容的书，是专供一些人"吃"的书。他认为，只有用生活为中心的书，那么读书积累才能从"死的、假的、静止的"转变成"活的、真的、动的、用的"。

（4）积累的方法要运用生活的方法

陶行知认为生活方法就是教育方法，即教学做合一。"教的方法根据学的方法；学的方法根据做的方法。""教与学都以做为中心。"陶行知批评传统的教学，因为内容和生活脱离，必然造成采用的方法只能是教师讲学生听的僵化模式。语文教育既然是工具教育，就应该从生活中"吸取培养它自己的血液"。承认语文是工具，就得和社会生活相结合。所以他要求学生在演说会、讨论会、早会、晚会、一切集会与人交谈时，都要留心，仔细地听，学习那些擅长国语的先生和同学们的发音语调等，并且在适当的机会，请这些擅长国语的人在语言运用技巧方面给以具体的指导。

第三章　积累的课标要求

积累，是语文教学界经十几年甚至几十年探索到的几个核心理念，其中积累处于领起的位置，起着奠基性的作用，反映了整个语文教学界对它的高度重视。在《义务教育语文课程标准》中，对积累越来越重视，基础性、基本性的积累仍遍见课程标准文本中，而且对于"积累"的理解越来越趋于宏观、丰盈。

第一节　关于"积累"的阐述

在《义务教育语文课程标准》中明确提到"积累"一词的地方有多处，现整理如下：

一、第一部分"前言"

"课程的基本理念"第一条"（一）全面提高学生的语文素养"

语文课程应激发和培育学生热爱祖国语文的思想感情，引导学生丰富语言的积累，培养语感，发展思维，初步掌握学习语文的基本方法，养成良好的学习习惯，使他们具有适应实际需要的识字写字能力、阅读能力、写作能力、口语交际能力，正确地理解和运用祖国语文。

二、第二部分"课程目标"

"总目标"第七条

具有独立阅读的能力，学会运用多种阅读方法。有较为丰富的积累和良好的语感，注重情感体验，发展感受和理解能力。能阅读日常的书报杂志，能初步鉴赏文学作品，丰富自己的精神世界。能借助工具书阅读浅易文言文。九年课外阅读总量应在 400 万字以上。

"阶段目标"中"第一学段（1~2年级）"的"阅读"目标第三条

结合上下文和生活实际了解课文中词句的意思，在阅读中积累词语。借助读物中的图画阅读。

"阶段目标"中"第一学段（1~2年级）"的"阅读"目标第七条

积累自己喜欢的成语和格言警句。背诵优秀诗文50篇（段）。课外阅读总量不少于5万字。

"阶段目标"中"第二学段（3~4年级）"的"识字与写字"目标第二条

累计认识常用汉字2500个左右，其中1800个左右会写。

"阶段目标"中"第二学段（3~4年级）"的"阅读"目标第三条

能联系上下文，理解词句的意思，体会课文中关键词句表达情意的作用。能借助字典、词典和生活积累，理解生词的意义。

"阶段目标"中"第二学段（3~4年级）"的"阅读"目标第八条

积累课文中的优美词语、精彩句段，以及在课外阅读和生活中获得的语言材料。背诵优秀诗文50篇（段）。

"阶段目标"中"第二学段（3~4年级）"的"习作"目标第四条

尝试在习作中运用自己平时积累的语言材料，特别是有新鲜感的词句。

"阶段目标"中"第三学段（5~6年级）"的"阅读"目标第三条

能借助词典理解词语的意义。能联系上下文和自己的积累，推想课文中有关词句的意思，辨别词语的感情色彩，体会其表达效果。

"阶段目标"中"第三学段（5~6年级）"的"习作"目标第二条

养成留心观察周围事物的习惯，有意识地丰富自己的见闻，珍视个人的独特感受，积累习作素材。

三、"实施建议"

"实施建议"中"教学建议"的第四条"重视培养学生的创新精神和实践能力"

语文教学要注重语言的积累、感悟和运用，注重基本技能的训练，给学生打下扎实的语文基础。同时要注重开发学生的创造潜能，培养综合实践能力，促进学生持续发展。

"实施建议"中"具体建议"的第二条"关于阅读教学"

各个学段的阅读教学都要重视朗读和默读。应加强对阅读方法的指导，让学生逐步学会精读、略读和浏览。有些诗文应要求学生诵读，以利于积累、体验、培养语感。

"实施建议"中"评价建议"的第二条"运用多种评价方式，全面反映学生语文学习水平"

形成性评价和终结性评价都是必要的，但应加强形成性评价。提倡采用成长记录的方式，注意收集、积累能够反映学生语文学习发展的资料，记录学生的成长过程。对学生语文学习的日常表现，应以表扬、鼓励等积极的评价为主，采用激励性的评语，从正面加以引导。

"实施建议"中"具体建议"的第二条"阅读"中"古诗文阅读的评价"

评价学生阅读古代诗词和浅易文言文，重点考察学生的记诵积累，考察他们能否凭借注释和工具书理解诗文大意。词法、句法等方面的知识不作为考试内容。

第二节 关于"积累"的角度

还有一些论述，虽然没有明确地用到"积累"这个词语，但是其精神实质，还是和"积累"的内涵相吻合的。

一、数量的规定

如第二部分"课程目标"的"总目标"第六条

学会汉语拼音。能说普通话。认识 3500 个左右常用汉字。能正确工整地书写汉字，并有一定的速度。

在"阶段目标"的"第一学段（1～2 年级）"关于"识字与写字"第二条认识常用汉字 1600 个左右，其中 800 个左右会写。

在"阶段目标"的"第二学段（3～4 年级）"关于"识字与写字"第二条累计认识常用汉字 2500 个左右，其中 1800 个左右会写。

在"阶段目标"的"第二学段（3～4 年级）"关于"阅读"第九条

养成读书看报的习惯，收藏并与同学交流图书资料。课外阅读总量不少于 40 万字。

在"阶段目标"的"第三学段（5～6 年级）"关于"识字与写字"第一条

有较强的独立识字能力。累计认识常用汉字 3000 个左右，其中 2500 个左右会写。

在"阶段目标"的"第三学段（5～6 年级）"关于"阅读"第二条

默读有一定的速度，默读一般读物每分钟不少于 300 字。学习浏览，扩大知识面，根据需要搜集信息。

在"阶段目标"的"第三学段（5～6 年级）"关于"阅读"第七条

诵读优秀诗文，注意通过诗文的声调、节奏等体味作品的内容和情感。背诵优秀诗文 60 篇（段）。

在"阶段目标"的"第三学段（5~6 年级）"关于"阅读"第八条

扩展阅读面。课外阅读总量不少于 100 万字。

二、内容的说明

如"课程的基本理念"第一条"全面提高学生的语文素养"

同时，语文课程还应通过优秀文化的熏陶感染，提高学生的思想道德修养和审美情趣，使他们逐步形成良好的个性和健全的人格，促进德、智、体、美诸方面的和谐发展。

提出了优秀文化作为积累的内容。

第二部分"课程目标"的"总目标"部分第二条

认识中华文化的丰厚博大，吸收民族文化智慧。关心当代文化生活，尊重多样文化，吸取人类优秀文化的营养，提高文化品位。

以"吸收""吸取"两个词，把"中华文化"和"人类优秀文化"都列为积累的重要内容。

第二部分"课程目标"的"总目标"部分第三条

培植热爱祖国语言文字的情感，增强语文学习的自信心，养成良好的语文学习习惯，初步掌握学习语文的基本方法。

把"热爱祖国语言文字的情感""语文学习的自信心""良好的语文学习习惯""学习语文的基本方法"并列，丰富了积累的内涵。

有的是对理念部分的详细阐释，如在"阶段目标"中"第一学段（1~2 年级）"的"识字与写字"要求的第五条

学会汉语拼音。能读准声母、韵母、声调和整体认读音节。能准确地拼读音节，正确书写声母、韵母和音节。认识大写字母，熟记《汉语拼音字母表》。

提出了汉语拼音积累的目标、任务及具体要求。

有的详细列出了各个学段积累的不同内容和要求，比如同是标点，各个学段要求不一样。

第一学段（1~2 年级）

认识课文中出现的常用标点符号。在阅读中，体会句号、问号、感叹号所表达的不同语气。

第二学段（3~4 年级）

在理解语句的过程中，体会句号与逗号的不同用法，了解冒号、引号的一般用法。

第三学段（5~6 年级）

在理解课文的过程中，体会顿号与逗号、分号与句号的不同用法。

关于古诗文积累的表述也有变化：

第一学段（1～2 年级）

诵读儿歌、童谣和浅近的古诗，展开想象，获得初步的情感体验，感受语言的优美。

第二学段（3～4 年级）

诵读优秀诗文，注意在诵读过程中体验情感，展开想象，领悟内容。

第三学段（5～6 年级）

诵读优秀诗文，注意通过诗文的声调、节奏等体味作品的内容和情感。背诵优秀诗文 60 篇（段）。

对于阅读吸收积累的内容随学段变化而变化：

第一学段（1～2 年级）

1. 喜欢阅读，感受阅读的乐趣。初步养成爱护图书的习惯。

2. 学习用普通话正确、流利、有感情地朗读课文。学习默读。

3. 阅读浅近的童话、寓言、故事，向往美好的情境，关心自然和生命，对感兴趣的人物和事件有自己的感受和想法，并乐于与人交流。

第二学段（3～4 年级）

1. 用普通话正确、流利、有感情地朗读课文。

2. 初步学会默读，做到不出声，不指读。学习略读，粗知文章大意。

3. 能初步把握文章的主要内容，体会文章表达的思想感情。能对课文中不理解的地方提出疑问。

第三学段（5～6 年级）

1. 能用普通话正确、流利、有感情地朗读课文。

2. 默读有一定的速度，默读一般读物每分钟不少于 300 字。学习浏览，扩大知识面，根据需要搜集信息。

3. 在阅读中了解文章的表达顺序，体会作者的思想感情，初步领悟文章的基本表达方法。在交流和讨论中，敢于提出看法，做出自己的判断。

这些论述从纵向深化了积累的内容。

还有论述从横向扩展了积累的外延。

如"课程设计思路"中的第三条和第四条论述

课程目标九年一贯整体设计。课程标准在"总目标"之下，按 1～2 年级、3～4 年级、5～6 年级、7～9 年级四个学段，分别提出"学段目标与内容"，体现语文课程的整体性和阶段性。各个学段相互联系。螺旋上升，最终全面达成总目标。

学段目标与内容从"识字与写字""阅读""写作"（第一学段为"写话"，第二、第三学段为"习作"）、"口语交际"四方面提出要求。课程标准还提出了"综合性学习"的要求，以加强语文课程内部诸多方面的联系，加强与其他课程以及与生活的联系，促进学生语文素养全面协调地发展。

这里告诉我们语文学习积累是有"阶段性"的，但是各个学段相互联系，螺旋上升，最终全面达成总目标，又有很强的"整体性"。而关于"识字与写字""阅读""写作"（第一学段为"写话"，第二、第三学段为"习作"）、"口语交际"四方面的要求和"综合性学习"的要求，对扭转我们积累仅为"文字"积累的偏颇认识，是大有裨益的。

三、资源的开发

如在"课程基本理念"中关于"正确把握语文教育的特点"的论述：

语文是实践性很强的课程，应着重培养学生的语文实践能力，而培养这种能力的主要途径也应是语文实践（不宜刻意追求语文知识的系统和完整）。语文又是母语教育课程，学习资源和实践机会无处不在，无时不有。因而，应该让学生更多地直接接触语文材料，在大量的语文实践中体会、掌握运用语文的规律，而不宜刻意追求语文知识的系统和完整。

可见语文是母语教育课程，学习资源和实践机会无处不在，无时不有。

如在"课程基本理念"中关于"努力建设开放而有活力的语文课程"的论述：

语文课程应继承语文教育的优秀传统，要面向现代化，面向世界，面向未来。应拓宽语文学习和运用的领域，并注重跨学科的学习和现代科技手段的运用，使学生在不同内容和方法的相互交叉、渗透和整合中开阔视野，提高学习效率，初步获得现代社会所需要的语文素养。

语文课程应该是开放而富有创新活力的。应当密切关注学生的发展和社会现实生活的变化，尽可能满足不同地区、不同学校、不同学生的需求，确立适应时代需要的课程目标，开发与之相适应的课程资源，形成相对稳定而又灵活的实施机制，不断地自我调节、更新发展。

指出语文课程建设要从优秀传统、现代文明中汲取内容，开发与之相适应的课程资源，便于学生积累。

在"实施建议"中的"教科书编写建议"中指出：

教科书要有开放性和弹性。在合理安排基本课程内容的基础上，给地方、学校和教师留有开发、选择的空间，也为学生留出选择和拓展的空间，以满足不同学生学习和发展的需要。

为我们指出，教科书编制要给地方、学校和教师留有开发、选择的空间，也为学生留出选择和拓展的空间，以满足不同学生积累和发展的需要。

在"实施建议"中的"课程资源的开发与利用"中指出：

1. 语文课程资源包括课堂教学资源和课外学习资源，如教科书、教学挂图、工具书、其他图书、报刊，电影、电视、广播、网络，报告会、演讲会、辩论会、研讨会、戏剧表演，图书馆、博物馆、纪念馆、展览馆，布告栏、报廊、各种标牌广告，等等。

自然风光、文物古迹、风俗民情，国内外的重要事件，学生的家庭生活，以及日常生活话题等也都可以成为语文课程的资源。

2. 各地区、学校都蕴藏着多种语文课程资源。要有强烈的资源意识，去努力开发，积极利用。学校应认真分析本地和本校的特点，充分利用已有的资源，积极开发潜在的资源，特别是人的资源因素和在课程实施过程中生成的资源因素。

3. 学校应积极创造条件，努力为语文教学配置相应的设备；还应当争取社会各方面的支持，与社区建立稳定的联系，给学生创设语文实践的环境，开展多种形式的语文学习活动。

4. 语文教师应高度重视课程资源的开发与利用，创造性地开展各类活动，增强学生在各种场合学语文、用语文的意识，多方面提高学生的语文素养。

这从积累的各种资源类型、教科书的积累指南作用、教师的积累指导作用、学校与社区提供积累各项资源的责任方面做了详细的规定。

四、教学的评价

《义务教育语文课程标准》提出了"积累"的教学原则，如在"教学建议"中第二条和第三条提出这样的积累教学原则：

第二条：教学中努力体现语文的实践性和综合性

沟通课堂内外，充分利用学校、家庭和社区等教育资源，开展综合性学习活动，拓宽学生的学习空间，增加学生语文实践的机会。

第三条：重视情感、态度、价值观的正确导向

培养学生高尚的道德情操和健康的审美情趣，形成正确的价值观和积极的人生态度，是语文教学的重要内容，与语文能力的提高、语文学习过程和方法的形成是融为一体的，不应把它们当作外在的附加任务。应该根据语文学科的特点，注重熏陶感染，潜移默化，把这些内容渗透于日常的教学过程之中。

也提出了具体的教学建议，如在"教学建议"的"具体建议"中"关于阅读教学"：

阅读是学生的个性化行为，应引导学生钻研文本，在主动积极的思维和情感活动中，加深理解和体验，有所感悟和思考，受到情感熏陶，获得思想启迪，享受审美乐趣。

各个学段的阅读教学都要重视朗读和默读。应加强对阅读方法的指导，让学生逐步学会精读、略读和浏览。有些诗文应要求学生诵读，以利于积累、体验、培养语感。

在阅读教学中，为了帮助理解课文，可以引导学生随文学习必要的语法和修辞知识（如词类、短语结构、句子成分、常见修辞格），但不必进行系统的语法修辞知识教学，更不应要求学生死记硬背这些知识。

培养学生广泛的阅读兴趣，扩大阅读面，增加阅读量。提倡少做题，多读书，好读书，读好书，读整本的书。鼓励学生自主选择阅读材料。

对于可以积累什么、不需要积累什么、如何拓展积累、如何激发学生自主积累兴趣提高学生语文素养都有讲解。

除了建议，还有十分可行的操作指南。

比如关于"综合性学习"方面，各个年段都提出了操作的方法，体现出年段的特点：

第一学段（1～2年级）

1. 结合语文学习，观察大自然，用口头或图文等方式表达自己的观察所得。

2. 热心参加校园、社区活动。结合活动，用口头或图文等方式表达自己的见闻和想法。

第二学段（3～4年级）

1. 能提出学习和生活中的问题，有目的地搜集资料，共同讨论。

2. 结合语文学习，观察大自然，观察社会，书面与口头结合表达自己的观察所得。

3. 能在老师的指导下组织有趣味的语文活动，在活动中学习语文，学会合作。

第三学段（5～6年级）

1. 为解决与学习和生活相关的问题，利用图书馆、网络等信息渠道获取资料，尝试写简单的研究报告。

2. 对自己身边的、大家共同关注的问题，或电视、电影中的故事和形象，组织讨论、专题演讲，学习辨别是非善恶。

3. 初步了解查找资料、运用资料的基本方法。

在"评价建议"上，体现了对学生积累内容的定量评价，比如关于"古诗文"积累的评价：

评价学生阅读古代诗词和浅易文言文，重点考察学生的记诵积累，考察他们能否凭借注释和工具书理解诗文大意。词法、句法等方面的知识不作为考试内容。

也体现了对积累过程评价的重视，比如：

语文学习具有重情感体验和感悟的特点，更应重视定性评价。学校和教师要对学生的语文学习档案资料和考试结果进行分析，评价结果的呈现方式除了分数或等级以外，还应用最有代表性的事实客观描述学生语文学习的进步和不足，并提出建议。

更加重视对学生积累的三维目标的评价，比如关于"综合性学习"的评价：

综合性学习的评价，应着重考察学生的语文综合运用能力、探究精神与合作态度。主要着眼于学生在综合性学习过程中的表现，如是否能积极参与活动，是否能主动提出问题，还有搜集整理材料、综合运用语文知识探究问题、展示与交流学习成果等方面的情况。第一、第二学段要较多地关注学生参与语文学习活动的兴趣与态度。第三、第四学段要多关注学生在语文活动中提出问题、探究问题以及展示学习活动成果的能力。各个学段综合性学习的评价都要着眼于促进学生提高语文水平的效率，并有助于他们扩大视野，更好地掌握学习语文的方法。

评价要尊重和保护学生学习的自主性和积极性，鼓励学生运用多种方法，从不同的角度进行探究。要充分注意学生解决问题的思路和方法。对有新意的思路和表达以及有特点的展示方式，尤其要给予足够的重视。除了教师的评价之外，要多让学生开展自我评价和相互评价。

在评价时，要充分注意学生在解决问题的过程中所采用的思路和方法。对不同于常规的思路和方法，尤其要给予足够的重视和恰当的评价。

第三节 关于"积累"的启发

《义务教育语文课程标准》使我们进行语文教学、实现语文积累、提升学生语文素养的指导性文件，关于积累的丰富论述，给了我们很多启发。

一、语文积累的内涵是丰盈的

美国著名课程专家希尔斯（E. D. hirsch，Jr.）教授认为，学生们从学校获得的东西是人们具有的共同的"背景信息"。这些"背景信息"帮助人们拥有普遍的经验，是赋予生活以意义的人类存在不可或缺的条件。语文课程可以给学生什么样的"背景信息"，《义务教育语文课程标准》的"课程性质"部分开宗明义指出："语文课程是一门学习语言文字运用的综合性、实践性课程。义务教育阶段的语文课程，应使学生初步学会运用祖国语言文字进行交流沟通，吸收古今中外优秀文化，提高思想文化修养，促进自身精神成长。"

这是现代课程论在语文课程理念中的一种折射。它明确提出基础教育是公民教育。教育要为大众提供必需的语言、知识、价值观的课程，给每一个学生以发展的机会，所以非常强调课程对未来公民的适用性。

学生在语文教育中要获得的最基本的东西是什么？首先当然应该是语文积累，就像《义务教育语文课程标准》"课程设计思路"提出的："学段目标与内容从"识字与写字""阅读""写作"（第一学段为"写话"，第二、第三学段为"习作"）、"口语交际"四个方面提出要求。课程标准还提出了"综合性学习"的要求，以加强语文课程内部诸多方面的联系，加强与其他课程以及与生活的联系，促进学生语文素养全面协调地发展"。也就是说，语文教学，首先是对识字、阅读、习作、口语交际、综合性学习的积累。

《义务教育语文课程标准》"课程设计思路"提出（语文教学）"为弘扬民族精神、增强民族创造力和凝聚力、培养德智体美全面发展的社会主义建设者和接班人，发挥积极的作用，为学生的终身发展奠定基础"。这意味着学生通过语文课程，要达到一定的对祖国语言文字的理解、感悟、鉴赏、运用的水平。可以说，语文素养的积累是一个现代公民必须具备的，不具备就谈不上有发展机会。

再来研读《义务教育语文课程标准》"总体目标与内容"中的有关论述：

（1）在语文学习过程中，培养爱国主义、集体主义、社会主义思想道德和健康的审美情趣，发展个性，培养创新精神和合作精神，逐步形成积极的人生态度和正确的世界观、价值观。

（2）认识中华文化的丰厚博大，汲取民族文化智慧。关心当代文化生活，尊重多样文化，吸收人类优秀文化的营养，提高文化品位。

（3）培育热爱祖国语言文字的情感，增强学习语文的自信心，养成良好的语文学习习惯，初步掌握学习语文的基本方法。

（4）在发展语言能力的同时，发展思维能力，学习科学的思想方法，逐步养成实事求是、崇尚真知的科学态度。

（5）能主动进行探究性学习，激发想象力和创造潜能，在实践中学习和运用语文。

（6）学会汉语拼音。能说普通话。认识3500个左右常用汉字。能正确工整地书写汉字，并有一定的速度。

（7）具有独立阅读的能力，学会运用多种阅读方法。有较为丰富的积累和良好的语感，注重情感体验，发展感受和理解的能力。能阅读日常的书报杂志，能初步鉴赏文学作品，丰富自己的精神世界。能借助工具书阅读浅易文言文。背诵优秀诗文240篇（段）。九年课外阅读总量应在400万字以上。

（8）能具体明确、文从字顺地表达自己的见闻、体验和想法。能根据需要，运用常见的表达方式写作，发展书面语言运用能力。

（9）具有日常口语交际的基本能力，学会倾听、表达与交流，初步学会运用口头语言文明地进行人际沟通和社会交往。

（10）学会使用常用的语文工具书。初步具备搜集和处理信息的能力，积极尝试运用新技术和多种媒体学习语文。

我们可以肯定地说《义务教育语文课程标准》中的语言积累的基本理念，正是对语文"核心知识""核心知识课程"的确切描述。

积累的内涵，根据上述的论述，语文的积累应该包括以下几方面内容。

第一，积累一定数量的基本语言材料

如识字和写字的数量，掌握最基本的字、词，积累大量的词汇，积累大量的歇后语、俗语、对联、诗词等，这是语言发展的基础。

第二，积累有典范性的规范的语言材料

如教科书上相关课文、相关优美段落的学习与背诵，记诵古今中外优秀作品达 240 篇（段），小学六年课外阅读总量不少于 145 万字，九年课外阅读总量应在 400 万字以上等。学生通过学习规范的现代语言和典雅的古典汉语，不仅可以深化对中华文化的认识，陶冶性情，更重要的是获取了语言发展可供借鉴的模板。

第三，语言的积累运用规律

"学会运用多种阅读方法"的阅读能力、"能具体明确、文从字顺地表达自己的见闻、体验和想法"的写作能力、"学会倾听、表达与交流，初步学会运用口头语言文明地进行人际沟通和社会交往"的口语交际能力、"使用常用的语文工具书，搜集和处理信息"的学习能力，都有自己的规律。了解这些语言规律是语言发展的内核。

第四，积累语文学习的能力与习惯

如"写字姿势正确，书写规范、端正、整洁良好"的写字习惯，"学习用普通话正确、流利、有感情地朗读课文"的朗读能力与朗读习惯，"养成读书看报的习惯，收藏图书资料，乐于与同学交流"的课外阅读习惯，"尝试在习作中运用自己平时积累的语言材料"的写作能力，都需要平时的积累。

第五，积累文化的知识来丰盈大脑

通过语文学习与积累"认识中华文化的丰厚博大，汲取民族文化智慧。关心当代文化生活，尊重多样文化，吸收人类优秀文化的营养，提高文化品位"。丰富文化积累、生活积累既是语文学习的内容，又是促进语言发展的手段。语文教育的人文性、实践性，可以通过对人类优秀文化成果的吸收，通过对生活的了解、参与、改造来实现。通过学习积累，对中国传统文化和人类优秀文化，产生亲近之情、敬畏之情，产生学习之心、传承之心，是语文积累的一个要义。

二、语文积累的途径是丰富的

谈到语文积累，第一位的当然是课堂教学积累。如何在课堂教学中促进学生的语言积累，《义务教育语文课程标准》的"教学建议"有详细的论述，我们除了研究实践外，还需要关注以下一些观点。

在"重视情感、态度、价值观的正确导向"中提出的"应该根据语文学科的特点，注重熏陶感染，潜移默化，把这些内容渗透于日常的教学过程之中"；在"重视培养学生的创新精神和实践能力"中提出的"语文教学要注重语言的积累、感悟和运用"；在"具体建议"中"关于阅读教学"中提出的"阅读教学应引导学生钻研文本，在主动积极的思维和情感活动中，加深理解和体验，有所感悟和思考，受到情感熏陶，获得思想启迪，享受审美乐趣。要珍视学生独特的感受、体验和理解"。"阅读教学应注重培养学生感受、理解、欣赏和评价的能力。"

从本段论述中，我们可以知道，语言积累不止是对语言博闻强识，它一般要经历理解、感悟、鉴赏、记忆一系列的复杂过程。

理解，通俗地说，就是明白语言含着的意思，把握住它内在的说法。理解的任务主要是准确地"再现"，是积累的起始环节。

感悟，通俗地说，就是通过熟读成诵，从文本的内容信息中，引发自己的感想，悟出自己的收获，并且能够表达自己的感受。感悟是学习者语言积累的较高层次，它与理解的区别，在于理解是以文及己，而感悟则是能够推己及人。

鉴赏，就是通过欣赏性的阅读、感受、品评、体味，揣摩表达的方法技巧，汲取艺术营养。鉴赏实现了由内容到形式的过渡，是积累的更高层次。所谓的转向"语用"，是鉴赏的高级形式。

记忆，就是将自己学习的收获加以归纳整理，存入自己的经验库，并与已有的知识建立联系。记忆是积累的末端环节，最终决定着积累是否有效。

语言积累的这些过程，在课堂教学中，我们应该明确：

（一）理解、感悟、鉴赏是积累的基本条件

这里的理解、感悟、鉴赏，对于小学生这样的学习者的知识背景而言，不一定要很深入，可以是浅层次的，但却不能完全缺失。没有理解、感悟、鉴赏的记忆只能是机械记忆。机械记忆，表现在教学中展现为死记硬背，它不是真正意义上的语言积累。

（二）不要把理解、感悟、鉴赏、记忆四个环节机械地割裂开来

理解、感悟、鉴赏、记忆四个环节不是割裂的，好像讲了理解就不能讲

感悟，讲了鉴赏就不能讲记忆。它们如调色板上的颜料，融在一起，你中有我，我中有你。理解中往往有感悟，有鉴赏，也有记忆；记忆中又会有新的理解、感悟、鉴赏。

（三）四个环节不是线性发展的

理解、感悟、鉴赏、记忆四个环节是一种认知心理过程，但这些环节又不是绝对不变的，有时还可以略过或省去其中某个或某些环节。中间的环节有循序渐进，更有跳跃提升。

（四）积累是需要积淀的

从理解到记忆，积累往往需要循环往复多次，不是一次完成的。这对于我们理解学生的"遗忘"规律，正确对待学生的"背不上来""说不上来"有很强的指导意义。

除了语言积累，语文学习还必须注意文化积累和生活积累。正如《义务教育语文课程标准》"总体目标与内容"中指出的：

（1）在语文学习过程中，培养爱国主义、集体主义、社会主义思想道德和健康的审美情趣，发展个性，培养创新精神和合作精神，逐步形成积极的人生态度和正确的世界观、价值观。

（2）认识中华文化的丰厚博大，汲取民族文化智慧。关心当代文化生活，尊重多样文化，吸收人类优秀文化的营养，提高文化品位。

语文中包含文化，这是大家所公认的。学习语文，就是在学习文化，就是在学习"积极的人生态度和正确的世界观、价值观"。

但是，文化又不是什么虚无缥缈的东西，语言本身是一种文化。一个汉字，不仅是一个书写符号，它的字音、字形、字义，反映的也是中华丰富多彩的文化。语文学习就是语言文化的学习，不只是掌握一定数量的语言文字而已。

语文素养越高，学生就会发现，语言与文化的结合就越紧密，学生的语文素养就越高，他解决综合性语文学习的问题能力就越强。纯语言文字占的比重反而会越小。语文教育就是要提高学生这种综合的语言文化素养。

《义务教育语文课程标准》的"课程性质"指出："语文课程是一门学习语言文字运用的综合性、实践性课程。义务教育阶段的语文课程，应使学生初步学会运用祖国语言文字进行交流沟通，吸收古今中外优秀文化，提高思想文化修养，促进自身精神成长。工具性与人文性的统一，是语文课程的基本特点。"

可见，丰富文化积累既是语文学习的内容，又是促进语言发展的手段。当前呼吁加强人文教育，主要是强调用人类优秀文化成果滋养熏陶学生，丰富学生的人文积累，提高学生的综合素养，促进学生人格的健康发展。

　　文化积累的内容也十分丰富，包括了解一定的文化常识，积累一定的文化形式，通过背诵等手段，积累一定的经典文化篇章，阅读欣赏一些优秀的人文作品，感悟优秀的文化精神，树立人文关怀的人生态度和科学的研究精神等等。途径当然是学会听说读写。

　　在文化积累方面，目前存在的实践问题主要是，过分强调传统文化的传承，鼓励批判创新明显不足，更重要的是缺乏鲜活的、具有时代色彩的主流文化的引入；对待名家名篇过分依赖，缺乏批判心理指导。这样的人文教育不利于科学的文化精神、多元文化观念的形成。

　　生活积累也很重要。语文学习与生活联系十分密切。不可否认的是，语文学习需要一定的生活积累。现在为什么觉得有的我们认为很经典的文章，很感人的课文，学生读着没有感受呢？除了教学本身问题外，学生缺少生活的积累也是一个重要原因。比如学习翁卷的《乡村四月》，学生能够对农村生活有一定的常识，了解谷物的栽种知识、天时节气知识，学习就会更深入，就会体会到一种高尚的生活理想，语文学习才有基础，才有持续发展的动力。不仅阅读学习需要这样的生活积累；作文写得好，更需要生活的积累。

　　《义务教育语文课程标准》也指出："语文课程应激发和培育学生热爱祖国语文的思想感情，引导学生丰富语言积累，培养语感，发展思维，初步掌握学习语文的基本方法，养成良好的学习习惯，具有适应实际生活需要的识字写字能力、阅读能力、写作能力、口语交际能力，正确运用祖国语言文字。"可见，语文又是生活的工具，学习语文是为了更好地了解认识生活，更好地参与生活、改造生活，让自己、让他人生活得更有意义、更美好。语文教育不仅要注重语文工具的操作性教育，还要加强语文工具的目的性教育，指导学生了解语文学习与生活的关系，指导学生在语文学习中学会生活，在生活实践中学习语文，并最终能够有效地运用语文工具更好地生活。

　　生活积累无须孤立地进行，语文教学中注意指导学生学习生活、积极参与生活，做生活观察、思考的有心人，生活积累的任务就自然而然地完成了。

　　有必要指出的是，生活积累方面，太强调了解、感受、体验生活的必要性，把认识生活与参与生活、改造生活割裂开来。只看到生活积累是语文学习的基础，看不到语文学习又是认识生活、参与生活、改造生活的手段也是不全面的认识。生活的目的模糊不清，语文学习仍然是脱离生活的纯工具训练。

　　其实，语文学习的生活积累途径无处不在。《义务教育语文课程标准》单列一章，讲课程资源的开发和利用，列举的资源达21种之多："语文课程资源包括课堂教学资源和课外学习资源，如教科书、相关配套阅读材料、其他图书、报刊、工具书、教学挂图，电影、电视、广播、网络，报告会、演讲会、辩论会、研讨会、戏剧表演，生产劳动与社会实践场所，图书馆、博物馆、纪念馆、展览馆，布告栏、报廊、各种标牌广告，等等。"此外还特别指出："自然风光、文物古迹、风俗民情、国内国外和地方的重要事件，以及日常生活话题等也都可以成为语文课程资源。"

　　这启示我们，语文积累的学习方法要"活动化"。要引导学生在大量的语文实践中掌握运用语言规律。语文教学中的文化积累、生活积累都是在语文学习过程中通过理解、感悟、记忆、运用语言文字的具体训练自然而然地进行的，不需要也不能脱离语文学习另搞一套。

语文积累的要素

第四章　汉字积累

第一节　汉字积累的意义

汉字是汉语的基本单位。多积累汉字，积累好汉字，是阅读和写作的基础，是义务教育阶段语文教学的重点，是培养学生语文素养的重要抓手。汉字积累的意义，可以从汉字的教学意义和文化意义两方面来把握。

一、教学意义

汉字教学不但要让学生会认会写，更要让学生会用。这是一项综合性、长期性的学习过程。而在现在的教学活动中，往往出现偏差。具体表现为：

（1）为了应付考试，师生常常花费大量的精力和时间在字词上，不断地背诵默写，认为这样的训练到位，考试时出现字词题，就能解决。

（2）在作文和语言表达训练时，不太注重对字词错误的纠正。在习作中，师生往往把重点放在对文章的谋篇布局和表现手法的思考上，而对文章中的字词应用这一基础环节忽视。不注意纠正学生习作中的错误和运用不恰当的字词。或许教师也注意学生语言表达的流畅度，但是在指导上往往不到位。常以"语言流畅，如行云流水""表达生动，用字传神"等套话带过。

以上两种现象在平时的字词教学过程中相当常见，但是对于学生综合能力的提高却收效甚微。要想真正提高学生综合运用字词的能力，平时要注意积累字词。积累得多了，很多的问题都解决了。

针对字词特点和在现实教学中的不恰当做法，可以利用字词积累来摆脱低效率的训练，从而使语文字词教学走上良性发展的轨道。要实现这一目的，其根本途径是以积累促进认知，把积累和认知结合起来。可以从以下教学环节中来帮助积累：

（1）多读、多写是抓住问题的根本。学生对新的字词的最初认知还是由说写开始。适当的读写是识记的最直接方法，这是掌握字形最直接的途径。

（2）加强作文评改中的字词纠错。习作是学生对字词的具体运用，忽视习作中的字词纠错，等于放弃了对字词应用的检验。重视学生对字词"认""辨"，而忽视"用"，这是本末倒置。

（3）在课堂教学中，应把字词教学与课文内容教学联系起来，做到一举两得。在课文讲解结束后，可以将文中的关键字词挑选出来，让学生根据这些字词去创造性地复述课文，这样，教师可以发现学生是否真正掌握了字形，是否真正掌握了字词在具体语言环境中的意义；同时也检测了学生对文本的掌握情况。

（4）在新授课中，不可忽视已学字词的复现。字词的掌握是习得性的，是需要不断反复的，在反复重现中才能巩固并被充分掌握。

总之，字词积累的形式多种多样，要根据字词教学的特点和学生的特点，不局限于应试。平时注重积累，注重学生语文素养的全面提高。

二、文化意义

汉字是世界上最古老的文字之一，也是最优美的文字之一。它是世界上使用人口最多的文字，也是流传范围最大的文字。它对日本、朝鲜、越南的文字影响是巨大的。所以了解汉字历史，积累汉字有其重要的文化意义。

（一）仓颉造字的传说

仓颉是古代传说中创造汉字的人物。早在战国末年，已盛传"仓颉造字"的故事，《吕氏春秋·审分览·君守》称："奚仲作车，苍颉作书，后稷作稼，皋陶作刑，昆吾作陶，夏鲧作城，此六人者，所作当矣。"西汉初又将仓颉说成黄帝的史官。《淮南子·修务训》记载："史皇产而能书。"高诱注："史皇仓颉，生而见鸟迹，知著书，故曰史皇，或曰颉皇。"许慎《说文解字·叙》也称："黄帝之史仓颉见鸟兽之迹，知分理之可相别异也，初造书契，百工以乂，万品以察。"在纬书《春秋元命苞》中，仓颉又被神化成一位超凡入圣的人物，他"龙颜侈侈，四目灵光，实有睿德，生而能书。于是穷天地之变，仰观奎星圆曲之势，俯察龟文鸟羽山川，指掌而创文字，天为雨粟，鬼为夜哭，龙乃潜藏"。在《门外文谈》里，鲁迅认为："……在社会里，仓颉也不是一个，有的在刀柄上刻一点图，有的在门户上画一些画，心心相印，口口相传，文字就多起来了，史官一采集，就可以敷衍记事了。中国文字的来由，恐怕逃不出这例子。"

传说从这时起，我们中华民族就有了最早的象形文字和甲骨文。

但也有对"仓颉造字"的传说持不同看法的，如现代作家郭沫若就在他的《郭沫若·古代文字之辩证的发展》一书中说:"任何民族的文字都和语言一样,是劳动人民在生活中从无到有,从少到多,从多头尝试到约定俗成所逐步孕育、选练发展出来的。它绝不是一人一时的产物。"

(二)汉字演变的阶段

汉字的演变过程,是一个漫长的文化演变的历史过程,由原先的语音逐步演变出文字,可以简略归纳为五个阶段:声、形、象、数、理。

1. "声"是任何一种语言的必要组成部分

在遥远漫长的太古时代,人类从本能的"哭声、笑声……"或模仿大自然的"鸟鸣、虫叫、兽吼、风声、雷声、雨声……"中逐渐分化出具有一定意义,代表一定事物的"声音",如"ma、ba"用于代表"妈、爸"可能是从哭声"啊……"中分化出来。这就是语音的进化。

语音进化到现代,已是一个十分复杂的系统。汉语中大约有 1600 种声音。语音的分化必定有其自身一定的规律,从现代语言中可以分辨出一些线索。例如,"鹅、鸡、鸭、猫……"等家禽和家畜可能是依据其叫声而定其名的。"哈、喔、嘘、哎唷……"等声音是直接表示人类在不同情绪下的自然发声。"五→午""苗→渺""木→冒"……就如李玲璞、向光忠和众多中青年学者参与编写的《汉字演变文化源流》一书中说的那样,"木,冒也。冒地而生东方之行,从中、下象其根",音相通,意相联。

2. "形"是语言的第二个重要组成部分,但不是必要的

在远古时代人类主要面临的是生存和种族延续问题。在与大自然和猛兽毒蛇等的斗争过程中,有时需要用"形"或"画"来表示事物。例如,远出狩猎,为了不至于迷失道路,可能在岩石上或树干上做一些标记。人类在狩猎时,也注意观察野兽的足迹,以辨别出野兽的特性。另外,人类也可能出于对神秘大自然的崇拜或对美的事物的追求,在岩洞壁上,画上"日、月、人、山、木、中、动物、祖先……"图像。《说文解字》说,"皇帝之史仓颉,见鸟兽蹄远(háng 野兽经过后留下的痕迹)之迹,知分理之可相别异也,初造书。"意思是黄帝的史官仓颉看见鸟兽的脚印,明白可以用形来区分事理,开始创造文字。例如,"审"字为什么会有"审视、观察、分辨"的意思呢?"审(审)→宀番→宀采田","番"谓田中野兽的脚印。"采"辨别也,象兽指爪。"审",悉也。《说文解字》中是这样解释的:"采,辨别也,象兽指爪,分别也。兽足谓之番,从采、田,象其掌。审,悉也,知审谛也,从宀、从采。悉,详尽也,从心、从采。释,解也,从采。采取其分别物也。"由"图画"经过一个简化过程,取事物的主要特征,开始了"文字"的进化过程。拼音文字是由原始图像向表示声音的字母方向发展,以语音作为主体。汉字有所不同,由原始图像向"象、数、理"方向发展,用不同的图像来表示各

种各样的意思。

3. "象"是创造汉字和《易》说理预事的主要方法

"日、月"等属于象形文字，是造字的基本部件。这些基本部件相互组合，产生各种各样的"象"，创造出更多的字。例如，"明→日月""易→日勿→日月""旦→日一"（下边的"一"表示"地"，与"☰"卦三阳爻象"天、人、地"相通），"显→日业"（"业"，表示地上有茂密的树木，"日"已上树梢，太明"显"了）。基本部件和字还可以进行更高层次的组合，产生用于表示各种事物、各种意念的诸多文字，这些字还可以组成更多的字。例如，"盟→明皿""踢→𧾷易""湿→氵显""但→亻旦"……就像《易》中说的："仓颉之初作书，盖依类象形，故谓之文。其后，形声相益即谓之字。"

4. "数"概念是人类长期进化过程中逐渐形成的

（1）人类首先掌握的概念可能是"无"和"有"

没水喝会渴，没东西吃就会饿。"有→ナ月"字中"ナ"表示手，"月"表示肉。"有"字原意"手下有肉"，有肉吃就不会挨饿。"有"进一步分化形成"一、二、三、多"等数的概念。

有趣的是向易符方向演变，逐渐从文字中分离，形成八卦，并在历史上的夏、商、周时期形成《易经》（《连山》《归藏》《周易》）。例如，奇数（一、三、五、七、九）和偶数（二、四、六、八、十）是两组不同性质的数。若奇数属阳，偶数则属阴。在《河图》和《洛书》中以"黑、白"或"实心、空心"分别表示。《易》中用"阳爻、阴爻"表示。

（2）汉字中，字根重叠现象比比皆是

这是"数理"在造字中的具体表现。例如，唱→口昌（"唱"，从口、昌声），哭→吅犬（"哭"，从吅、狱省声），噪→口喿→口品木（"喿→品木"，表示树上有许多小鸟在叽叽喳喳地叫，"品"三口，评头品足）。通常，字根相重表示"多"的数理，三重表示"众"的数理。

（3）"理"是"象、数"的扩展。汉字外延的演变，主要是通过"理"来扩大的，即相"象"的事物，"理"也相通。例如，"明"本意是明亮，引申出"眼睛看得清楚、心里明白、事情变得明显……"等。

上述汉字演变的五个阶段"音、形、象、数、理"，本质上也是创造汉字的五种基本方法。兹举一例说明："猫→犭苗→犭艹田"字，"犭、艹、田"都属于象形，猫叫声"miāo"，所以，"猫"声定为"māo"，造字时声部用"苗"字表示。"苗→艹田"，音通"渺"，意为"田中渺小之草"。猫可能是在神农氏农业耕种时期，才被人驯养用于对付损害农作物和粮食的老鼠的。从"猫"字的解剖中，可以看到"声、形、象、数、理"五种基本造字方法，并能看到汉字演变的历史沿革。

（三）六种造字方法

汉字经过了 6000 多年的变化，其演变过程有"六书说"：指示、象形、形声、会意、转注、假借。

"六书"这个词最早见于《周礼·地官》："掌谏王恶而养国子以道，乃教之六艺……五曰六书，六曰九数。"其中没有对"六书"详细的名称，也没有对六书的解释。西汉刘歆《七略》："古者八岁入小学，故周官保氏掌养国子，教之六书，谓象形、象事、象意、象声、转注、假借，造字之本也。"这是对六书最早的解释，象形、象事、象意、象声指的是文字形体结构，转注、假借指的是文字的使用方式。这六种造字方法的特点，可以简介如下：

1. 象形

用简单的线条描摹客观事物的形状，使人一看就能把字形与具体事物联系起来，知道它所代表的事物。比如人（ ）月（ ）。

2. 指事

用一种特殊性符号，标记某一客观事物和表示某一概念。这种标记符号或是加在独体象形字的某个部位，或是加在代表某种事物符号的特殊位置。比如"上"是特殊指事字，由两横构成，底端一横较长，顶端的一横较短。古人用一代表混沌太初状态；用二（二，由两个"一"组成，两横一样长）代表从混沌太初中分化出来的、相并列的天与地。古人调整表示天与地、等长的两横二，以短横方向表示朝天或朝地的方向。甲骨文二将表示"天"的北端横线写得较短，表示天或朝天的方向；甲骨文二将表示"地"的南端横线写得较短，表示地或朝地的方向。造字本义：与地相对的天。金文二承续甲骨文字形。有的金文上为区别于数目字"二"，在两横二之间加一竖指事符号，以显示纵的方向。籀文上省去短横。篆文 承续金文字形。"上"的本义为天，"下"的本义为地。

3. 会意

把意义可以相互配合的两个或两个以上的独体象形字或指事字结合起来，表示一个新的意义。比如，从 两个人形组合在一起，一个人站在另一个人后面，表示跟从。相，甲骨文 ＝ （木，树）＋ （目，远眺），表示在高树上远眺。左边是一棵树的象形，右边是一只眼睛的象形，二者组合后，表示用眼睛观察树木。因此"相"的本义是"仔细察看"。

4. 形声

用一个字做形旁，表示意义类别，用另一个字做声旁，表示读音。两者结合成为一个形声字。比如，河 。左边是" （水）"，做形旁，表示与水有关；右边是"可"，做声旁，表示读音。谋。左边是"🜚（言）"，做形旁，表示与语言有关；右边是"某"，做声旁，表示读音。

5. 转注

转注指同一部首的字可以互训（互相解释）。比如《说文解字》："老，考也，七十曰老。从人毛匕。言须髮變白也。凡老之屬皆从老。"意思是说，人到七十的状态叫"老"。采用"人、毛、匕"会义。这是说须发都变白了。所有与老相关的字，都采用"老"做边旁。

6. 假借

借用已有的字，表示同音而不同义的字。比如，借当小麦讲的"来"做来往的"来"，借当毛皮讲的"求"做请求的"求"。

许多文字学者认为，只有前面的象形、指事、会意、形声是造字法，后面的转注和假借是用字之法。

第二节　汉字积累的内容

汉字是记录汉语的书写符号。在形体上逐渐由图形变为由笔画构成的方块形符号，所以汉字一般也叫"方块字"。汉字往往可以引起我们美妙而大胆的联想，给人美的享受。可以从以下方面进行积累。

一、了解汉字的特点

（一）音、形、义相结合

汉字具有集形象、声音和辞义三者于一体的特性。这一特性在世界文字中是独一无二的，因此它具有独特的魅力。

例如，"颖"字，其含义为"禾末也"，即禾穗上的芒刺。清代最杰出的文字学家段玉裁在注解中国古代第一部字典《说文解字》（简称《说文》）时指出："近于穗及贯于穗者"都叫"颖"。"颖"这个字的结构，是"从禾，顷声"，即由"禾"和"顷"两个部分组成；"从禾"，表示"颖"的含义与"禾"有关；"顷声"，表示"颖"古代的读音与"顷"相同或相近。"颖"字的形、音、义三个方面，就是这样紧密地结合在一起的。

再如在初中学习的化学元素周期表中，气体有氢、氖、氩、氮、氙、氦，这些字全与气体有关，上面的气字就是表意的，而下面的字则是表声的，这样的音和形、义的结合能帮助我们深刻地记忆汉字。

有些字可以从他的形了解他的意思，如"刃"光从字形就可知它与刀有关。又如"休"字，一个人靠着一棵树当然就是休息了。当然汉字教学也要注意一些误区，不可一概而论，如"波"字就不可解作水之皮，"坡"字亦不可解作土之皮了。

所以在教学中，教师要对汉字字体及历史有厚重的积淀，在教学中有效利用汉字的音形义结合，追本溯源，分析字体的来源，清楚字义及字体所承载的文化意义。

（二）形声字多

从汉字构造方法看，形声字多，这是汉字系统的又一个重要结构特点。

汉字独体字少，合体字多；在合体字中，形声字最多。据有关研究统计，汉字中的形声字约占80％以上。形声字的构字特点是：形旁标义，声旁标音，如方——访、纺、芳、肪、舫、坊、房、妨、防、放、仿、钫等一组字，在字形结构上大都有基本字（声旁），基本字加偏旁部首（义旁），就构成新的合体字。这就是汉字中形声字的构字规律，这种构字特点使汉字易于学习、掌握，是汉字的优越性。

在各种识字教学方法中，集中识字较充分地利用了形声字的构字规律，克服方块字音形脱节、结构复杂的弱点，化难为易，把十几个形声字放在一节课学习。这样，儿童在掌握了汉语拼音，一定数量的独体字（含少量合体字）和偏旁部首之后，就可以在教师指导下，按规律成串地认知汉字。例如，教学"根、跟、恨、狠、很"这一组生字，因为规律明显，教师易教，学生易学。儿童理解了这些字的左边是形符标义，右边是声符标音的规律，就能做出如下分析："根"字，一根木头，所以是"木"字旁；"跟"字，当"跟着"讲，因为用脚跟着走，所以是"足"字旁；"恨"字，可恨的恨，所以是竖心旁……这样识字，为儿童创造了极为有利的外部心理条件，便于产生学习迁移，简化儿童识字的心理过程，提高识字教学效率和促进儿童智力的发展。

（三）常用字量少

从汉字使用频率看，高频度的字很集中，常用字量少，这是汉字系统的一个重要结构特点。

20世纪70年代末，我国有四位排字工人。他们根据经验，统计出中文里有3000个"常用字"，其频度高达99％；次常用字也有3000个，它们每个字的频度加起来也只占1％。

据有关研究统计：一部《红楼梦》总字数731,017个字，只用了4462个不同单字；茅盾的《子夜》总字数242,687个字，只用了3129个不同单字；曹禺的《雷雨》《日出》《北京人》三部剧本总字数172,005个字，只用了2808个不同单字；老舍的《骆驼祥子》总字数107,360个字，只用了2413个不同单字。这证明，常用字少是汉字的一个特点。

上述关于汉字频率和频度顺序的研究成果，证明汉语中常用字有高度的集中性。常用字量少，这对于我们探索进一步提高汉字教学的科学化水平，很有启发、参考和指导意义。频率高的常用字有3000～4000，这个常用字量可以作为规定学校（小学和初中）语文学科识字量的依据。义务教育《语文课程标准（2015年修订版）》规定识字总量为3500个，其中小学3000个，初中500个。这个识字量是比较科学合理的，也是可行的。

（四）构词潜力大

每一个汉字都有其固定的读音，这就是"音"。音节是听觉能感受到的最自然的语音单位，由一个或几个音素按一定规律组合而成。汉语生字中一个汉字读音就是一个音节。每个基本音节由声母、韵母和声调三个部分组成，有的可以没有声母或声调，但一定有韵母。汉字单音节字多，构词潜力大，这是汉字系统的一个重要结构特点。

1. 二次构词

汉字是表意文字，一音一义的字多，而字有了意义就成为词和词素了。有人统计："在现代汉语的书面中，政治、科技类的文献，单音词约占49%，双音词约占47%，多音词仅占4%，而文艺、生活类的作品中，单音词多达61%，双音词约占37%，多音词只占2%，平均起来单音词仍占一半以上，而双音词、多音词又绝大部分是由单音词组合而成。"所以，学汉字必须一个字，一个字地学。识字相当于识词，识字多，掌握的词就多，有利于促进语言的发展。

作为语言最小单位的词，汉语的词主要用二次构词法进行复合构词，即把原来具有独立意义的单音词结合构成双音词、多音词。这种构词法的构词能力达到了惊人的地步。如"节约"两字，各自都可造出很多词，用"节"字可造出下面17个词：关节、音节、气节、节目、节日、春节、中秋节、过节、小节、失节、变节、节衣、节制、节流、节育、节余、节本。用"约"字可造出下面18个词：大约、约计、约数、简约、约分、约法、条约、约言、约定、有约、特约、约期、约请、约束、约会、失约、公约、和约。词是生的，但是由熟字组成，可以收到"生词熟字"的奇妙学习效果，不仅大大压缩了字量，还缓解了学习的难度。这是汉字的一大优点。据有的研究部门统计，以复合构词为主的汉语，常用词条有43,300多条，只用3730多个字构成。

2. 新词和外来词

随着社会的进步，对外交往的增多，需要创新许多新词汇和翻译外来词汇，诸如经济特区、特警、特快专递、沙尘暴、社会保险、基因、肯德基、芯片、航天、可口可乐、互联网等等。无论是创造新词汇，还是翻译外来语，汉字都能轻而易举地加以解决，甚至翻译新的科学名词能音、义兼顾，有青出于蓝的优势。新版《现代汉语词典》常用词条已增至 65,000 余条。

相比较而言，西方文字为对付新生事物，要不断创造新词汇。英文词汇目前已达几十万之多。相反，汉字的字数比起古代大有削减，如《康熙字典》共收 47,035 个字，三百多年来，大部分已被废掉，现在用字不过 3000～6000，用来创造新词汇潜力巨大。

3. 辅助构词

我们知道，拼音文字是用变音的办法构词和转化词性的，即基本词汇一般都来自母语的词根，通过添加词干、词尾或词首的方法，连缀拼音，构成意义确定的各种合成词。汉字不使用"变音"的办法也能构词、转化词性和实现语法功能，这十分有利于汉语的学习。不仅如此，汉语只要通过变换词序与使用特定的附加助词（如的、地、得、着、了、过等等）以及变换声调等办法，就能简明精确地实现语法功能，达到表意清晰明确的目的。

以复合构词为主的汉字系统，无须"变音"就能构词、转换词性，这就保证了汉字不用改变字形照样可以表示汉语的不同词性。例如，"师爱生"改成"生爱师"，汉语根本不用改变语音，只要变换一下词序就能轻而易举地加以解决，这样也就无须改变书面词形了。可是在现代俄语里，就要通过变音的办法，当然也就要改变书面词形了。相比之下，这显然是汉语汉字的一大优点。著名英语语言学字叶斯伯森在《论英语单音节》一文中指出："原来认为汉语是原始语言、落后语言、儿童语言。现在才知道这种看法是完全错误的。汉语仅用四百个音节作为基础，然后加以四声，最多不过一千六百左右。居然以这样少的单音节，颠来倒去，反复使用，就能完整无缺、毫无瑕疵地把意义表达得一清二楚。这是英语望尘莫及而又望洋兴叹的。也是英语语言学家所感到神秘莫测而又欣羡无量的。"

二、积累汉字的书写规律

从汉字书写系统的结构看，书写有规律，形体差异度高，这是汉字书写系统的重要特点。印欧语系字母仅 30 个左右，而汉字偏旁部首不下于 500 个。前者的字母是以单向线性排列组合成基本视读单位（词）的，而汉字却用上下、左右、内外三种基本位置排列组合成基本视读单位（字）。所以汉字的形差度大大高于拉丁－斯拉夫字母体系的文字。汉字形差度高这一结构特点，不仅字与字区分明显，个性突出，有助于学习记认，而且汉字极便于高速阅读。从视读方面来说，一般认为横排汉字在阅读上比拼音文字速度要快，是最优越的认知符号。"日本有关部门在建设高速公路时，曾做实验，结果表明：用汉字表记的语言是假名的 1/10，是罗马字的 1/20，换句话说，汉字的认知速度比日本的假名要快 10 倍，比罗马文字要快 20 倍。"

汉字的形体书写系统不仅有它的独特之处，而且也是有规律的。汉字的基本笔画只有五种，由基本笔画组成的一些部件也是有限的。所以学写汉字，虽然入门比较难，当掌握了汉字的基本笔画和常用部件以后，再遇到新字就不难学了。关于解决汉字难写的问题，安子介先生建议，根据汉字的构字方法，可把汉字分成构字能力强的 812 个基本单字，56 个部首和 75 个变体部件，在写字时进行"组装"，就能写出 3800 个不同的单字。关键是要编写好教材，激发兴趣，打好基础，科学指导，严格训练，就能化难为易，把字写好。需要说明的是各种文字都有各自的优缺点，都有各自不同的学习难点；要坚持两点论，反对片面性。我们论述汉字的结构特点，指出它的优点，并不是否定缺点，而是为了全面地认识汉字，扬长补短，化解难点，提高汉字教学的科学化水平。

（一）积累汉字的笔画

笔画是指汉字书写时不间断地一次连续写成的一个线条，它是汉字的最小构成单位，可分为横（一）、竖（丨）、撇（丿）、点（丶）、捺（乀）、折（㇇）等几类，具体细分可达 30 多种。汉字的基本笔画如表 4-1 所示。

表 4-1

笔画	名称	例字	笔画	名称	例字
丶	点	广	乛	横钩	写
一	横	王	𠃌	横折钩	月
丨	竖	巾	乙	横折弯钩	九
丿	撇	白	㇛	横撇弯钩	那
乀	捺	八	㇆	横折折折钩	奶
㇀	提	打	㇗	竖折折钩	与
㇏	撇点	巡	㇄	竖弯	四
㇄	竖提	农	㇍	横折弯	沿
𡿨	横折提	论	㇕	横折	口
亅	弯钩	承	㇗	竖折	山
亅	竖钩	小	㇜	撇折	云
㇄	竖弯钩	屯	㇓	横撇	水
㇂	斜钩	浅	㇌	横折折撇	建
㇁	卧钩	心	㇙	竖折撇	专

认识笔画的形状，会数笔画的数目，有助于指导书写和查检字典。

（二）积累汉字的笔顺

笔顺就是汉字笔画书写的顺序。它的一般规则有：先撇后捺，如人、八、入；先横后竖，如十、王、干；从上到下，如三、竟、音；从左到右，如理、利、礼、明、湖；先外后里，如问、同、司；先外后里在封口，如国、圆、园、圈；先中间后两边，如小、水。

针对一些比较特殊的字，它还有一些补充规则：

（1）点在上部或左上，先写点，如衣、立、为。

（2）点在右上或在字里，后写点，如发、瓦、我。

（3）上右和上左包围结构的字，先外后里，如厅、座、屋。

（4）左下包围结构的字，先里后外，如远、建、廷。

（5）左下右包围结构的字，先里后外，如凶、画。

（6）左上右包围结构的字，先里后外，如同、用、风。

（7）上左下包围结构的字，先上后里再左下，如医、巨、匠、区。

为了方便记忆，可以牢记下面写字笔顺口诀：

从上到下为主，从左到右为辅；

上下左右俱全，根据层次分组；

横竖交叉先横，撇捺交叉先撇；

中间突出先中间，右上有点后补点；

上包下时先外面，下包上时先内里；

三框首横末折竖，大口最后封底边；

分歧遵照《规范》歌，做到流畅又美观。

（三）积累汉字的偏旁

偏旁是合体字的结构单位，是合体字的组成部分，它或表义或表音。唐朝颜真卿《干禄字书序》说："偏旁同者，不复广出。"宋朝姜夔《谱》说："然柳氏大字，偏旁清劲可喜，更为奇妙。"清朝俞樾《疑义举例·字因上下相涉而加偏旁例》中也说："字有本无偏旁，因与上下字相涉而误加者。如《诗·关雎篇》：'展转反侧。'展字涉下转字而加车旁。"如"休"中的"亻"和"木"，"取"中的"耳"和"又"，"架"的"加"和"木"等。偏旁由笔画构成，比笔画高一个层次。从前称合体字的左方为"偏"，右方为"旁"；现在把合体字的组成部分统称为"偏旁"。位于字的左边，叫"左偏旁"；位于字的右边，叫"右偏旁"。

我们常说的部首是字典、词典中根据汉字形体偏旁所分的门类。部首都是偏旁，但偏旁不一定是部首。常用的偏旁见表4-2。

表 4-2

形状	名称	例字	形状	名称	例字
冫	两点水	准	止	止字旁	武
冖	秃宝盖	冠	户	户字旁	扇
十	十字儿	华	礻	示字旁	祖
讠	言字旁	论	王	王字旁	琅
刂	立刀旁	制	木	木字旁	杜
八	八字旁	谷	车	车字旁	辆
人	人字头	仓	日	日字旁	暇
厂	厂字旁	历	曰	冒字头	冒
力	力字旁	努	父	父字头	爹
又	又字旁	艰	牛	牛字旁	牵
亻	单人旁	侵	夂	反文旁	敏
卩	单耳刀	却	斤	斤字头	新
阝	双耳刀	陆	爫	爪字头	爱
廴	建字旁	延	月	月字旁	腹
勹	包字头	甸	穴	穴宝盖	穿
厶	私字儿	参	立	立字旁	竖
匚	三框儿	医	目	目字旁	盲
冂	同字框	网	田	田字旁	男
氵	三点水	泸	石	石字旁	研
彡	三撇儿	彤	矢	矢字旁	矮
忄	竖心旁	悄	疒	病字旁	疼
宀	宝盖儿	宜	衤	衣字旁	衬
广	广字旁	底	钅	金字旁	错
夕	夕字旁	梦	皿	皿字头	蜀
辶	走之旁	邀	皿	皿字底	孟
寸	寸字旁	封	禾	禾木旁	秋

形状	名称	例字	形状	名称	例字
扌	提手旁	拖	白	白字旁	泉
土	提土旁	地	鸟	鸟字旁	鸭
艹	草字头	药	米	米字旁	粒
大	大字头	套	西	西字头	栗
小	小字头	肖	页	页字旁	顷
口	口字旁	唱	舌	舌字旁	乱
囗	方框儿	国	缶	缶字旁	缸
门	门字框	阅	耳	耳字旁	耽
巾	巾字旁	师	虫	虫字旁	蛹
山	山字旁	峡	虍	虎字头	虑
彳	双人旁	徐	竹	竹字头	管
犭	反犬旁	猪	舟	舟字旁	船
饣	食字旁	饱	走	走字旁	赵
尸	尸字头	屡	足	足字旁	距
弓	弓字旁	张	角	角字旁	触
子	子字旁	孩	身	身字旁	躲
女	女字旁	妈	鱼	鱼字旁	鲜
纟	绞丝旁	绒	隹	佳字旁	雀
马	马字旁	骝	雨	雨字头	露
灬	四点底	热	齿	齿字旁	龄
方	方字旁	旅	革	革字旁	靴
手	手字旁	拜	骨	骨字旁	骼
欠	欠字旁	欲	音	音字旁	韶
火	火字旁	灭	心	心字旁	意

三、积累汉字的字音

（一）同音字

同音字就是现代汉语里语音相同但字形、意义不同的字。所谓语音相同，一般是指声母和韵母完全相同（有时候则指音调，但少用），如"真—甄"，"轩—萱"，"话—桦"等，就是同音字。

同音字有两种类型，一种是同音同形字，语音相同，书写形式也相同，但是意义却完全不同，也没有关系，从本质来说，是不同的两个词，如"眼花"与"一朵花"中的"花"，"开会"与"会外语"中的"会"就是同音同形字。另一种是同音异形字，字的语音相同，书写形式相近或不相同的字叫同音异形字，如"游"与"遊"，"澡"与"藻"。在汉语里面，光《现代汉语词典》收录的汉字就1万多个，而汉语只有1200多个音节，按照一个相同音节用一个汉字代表和书写，只能有1200多个汉字，剩余的汉字都是同音异形字。

产生同音字有以下原因：

1. 造字的偶合

不同时代，不同地区，不同的人们在原有语言基础上创造的新字很难避免在语音上出现偶合现象。

2. 语音的演变

语音的演变和意义的变化是不平衡的。有些古代不是同音的字，由于语音演变，到现代也变成了同音字。

3. 意义的分化

有些同音字在古代是一个多义字，后来它原来的几个意义逐渐分化解体，失去了原有的联系，而它的语音却没有发生变化，就造成了同音字。

4. 字词的借用

汉语借用外来字词，经常把借词的语音形式汉化，这就使它们的语音与汉字的语音形式相同，从而造成同音字。

同音字的存在，给我们学习和使用汉字带来困难，因此我们要学会辨别同音字。首先，对于同音的形声字，可以通过不同的形来判定它们所表示的意义。比如"驱""岖""躯"都读qū，如果说"qū车""崎qū""身qū"，应该立刻能想到它们分别是"驱""岖""躯"三个字。因为古代都是用马拉车，所以"qū车"应该是与马有关的"驱"；"崎qū"是形容山路不平的，必须选择与山有关的"岖"；"身qū"则与身体有关，只能用"躯"。这几个字的意义都由形旁标识得清清楚楚，辨别起来并不难。其次，对于常用的同音字，要随时留意它们经常和什么字在一起搭配使用，表示什么意思。常常有同学把

"部署"写成"布署"，"布置"写成"部置"，把"刻苦"写成"克苦"，"克服"写成"刻服"，主要是由于没有注意到每个字的不同搭配习惯。其实，像这类同音字，有时从意义上分辨起来比较困难，只要随时注意到它们的搭配习惯，就能运用自如了。

（二）多音字

多音字，就是一个字有两个或两个以上的读音，不同的读音表义不同，用法不同，词性也往往不同。我们只要进行阅读，就会遇到多音字。

多音字有以下几种用法：

1. 读音有区别词性和词义的作用

这种类型的多音字在文言文中叫作"破音异读"，约占到全部多音字的80％。对这类多音字，我们应该根据不同的读音加以辨析、记忆。如"将"：jiāng（可做动词或副词等），动词可作"带领"解，副词可作"将要"解；jiàng（名词），作"将帅"或"大将"解；qiāng（动词），作"愿""请求"讲，如"将子无怒"（请你别生气）。

2. 使用情况不同，读音也不同，读音有区别用法的作用

如"薄"：báo，不厚的意思，一般单用，薄饼、薄纸；bó，一般用于合成词，薄礼、厚古薄今；bò，薄荷（专有名词）。

3. 语体不同，读音不同，读音有区别语体的作用

主要体现为口语和书面语等。如"给"：口语读 gěi；书面语读 jǐ，给予、给养。

4. 方言词汇的存在造成多音

这类多音字比较少，仅限于部分地区。如"忒"：tè，差忒（差错之意）；tuī（方言），风忒大、房子忒小（忒：太）等。

5. 文言文中的一些通假字延续使用到现在而形成了多音字，普通用法和人名地名等用法不同而造成多音等

据粗略统计，《新华字典》中所列多音字有六百多个，个别字的读音有五个之多（如"和"字有 hé、hè、hú、huó、huò 五个音）。掌握多音字的不同读音还是有规律可以遵循的。最重要的方法就是引导学生注意据词定音，据音辨义。

多音字的产生是由于不同的意义而被组合在不同的词和词组里，是所属词和词组不可分割的一部分，所以该读什么音，要因词而异，据词定音。

（1）看词性。有的多音字因词性不同而读音不同。如"钻"组成动词时读"zuān"，如"钻研""钻探"，组成名词时读"zuàn"，如"钻井""钻头"。

（2）看词义。有些多音字组成的词，当它的意思与某事物或现象有关时，读一个音；与另一事物或现象有关时，读另一个音。如"强"组成的词，意

思与"壮"有关的读"qiáng",如"强壮""强健""强盛";意思与"硬要"有关的读"qiǎng",如"勉强""强求""强迫"。

（3）看用法。有些多音字，单用时读一种音，合用时读另一种音。如"逮"，单用时读"dǎi"，如"逮老虎"，合用时读"dài"，如"逮捕"。

（4）看语体。口语与书面语的区别，往往也是辨识多音字读音的标志之一。如"血"字，在书面语中它读"xuè"，如"鲜血直流""血流成河"，在口语中它读"xiě"，如"淌血""抽血"。

（三）近音字

近音字是指声、韵母相同，而声调不同的字。近音字易读错，写错，辨析时应该多注意。对于近音的形声字，首先可以通过形旁来辨别，我们可以先记住相同的部件，再通过不同部件来会意联想，从而进行区别。例如，"蜜"和"密"。"蜜"的下面是一个"虫"，表示与一种昆虫有关的东西，如蜜蜂、蜂蜜。又可表示与蜂蜜有关的甜甜的东西，如糖蜜。"密"的下面是一个"山"，表示与山上的东西，像植物之类，如茂密、稠密。

这样抓住字形的特点去引导学生做形象性理解，既增加了学习的趣味性，又培养了学生的观察力和想象力，能很好地达到辨别近音字的目的。其次我们可以由义入手，进行比较区别，到具体的词语、句子中去区别字义。把近音字，放到不同的句子中去体会，感受它们的不同，可以更好地区分它们。例如，近音字"昨、作"，可以设计句子，让学生选词填空。第一句：（　　）天，妈妈正在做饭。这里应该是"昨"，从这里我们可以明白"昨"是指今天的前一天。第二句：我的（　　）业已完成。这个"作"就是进行的某种工作或活动。这样在具体的语言环境中便很快地区分了这两个近音字的不同意思。

第三节　汉字积累的方法

中国的文化源远流长，同样中国的文字也是妙趣横生。对于我们小学生来说，要学习的生字太多了，而且难学难记，但又非记不可。有没有办法，能学得快、记得牢呢？当然有了。要把生字的字形记清楚，不仅仅靠抄写。中国文字是音形义相结合的文字，如果能把生字和自己的形象思维结合起来，就会有很好的效果。

一、记忆字形的方法

（一）谜语记忆法

根据字的形或义，可以编一些谜语来帮助记忆。如"两人坐在土堆上

（坐）"，形象又生动；"三人一日游（春）"，这样就不容易将"日"写成
"目"，上面的也能记住是三横；又如"又一村（树）"，利用学生们熟悉的广
告词；"一木口中栽，非杏也非呆（束）"，严格区分了"杏、呆、束"三个
字；又如"左边有月却不明，右上有木未成林，一人正在木下走，碰得露水
对脚淋"（膝），一个笔画多的字被拆分成了几块来记忆；"72小时"（晶），
"大姑娘的妹妹"（姿）。猜谜语记生字令学生对学生字产生了浓厚的兴趣。

（二）故事记忆法

可以根据某些字的特殊形义编一个小故事来记忆。每个小学生都喜欢幻
想，于是有的孩子就发挥自己的想象力，把小小的生字的每一个笔画当作人、
当作物来看待，把刚学的生字编成故事，让它们活起来，动起来，深深地融
进自己的脑海里，如生字"到"："撇折点"头戴一顶"小横帽"，脚踩"提土
形"的风火轮，右手拿着一把锋利的刀子（立刀旁），一会儿到这儿，一会儿
到那儿，到处乱跑，玩得非常高兴。

如"裹"字，可编故事为：有个小孩，摘了不少野果子，回家时不好拿。
他灵机一动，脱下身上的衣服，把野果子包起来，高高兴兴地提着回家了。
这就是"果"之所以在"衣"中的缘故。与之相似的还有广袤无垠中的
"袤"，这个字也是比较难写的。于是有的小学生就编故事："一件大大的衣
服，穿在一个拿着矛的士兵身上。"

再如，埋葬的"葬"。可以编故事：人死了之后，要挖一个深坑，然后把
死人埋进深坑中再盖上土，时间长了，土上就长出草来了。这就是埋葬死人
的过程。

写"迎"字时，很多孩子爱加上一撇，为了改正自己的毛病，可以把字
拆开讲故事：一个"硬耳刀"来到"走之"家串门，"走之"敞开大门欢迎
它。"走之"的大门可真奇怪，是一个"撇"连着"竖提"形的。自己如果把
这个大门右边加上一撇，那不就是把大门给关上了吗？关上门还怎么欢"迎"
人家呀！

采用故事记忆法，不但能牢记生字，还能丰富小学生的想象力和写作
能力。

（三）编儿歌记忆法

关于"青"做声旁的字很多，我们就可以归结出这样一首儿歌，并在儿
歌前面设置背景：青青是一个充满青春活力的孩子，她热爱生活，热爱大自
然，喜欢青青的山，喜欢青青的草，也喜欢可爱的小青蛙。青字家族的字可
多了，为了准确记住每一位家族成员，青青每天都唱这首儿歌：目青目青，
眼睛的睛；日青日青，天气放晴；清水清水，青加三水；心情心情，竖心伴
青；言请言请，礼貌伴你行。

有的小学生分不清"辨""辩""瓣""辫"这四个字，我们可以这样编儿歌：辛辛俩人种树丫，种了点撇分清它（辨）；辛辛俩人在说话，站在两边争论它；辛辛俩人在种瓜，种了西瓜先开花（瓣）；辛辛两个小姑娘，都用丝线扎发辫。

（四）比较记忆法

这是根据字的间架结构相近或字音相同、相近来归类、比较而记忆的一种方法。如"跑、抱、袍、炮"这四个字，字形、字音相近，容易混淆，若归类、比较后，可编成顺口溜加以区分。如"有足就是跑，有手就是抱，有衣就是袍，有火就是炮"。再比如"戍、戌、戊、戎"这四个字，字音虽然各异，但是字形实在很难分得清，可以这样编顺口溜："横'戌'点'戍''戊'中空，一横一撇就是'戎'"。这样，不但能分清读音，而且能准确写出每个字。类似的字还有："暮、慕、幕"，这个区分也很容易：太阳落山躲进草窠里去了就是日暮降临的"暮"；拉起帷帐，躲在后面的就是幕后的"幕"；剩下的这个就是羡慕的"慕"了。

（五）形象记忆法

低年级学生记忆主要靠形象思维，因此可通过具体形象来帮助记忆。如"弯"可记成为"一点一横长，两竖在中央。一边一个点，弓字在下边"，学生一背歌诀，就想起了这个字。"亮"可记成"一点一横长，口字在中央，下面秃宝盖，几字最下方"。学习"爱"字，把它拆成"爫、冖、友"，然后配上儿歌"爪字头，秃宝盖，小朋友，真可爱"。又如"瓜"可用形象记忆，包围结构的两撇和一捺表示瓜藤和叶子，中间的部分表示藤上结的瓜。这样既能巩固旧知识，也能加深新知识的印象，还能提高学生学习的兴趣。

（六）图解记忆法

即根据字义或形象，用图解来帮助记忆。如"聪"字，怎样才算"聪"？耳朵（耳）要听，眼睛（总）要看，嘴巴（口）要念，心里（心）要想，这样才算是"聪"。

（七）部件记忆法

可以把一个较复杂的字拆散为几个单独的字来记忆。如"赢"字可拆为"亡、口、月、贝、凡"；"腐"字可拆为"广、付、肉"等。这类字有：蹲、膊、冀……形声字一般由几个部件构成，可以分析其字形，把它拆成几部分来组合记忆。如"爸"由"父"字头和"巴"组成；"妈"由"女"字旁和"马"字组成。

（八）加减法

如"伯"，学生会说："伯"字我是这样记的："位"字减去"立"，再加上"白"，合起来就是"伯"。"位"和"白"都是已学的知识，通过一减一加，加深了对字形的理解，还可以巩固带"亻"的字。

小学生刚接触汉字，对汉字的记忆是一个大难关。我们可以通过很多方式使记忆生字变得很简单。

二、积累字义的方法

（一）扩词解义

如"最"字，可先要学生组成"最大、最孝最后、最高、最低、最多、最少、最坏、最好。通过这一扩词能领会"最"是极的意思。

（二）找近义词、反义词比较

例如，教"立刻"一词，可用"马上""立即"等词来做比较。

（三）利用偏旁解释字义

比如，"挑"，挑东西需要用手，所以用提手旁；"桃"属于树木，用木字旁；"跳"要用脚，是足字旁；"眺"，要用眼睛看，所以是目字旁；"逃"表示逃走，用走之底。

（四）连词造句

如教"深"字，启发学生比较："这口井很深。""深"是指表面到底的距离；"我们的老师常常工作到深夜。""深"指久，时间长；"这篇文章的内容很深。""深"指深奥、难懂；"这件衣服的颜色很深。""深"指颜色浓。让学生多造句，从中体会"深"在不同句子中的含义。

（五）联系语境

如《我的伯父鲁迅先生》一课中有一句话："你想，四周黑洞洞的，还不容易碰壁吗？""碰"是什么意思？"壁"又是指什么呢？要联系上下文理解，"碰"是和敌人做斗争。"壁"是指敌人设置的障碍。

（六）结合全文

例如，教"完璧归赵"一词，为了弄清意思，要让学生结合课文内容，想想每个字的意思，学生串连之后就会明白："完"是完整，"璧"是和氏璧，"归"是还，"赵"是赵国。

第五章　句子积累

句子是语言运用的基本单位，它由词、短语构成，能表达一个完整的意思，如告诉别人一件事，提出一个问题，表示要求或者制止，表示某种感慨。句子和句子中间有较大停顿，结尾处应该用上句号、问号、省略号或感叹号等。

为了把意思表达清楚，常见的句子至少包括两部分：一部分是句子里说的"谁"或"什么"（主语部分）；另一部分是句子里说的"是什么""怎么样"或"做什么"（谓语部分）。

第一节　句子积累的意义

句子是组成文章的基本单位。句子的理解是理解文章的基础，关系到学生能否掌握文章内容，能否体会文章思想感情的关键，句子积累的意义重大。

一、句子积累是真实课堂的要求

真实的课堂要让学生的学习是有意义的。

学习的初步意义是他学到了新的知识，再进一步的意义是锻炼了他的学习能力，他在学习中有良好的积极的情感体验，并产生进一步学习的强烈要求。最重要的意义是他有主动学习的欲望，越来越会主动地投入到学习中去。

真实的课堂需要教师注重文本教学，把课堂真正还给学生，有效地完成文本的解读和感悟。指导学生阅读每一篇课文，领会关键性的词语，揣摩限制性成分，理解警策性的句子。

真实的课堂既重视典型文本，重视语言感悟，同时也重视背诵积累。多读多背，强化积累，培养语感，丰富知识，扩大视野，提升个体人文素养，这是值得传承的优良传统。熟读背诵是语文知识积累的重要途径。新课标也是重视背诵的。课文中规定了背诵积累课文中优美语句，还附录了课外背诵的 75 首古诗词。语文学习是个长期积累的过程，积累过程中最重要的形式是背诵，尤其是古诗文不能不背。背诵名篇佳句，积淀古典文化，才能体会中国文化，传承中华文化。

二、句子积累是运用祖国语言文字的基础

在教学中，教师很重视学生语句的积累，会在随文学习中以"采蜜集""我的小本本"等形式，以增强学生对于好词佳句的积累。

理解是积累的基础，也是运用的基础。我们提倡读书时"字字入目"，特别是在品味语句时，要把心放到文章里去，作者的喜怒哀乐就是自己的喜怒哀乐，只有把自己置身于作者的描写当中，才能真正地去理解文本，只有入情入境地去读，才能唤起自己生活中某些似曾相识的记忆。这样，在以后的习作中，才能灵活地运用。

教学中，我们也会发现在一篇习作里，学生使用大量摘抄的好句子，其实是进行大面积摘抄的不良现象，这其实是对积累运用的误解。

教师需要引导学生们明白，不论是日记还是作文，要想有出色的表现，就要通过真人真事来表达自己的真情实感。我们要善于观察，要善于抓住人物或事物特点，进行细致的描写，做到内容具体，文从字顺。而运用积累的语句正是为了更好地达到这个目标。我们要善于总结别人的写作方法，吸取他们的长处。比如，老舍先生笔下的《猫》写得活泼可爱，但不一定所有的猫都是那样，它们各有各的性格、特点，我们学习的正是老舍先生的这种抓住特点进行描写的方法，并非把他的语句大面积引用过来。另一方面，摘抄现象也是由于对句子的理解不透彻，还没有达到灵活运用的程度。

为了解决这个问题，我们认为应特别注重学生对句子的理解与积累。如教学《狼牙山五壮士》中："班长马宝玉斩钉截铁地说了一声'走!'，带头向棋盘陀走去。"一句时，我们可以先让学生理解"斩钉截铁"的意思，然后说说体会到了什么，最后让同学们试着造句。有的同学就造出了这样的句子："看到大家那犹豫的神态，爸爸斩钉截铁地说：就按我说的办，出了问题我承担!"。这种以理解为基础的积累运用，显然与那种直接摘抄的效果是不同的，在学生的心目中留下的印象是很深的。

语句的积累和运用应结合起来。积累就是为了运用。因此，我们在平时的教学中，一方面要通过多种方法引导学生积累优美句子；另一方面又要让学生把积累的语句在实践中反复练习，开阔思路，构建成新的联结，产生新的组合。

第二节　句子积累的内容

根据句子的语气可以把句子分以下几类：陈述句、疑问句、祈使句和感叹句。根据句子的结构特点又可以把句子分成单句和复句，单句和复句又可以下分若干小类。一个句子从不同的角度或标准看可以属于不同的类别，如"你看电影吗?"是疑问句，又是单句、主谓句、动词谓语句。"下雨了。"是陈述句，又是单句、动词性非主谓句。

一、积累按语气分的句式

（一）陈述句

叙述或说明事实的具有陈述语调的句子叫陈述句。

陈述句句末可以带上"的、了、呢、罢了"等语气词。"的"表示本来如此，"了"表示有了变化。"呢、罢了"同样表示肯定，但"呢"稍带夸张和强调，而"罢了"却把事情往小里说。

陈述句可用肯定形式，也可用否定形式。

特点：有时可带语气词"了、的、呢、罢了、嘛、啊"等。常用的标点符号是在句末用"句号"。

陈述句是思维的最一般的表现形式，也是运用最广泛的一种句子。例如：

（1）明天要下雨。

（2）我紧张得心都要蹦出来了。

否定句常用"不、非、没有、无、莫、否、勾、勿、未"等，双重否定句表示肯定，常用的否定词有"不……不……""没有……不……""非……不……"等，双重否定句跟相应的单纯的肯定句意思并不完全一样。

口语中还有"非得去""非要做"等说法，这种说法就是从"非……不可……"变来的，这种用法的"非"不再是否定副词，而是语气副词。在书面语言中常见"无不、无非、不无、未必不"等说法。

（二）疑问句

具有疑问语调的句子叫疑问句。

有疑而问的叫疑问句，无疑而问的叫反问句。提问手段有以下几种：疑问语调、疑问词、语气副词、语气词、疑问格式等，其中疑问语调不可或缺。根据结构形式上的特点和语义情况，疑问句可以分为是非问、特指问、选择问、正反问。

1. 是非问

陈述句加疑问语调或兼用语气词"吗""吧"等构成，一般是对整个命题的疑问，回答也是对整个命题的简单的肯定和否定。例如：

①　你明天会来吗？

②　这件事你知道吧？

③　这事你真的不管？

这些句子可以用"是、对、嗯"或"不、没有"等作答。

2．特指问

用疑问代词（如"谁、什么、怎样"等）和由它组成的短语（"为什么、什么事、做什么、怎么做"等）来表明疑问点，说话者希望对方就疑问点做出答复，语调往往用升调。例如：

①　今天谁值日？

②　你怎么不去图书馆呢？

③　什么事不能好好商量呢？

常用语气词"呢、啊"，不用"吗"。

3．选择问

用两个或两个以上分句提出不止一种看法供对方选择，用"是、还是"连接分句。常用语气词"呢、啊"，一般不用"吗"。例如：

①　是早上锻炼好，还是下午锻炼好？

②　喝水还是喝茶？

4．正反问

由谓语动词的肯定形式和否定形式并列构成。例如：

①　昨天玩得高兴不高兴？

②　你买的东西便宜不？

③　你根本就没看过书，是不是？

（三）祈使句

要求对方做或不做某事的句子叫祈使句。

1．表示命令、禁止

带有强制性，常不用主语、语气词，结构简短、语调急降而且很短促，否定句用"不准、不许、别"等。例如：

①　禁止吸烟。

②　不许乱说乱动。

③　快去做作业。

2．表示请求、劝阻

包括请求、敦促、商量、建议、劝阻等。例如：

①　大爷，您请进来坐吧。

②　快说呀，为什么不说呢？说吧。

73

③ 快点！你可以再快一点吗？

请求或敦促人家做事，总有商量余地，因此宜于使用重叠形式的动词，常用敬辞"请"，例如，"您说说。｜您请坐。｜您帮帮忙吧。｜请喝茶。"

（四）感叹句

带有浓厚感情的句子叫感叹句。它表示快乐、惊讶、悲伤、愤怒、恐惧等浓厚的感情。一般用降调。

1. 由叹词构成

例如：

① 哇！这衣服真漂亮！（惊叹）

② 哎哟！你还真自以为是！（讥讽）

③ 唉，真没办法呀！（叹息）

2. "名词＋啊"表感叹

例如：

① 天哪！这可怎么办啦！

② 我的上帝呀！

③ 我的妈呀！

3. 口号、祝词

例如：

① 共产党万岁！

② 为幸福的明天干杯！

③ 明天会更美！

4. 更多的感叹句里有"多、多么、好、真"等副词，句尾有语气词

例如，"那该有多好哇！好热的天气呀！多么可爱的小孩呀！多好的想法呀！"

二、积累按结构特点分的句式

按照结构分，句子可分为单句和复句，单句又可分为主谓句和非主谓句。

依据谓语的性质，主谓句可分为动词性谓语句、形容词性谓语句、名词性谓语句和主谓谓语句。

非主谓句分为动词性非主谓句、形容词性非主谓句、名词性非主谓句、叹词非主谓句、拟声词非主谓句。

（一）主谓谓语句

主谓短语做谓语的句子叫主谓谓语句。这是汉语中很有特色的一种句子。为了便于说明，我们把全句的主语称为大主语，把做谓语的主谓短语中的主语称为小主语，把主谓短语中的谓语称为小谓语。例如：

这部电影‖我看过。

（大主语）（小主语）（小谓语）

主谓短语做谓语的情形比较复杂，归纳起来，大致有以下几种情况。

1. 大主语同小主语有施受关系

（1）受事‖施事＋小谓语

大主语是受事，在意念上受小谓语支配；小主语是施事。例如：

① 这件事‖我知道。

② 那本书‖我看完了。

③ 这个道理‖任何人都能讲得清清楚楚。

这类句子一般都可以转换成"主—动—宾"格式的动宾谓语句。

（2）施事‖受事＋小谓语

大主语是施事；小主语是受事，在意念上是受小谓语支配的。例如：

① 我们‖任何困难都能克服。

② 我‖什么事也不知道。

③ 他‖一口水都不喝。

这类句子也往往可以转换成"主—动—宾"格式的动宾谓语句。另外，这类句子中的小主语在语义上往往表示周遍性，遍指一切，有夸张或强调的意味（小主语中有任指性词语，后面有"都"或"也"相呼应，有往大里夸张的意味；主谓短语里有"一……不〔没有〕"这种格式，有往小里夸张的意味）。

2. 大主语同小主语有领属关系

小主语代表的事物隶属于大主语，是大主语的一部分。例如：

① 他‖身体健康。

② 山里人‖胆子本来就小。

③ 这些战士‖眼睛熬红了。

这类句子的小谓语大多是形容词性词语；但也有非形容词性的，如例③。

3. 大主语是全句谓语关涉的对象

① 那个地方，‖他并不陌生。

② 这类事，‖我们的经验很丰富。

③ 这个问题，‖研究的人太多了。

4. 做谓语的主谓短语是主宾同形结构

① 他们俩‖手拉着手。

② 全世界人民‖心连心。

③ 咱们‖谁也别忘了谁。

5. 大主语同谓语中的某一词语（常常是代词）有复指关系

① 这盆水，‖你把它倒了。

② 坐车买票‖这是天经地义的事。

③ 这个孩子，‖我也疼他。

下面的句子也可归入这一类型：

④ 他的两个妹妹，‖一个是教师，一个是医生。

⑤ 他们‖有的讲故事，有的发议论，有的兴冲冲地做补充。

例④⑤中的大主语分别同谓语里的有关词语有复指关系，它们的谓语都是由主谓短语构成的联合短语充当的。

6. 大主语是时间或处所词语，谓语对大主语进行描写或说明

① 江南的夏夜，‖蛙声如潮。

② 天安门前，‖灯火辉煌。

③ 湖面上，‖波光粼粼。

这类句子的特点是：时间、处所词语前面一般不能加介词"在"，大主语也不能够移到小主语后面去。

7. 大主语是一种商品，做谓语的主谓短语说明或询问这种商品的价格、数量，小谓语是名词性词语

① 这书‖一本两块钱。

② 这书‖两块钱一本。

③ 这种塑料花‖多少钱一把？

这种名词性主谓谓语句比较少见，多见于口语。

（二）动词谓语句

1. "把"字句

"把"字句是用介词"把"（或"将"）将动词支配、关涉的对象提到动词之前的一种句式，它是汉语主谓句中一种很有特点的句子。它的主要作用是突出、强调"把"所引介的词语。试比较：

① 我们‖打〈败〉了敌人。

② 我们‖〔把敌人〕打〈败〉了。

当然，"把"字句中，"把"所介引的对象也并非都能还原到动词后面去做宾语，如"你把书放在桌上""小王把炉子生上了火"，这两例中"把"后面的"书"和"炉子"都不能移到动词后面去。

"把"字句有以下一些特点：

① 在主谓句中，由"把"构成的介宾短语所修饰的动词往往是表示强烈动作的及物动词，这个动词在意念上要能管得着"把"后边的词语，并对它有一种处置的意味。例如，"把杯子打破了"中，"打"是及物动词，且表示强烈动作，在意念上它管得着"把"后边的"杯子"（"打"的是"杯子"）；"打"的结果是杯子"破了"，这就是处置的意义，"杯子"则是被处置的

事物。

②　动词前后通常总有一些别的词语，一般不能只用一个动词，尤其不能是单音节动词。例如，把茶喝了（带动态助词）｜把他拉起来（带趋向动词）｜把头发理理（动词重叠）｜把敌人彻底消灭"（带状语）｜把信给他"（带宾语）｜把菜洗干净（带补语）。

③　"把"字句中如果用了否定词或能愿动词，一般应放在"把"字前面。如不能说"把话没有说清楚｜我把衣服没有弄坏｜把字应该写端正"。只是在一些熟语性的例子里，"不"才可前可后，如"不把它当作一回事儿"也可说成"把它不当作一回事儿"。

④　"把"后面的宾语一般是有定的、已知的人或事物，而不能是无定的。前面常带上"这、那"一类修饰语。如果用无定的、泛指的词语，泛指一般的道理。例如，不能把整理看成谬误｜把一天当作两天用。

把字句中"把"介引的成分不一定就是动词的受事，也可以是处所、工具，还可以跟动词无语义联系，而跟动补短语有联系，动词只是使介词宾语达到补语所表示的那种结果的手段而已。例如，"把手绢儿哭湿了｜把腿坐麻了｜把眼睛哭肿了"。

2. "被"字句

"被"字句是指在谓语动词前面，用介词"被"（给、叫、让）引出施事或单用"被"的被动句。

"被"字句有以下一些特点：

①　谓语动词一般是表示动作意义的及物动词，一般要有处置性。一些非动作性动词或有些趋向动词、心理活动动词，就不能构成"被"字句。例如，不能说"书被我们有｜北京被他去｜这一意见被他赞成"等。

②　谓语动词的前后，不能是一个单音节动词。动词前后一般要有其他词语。例如，"杯子叫我弟弟打〈破〉了｜夜空被焰火照得〈光彩夺目〉｜小鸡被黄鼠狼叼〈去〉了一只｜这句话［可能］被人误解"。

③　时间副词、否定词或能愿动词，一般应放在"被"字前边。如不能说"这件事被人已经传出去了｜我们被困难决不能吓倒｜自行车被他没有骑走"。在一些熟语性的句子里，否定词可以用在"被"字后边，如"他一向被人瞧不起"，其中的"瞧不起"是熟语，结合得很紧，不能拆开。

④　主语表示的受事一般是确定的人或事物。如果没有特定的语境，就不能说"一本书被同学借走了"。当然，例外的情况也有，如"一个人如果没有缺点，是不会被人批评的"中的"一个人"表示泛指。但一般说来，"被"字句中的主语常常是确定的。也正因为如此，"被"字句中都有主语。

3. 连谓句

连谓句是由连谓短语充当谓语的主谓句，或者是由连谓短语直接构成的非主谓句。连谓句的主要特点是：两个或两个以上的谓词性词语连用，中间没有语音停顿，也没有关联词语，它们在意义上都能与同一主语发生主谓关系，即都是陈述同一主语的。

连谓短语的各项之间往往有时间先后、目的、方式、手段等关系。例如：

① 他‖爬上树摘果子。（动作之间有先后关系）

② 他‖绕着场子跑了好几圈。（前一动作表示后一动作的方式）

③ 我们‖有信心完成这个任务。（前一动词是"有"或"没有"，表示后一动作的条件或原因）

连谓句有的是由连谓短语直接构成的非主谓句。例如：

① 上车买票！

② 排队上车！

连谓句同联合短语做谓语，谓词性词语做宾语，介宾短语做状语，包含有能愿动词或趋向动词的句子和紧缩复句等有些相似，因此要注意辨认，不能混淆。例如：

① 他看书写字。（这是联合短语做谓语。一般来说，联合短语中的几个部分位置可以对调，连谓短语中的几项是不能调换位置的）

② 这一年秋季，他们学会了射击。（这是动词做宾语）

③ 她们一点也不知道疲倦。（这是形容词做宾语）

④ 马克思十分重视学习外国语言。（这是动宾短语"学习外国语言"做了"重视"的宾语）

⑤ 我们沿着河边走着。（这是介宾短语做状语）

⑥ 你应该到他那里去一趟。（"应该"是能愿动词做状语，"到他那里"是介宾短语做状语）

⑦ 里面走出来一个人。（"出来"是趋向动词做补语）

⑧ 他一来就走。（这是紧缩复句，有"一……就……"之类的关联词语，连谓短语的几项之间没有关联词语）

4. 兼语句

兼语句是用兼语短语充当谓语的主谓句，或者是由兼语短语直接构成的非主谓句。

兼语句的主要特点是：包含有"兼语"成分，"兼语"成分对前边的动词说来是宾语，对后边的词语说来是主语。做谓语的兼语短语是由一个动宾短语和一个主谓短语套接而成的，动宾短语中的动词通常是使令性动词（如"叫""让""派""使""请""命令""禁止""任命""号召""选举"等），也可以是"有""陪"等动词。兼语句主要有以下几种类型。

（1）前面的成分表示使令，后面的成分表示使令的结果或目的。例如：

张老师请同学们发表意见。

（2）前一个动词用"有"（包括"没有""没""无"），兼语表示存在的事物，兼语后面的部分是用来说明或叙述兼语的。例如：

他‖有个妹妹是画家。

那个地方‖没有人去过。

（3）前一个动词一般是"称""认""叫""选""骂"等表示称谓或认定意义的动词，兼语后面常用"是""做""当""为"之类的动词。例如：

大家‖称他是"小神童"。

他‖认白茹当干女儿。

5. 双宾句

动词之后先后出现近宾语、远宾语两层宾语的句子叫双宾句。

① 我也赠送他一两次东西。（鲁迅《故乡》）

② 母亲教给我许多生产知识。（朱德《母亲》）

③ 王老师教我们语文。

双宾语的特点：

（1）表"给予""接受""询问""称说""谁给谁什么"。

（2）近宾指人或人的等价物，中间无语音间歇，常由简短的代词、名词充当。远宾多数指物，也可指人，远离动词，一般较复杂，可由词、短语、复句形式充当。

（3）双宾句有的可变换为非双宾句同义句，多数用介词将远宾语或近宾语提前。

6. 存现句

表示什么地方存在，出现或消失了什么人或事物的一种句型。

这种句子的特点是：主语是表示处所的词语；谓语动词是表示存在、出现、消失的动词。表示存在的句子中，动词后边常带"着"，表示出现或消失的句子中，动词后边常带"了"或趋向动词；宾语表示存在、出现或消失的事物，而且大多是不确定的，宾语里常含有数量定语，有时即使宾语是专用名称，也要带上"一群""一个"之类的数量定语，宾语往往是施事。例如：

① 山坡上‖卧着些小村庄。（表存在）

② 突然梨树丛中‖闪出了一群哈尼小姑娘。（表出现）

③ 放假那天，班里‖走了十几个同学。（表消失）

存现句往往可以变换成一般主谓句，如"深蓝的天空中挂着一轮金黄的圆月"，可以变换成"一轮金黄的圆月挂在深蓝的天空中"，或变换成"一轮金黄的圆月在深蓝的天空中挂着"。

7. 变式句

根据句子成分是否按正常顺序排列，句子可以分为常式句和变式句两种。

句子各个成分处于通常位置上的是常式句，为了强调、突出等语用目的而颠倒原有语序的是变式句。常见的变式句有以下几种：

（1）主谓易位

这种句子往往是为了强调谓语，或者是说话急促而先把重点说出来，然后追加主语。例如：

① 多美啊，北京的初冬！

② 出来吧，你们！

③ 来了吧，你哥哥？

（2）定语、状语后置

这种句子有的用于抒情或描写，有的用于补充。例如：

① 无数双眼睛——金黄的、碧蓝的，同时注视着那条受伤的手臂。

② 她是文工团的演员，跳芭蕾舞的。

③ 月亮升起来了，静静地、悄悄地。

8. 省略句

句子成分完全的叫完全句，句子成分有所省略的叫省略句。省略句一般都是主谓句的省略形式。

它有两个基本特征：第一，省略句必须有一定的语言环境。省略句是完全主谓句在一定语言环境里对句子成分的有意识省略，不是句子成分的残缺不全。第二，省略句中被省略的成分是显而易见的可以确定无疑地补出来，补出后句子意思不变。省略句可以分为对话省略和上下文省略。

第三节　句子积累的方法

前文我们主要从句子结构的角度，分析了一些句子，归纳了一些句型，这是为了教师在教学时"心中有数"。小学阶段，主要引导学生从语气角度积累句子。当然也可以随文做一些理解和讲评，从结构角度的句子积累，但是切忌脱离积累语境和学生的理解，做枯燥讲评。

一、理解积累句子的内容

每个句子都有它所要表达的内容，有的句子内容比较浅显，一看便会明白。有的句子内容就显得比较隐蔽一些，含义非常深刻。弄清这些含义深刻的句子内容，有助于更好地理解文章所表达的意思。

含义深刻的句子一般有这样几类：含义深刻的句子，深沉储蓄有哲理；言约意丰的句子，读后让人回味不已；表现中心的句子，画龙点睛，揭示本质。理解这些句子可以用下面几种方法。

（一）抓住句子中的关键词语理解积累

抓住一句话中的关键性词语理解句子，这是阅读文章的基本方法之一。采用这种方法，首先要熟读句子，了解句子的基本内容，并在阅读中找出句子的关键词语，弄清关键词的本义及其在具体语言环境中的意思，从而理解句子的深刻含义。如《十里长街送总理》一课中有这样一句话："一位满头银发的老奶奶，双手拄着拐杖，背靠着洋槐树，焦急而又耐心地等待着。"我们可以抓住"焦急""耐心"这两个关键词去理解课文。这两个词看起来似乎矛盾，但却反映了老奶奶急切想见到总理的灵车，以及不见到灵车绝不离去的那种对总理无比热爱的感情。

（二）联系上下文理解积累含义深刻的句子

有些句子含义与上下文有着密切的联系，理解这种句子只有联系上下文，多问几个"为什么"，从课文的内在联系入手，才可以理解句子的深刻含义，明确该句在文中的作用。

例如，《草原》一文中有一句话："这种境界，既使人惊叹，又叫人舒服；既愿久立四望，又想坐下低吟一首奇丽的小诗。"如果从句子本身看，我们会认为这句话是写作者初次看到草原美景时的心情的。但我们只要联系上下文认真读一读，就会明白，这种理解虽然正确，但却很肤浅、笼统。草原的景色奇异而美丽，是作者从未见过的，景色的美丽出乎他的意料，所以他才感到惊讶，由衷地赞叹这美丽的景色。"愿久立四望"反映了作者想尽情欣赏的心情，此时作者的感情已由初见草原时的激昂豪放转为细腻深沉，心中充满了遐想，他被这"奇丽"的美景陶醉了，所以"低吟"一首小诗最能表现此时的心境，而不再是"高歌"一曲。通过贯穿前后，上下联系，就会由浅层次的认识发展到深层次的理解，准确地把握句子的含义以及其在文中所起的作用。

（三）内外联系，通过联想来理解积累句子

所谓"内外联系"是指在理解句子意思时要围绕句子的关键点，将课文内容和生活实际相联系，进行必要的思维补充，产生具体感觉，领悟句子含义。

如写景写场面的，一般可以通过想象，联系生活中、电影电视中看到过的情景去理解。在四年级《七月的天山》中"蓝天衬着高耸的巨大的雪峰，太阳下，雪峰间的云彩就像白缎上绣了几多银灰色的花。"一句，只要引导学生想象一下句中的情景，就会产生一种身临其境的感觉，学生们还可联想到电影、电视中的类似的镜头，脑海里马上绘制出一幅美妙的图画来，从而自然地进入到句子所示的意境中去。又如，《我的战友邱少云》一文中有这样一句话："这位伟大的战士，直到生命的最后一刻，也没挪动一寸地方，没发出一声呻吟。"我们可以联想自己被沸水或火星烫着时迅速地把手缩回来以及剧烈疼痛的情景，而邱少云在烈火烧身达半个小时之久却能做到纹丝不动，足见他的高度纪律性及为革命勇于献身的伟大精神。

（四）通过修辞理解句子的含义

有些句子可以通过分析作者修辞手法的运行进行理解，这些句子一般都要首先了解文章的写作背景，然后结合文章的写作背景来理解句子的含义。如《我的伯父鲁迅先生》一文中有这样一句话："四面黑洞洞的，还不容易碰壁吗？"作者用"黑洞动"形容就社会非常黑暗，用"碰壁"比喻革命者没有自由，到处受迫害。于永正老师是这样来引领孩子们理解这句话的：

师：（请一名男生上来。）现在她是周晔了，我还是鲁迅先生，请你们把书放下，看我们两人的对话。你们都不是外人，都是我今天邀请来的客人。你们有一个任务，听完我们对话后你们怎么样？

生：（齐答）笑。

师：哈哈大笑。（面向那位男生）周晔啊，（摸摸他的头）只是头发短了些。周晔啊，你要自然、大方，听见没有？

生：大伯，你跟……

师：注意望着我。漏词了没有，提示一下。再表演一遍，继续对话。

生：（齐声哈哈大笑。）

师：刚才，我发现一个同学笑得很开心，你站起来，我问你为什么笑得那么开心。

生：我笑是因为周晔非常天真。

师：你们还有别的笑的原因吗？

生：她只听懂了表面的意思，而听不懂大伯的另一层意思。

师：那你是怎么理解这句话的意思的？

生：因为那时候是旧社会，到处都黑洞洞的，意思就是说到处都非常黑暗，而且各处都有军阀统治着，鲁迅先生是宣传人民自由的，他到哪个地方就向别人宣传自由，但是军阀是不允许人民自由的，所以，军阀就把他赶回来了。

师：（面向那位男生）周晔啊，在旧社会鲁迅先生和反动派做斗争，那个时候，反动派迫害得很厉害，我告诉你们一件事，鲁迅先生跟敌人做斗争，是用文章，用笔和敌人战斗的，他为了防止敌人识破他，一连用了一百多个笔名发表文章，就从这一点上看出，鲁迅先生在旧社会和敌人做斗争，容易不容易啊？

生：不容易。

师：处处遭到迫害。这就是他说的"四周围黑洞洞"的原因，他说的"碰壁"就是遭到敌人的迫害。

（五）结合学生的生活经历来理解积累

中年级的课文中一些句子已经比较深奥，如果光去钻字眼很难把握句子的准确含义，即便能"挤"出来一点，也让句子的含义显得空洞而苍白，理解积累句子可以由浅入深，层层剥茧。如《永生的眼睛》中还有这样一句父亲的话："一个人所能给予他人最珍贵的东西，莫过于自己身体的一部分。很久以前，你妈妈和我就认为，如果我们死亡的身体能有助于他人恢复健康，我们的死就是有意义的。"句中所描述的，学生并没有亲身经历，更没有在身边见过，或许听说过一些，但也无法真正理解这种做法。所以学生在理解这句话之前，老师可安排一个学生曾经怎样去帮助过别人的小采访。然后总结我们在帮助别人的过程中，给予别人的或许是一份安慰，一份财物，一份搀扶等，但对自己的身体却是毫发未伤啊！如果要拿出你身体的一部分去挽救、延续别人的生命，你愿意吗？这样学生的内心就会荡起一层层涟漪，产生一种激烈的思想矛盾和斗争。在这种矛盾与斗争的过程中，父亲的说法和做法就会在学生的内心得到内化积累。让学生从内心深处认识和感受到父亲的无私和伟大。

（六）链接选文的相关资料拓展积累

了解作者，了解他写作的初衷、写作的背景，会有助于我们理解积累语句文字背后的信息。例如，《生命生命》一文中："虽然生命短暂，但是，我们却可以让有限的生命体现出无限的价值。于是，我下定决心，一定要珍惜生命，决不让它白白流失，使自己活得更加光彩有力。"在教学中可以通过链接作者杏林子的生平资料，让学生理解这样一位饱受病魔摧残的女子，是在用自己所遭受的身体苦难来体验生命的礼赞，是在用手中的笔来讴歌生命的美好。只有她才能从"飞蛾绝境求生""瓜苗困境生长""静听心跳"这样平凡的小事中感受到生命的美好。

总之，理解含义深刻的句子，在教给学生方法的同时，还要进行长期的训练。这样学生在读到一句话时，才能迅速判断使用何种方法去感悟理解积累。

二、理解积累句子的修辞手法

修辞手法，就是通过修饰、调整语句，运用特定的表达形式以提高语言表达作用的方式或方法。

小学阶段学的修辞手法主要有以下几种：比喻、拟人、夸张、排比、对偶、反复、借代、反问、顶真等。下面举例说明小学阶段最常用的比喻、拟人、夸张、排比四种修辞手法。

（一）比喻

俗称打比方，就是用某一事物来说明与其本质不同而又有相似之处的另一事物。它的基本类型有明喻、暗喻、借喻。比喻具有说理性、形象性、描写性，它既是一种修辞方式，也是一种修辞过程中的思维方式，甚至认知方式。明喻就是用比喻词把本体和喻体连接起来，比喻词有像、好像、仿佛、好比、如、似、像……似的、如同、宛如、犹如等等，如"远处的霓虹灯亮了，像一道亮丽的彩虹，像仙女飘舞的裙带，像一座七彩小桥，像一朵朵耀眼，绚丽的云。"这句话，就用"像"把本体和喻体连接起来了。暗喻是用"是、成为、变成"等带有判断性的词取代比喻词，把本体和喻体连接起来，如"亲情是蚕吐的丝，不断线不断根，任凭路再坎坷，再艰险，它总永远在你身边相伴。"这句话就用"是"把本体和喻体连接起来。借喻就是喻体、本体和比喻词均不出现，直接由喻体取代本体的比喻。如毛泽东说："我们应当禁绝一切空话，但是主要的和首要的任务是把那些又长又臭的懒婆娘的裹脚，赶快扔到垃圾桶里去。"这句话就是直接用"又长又臭的懒婆娘的裹脚"来取代空话。正确地使用比喻，可以对事物的特征进行描绘或渲染，使事物生动具体，给人留下鲜明深刻的印象，还可以用浅显的或人们熟悉的事物对深奥难懂的事物加以说明，便于人们深入理解。

（二）拟人

拟人是通过想象，把物化作人的一种修辞格。它把人的特征赋予事物，让事物像人一样活动，有思想，有感情，能说话，如"风是调皮的，一会把那朵悠闲的云赶得满天跑，还不断变化她的面具，一会儿卷起地上的落叶，让她们打着旋舞蹈。"一句中，作者就是把风当作人来写，让风跟人一样有思想，会活动。拟人的适用范围非常广泛，如诗歌、小说、戏剧、散文、寓言、童话等。它能够使表达形象生动，进而激发人们的联想，增强表达的感染力和表现力；能够充分抒发作者的情感，鲜明地展示作者的爱憎、褒贬等感情色彩，引起人们思想感情上的共鸣；能够渲染气氛，营造意境，使人们获得独特的审美体验。

（三）夸张

夸张又称夸饰。它出于表情达意的需要，对描述的客观事物故意"言过其实"，加以夸大或缩小。它可分为扩大夸张、缩小夸张、超前夸张。扩大夸张又称向上夸张，它是把事物的形象、性质、特征、作用、程度等等，故意往大、多、快、高、长、远、强处说，如"要说渴，真有点渴，嗓子冒烟脸冒火，我能喝他一条江，我能喝他一条河"。这句话中，就是把我渴的程度往大处说，提高了表达效果。缩小夸张又称向下夸张。它是把事物的联想、性质、作用、程度等等，故意往小、少、短的事实说，如"这芝麻大的事就由你自己去解决吧。"把要解决的事情往小处来说，形象地写出了事情之小。超前夸张，是从时间上进行夸张，把本来后出现的事物说成在先出现的事物之前，或者说成两者同时出现，即在时间上总是把后出现的事物抢前一步。如"请字儿未曾出声，去字儿连忙答应，早飞去莺莺跟前，姐姐呼之，诺诺连声。（王实甫《西厢记》）"中，本来时间顺序是，先请，后答应去，然后再走去，但却写成"请字儿未曾出声，去字儿连忙答应，早飞去莺莺跟前"，把后出现的事说成先出现的事了。这样，表面上似乎不合理，但是通过这样的夸张、渲染，可以使表达的内容得到强调。高尔基说："艺术的目的在于夸大好的东西，而使它显得更好；夸大有害于人类的东西，使人望而生厌，这种方法，也应当是语言的一种最有效的'战术'。"由此可知，夸张用得好，可以提高表达效果，也可以增强思想感情，使爱憎分明，并能深深地感染读者。

（四）排比

排比是人们在运用语言时，把三个以上句式结构相同或者相似，语气一致，意思密切相关的句子或句子成分排列起来，以突出气势的修辞格。它有以下特点：① 在语意上是相关的，一般都是同范围、同性质的事物；② 结构上是相似的和并列的，一般要重复某些词语；③ 在数量上，一般是三个以上的语言成分；④ 在成分上必须是词组或句子，甚至是段落。如"您的笑容是世界上最和煦的春风；您的眼泪是世界上最名贵的珍珠；您的皱纹是辛苦岁月霜雪雨的刻痕；您的画像是勇敢和坚韧的象征；您的奉献，让我领略了师德的风范。"一句中，句式整齐、节奏分明又一气呵成，增强了语言抑扬顿挫的节奏感和声乐旋律美，突出地表现了老师的无私奉献精神。

三、理解句子的结构

拿到一个句子，理解它的结构，不仅有助于准确理解它所表达的意思，而且有助于检查句子的结构和句子成分的搭配有没有毛病，积累深化对句子的认识。从结构上来分，句子一般可以分成两大类。

（一）单句

不可再分析出分句的句子。包括：① 主谓句（由主谓短语构成的句子），如"今天‖星期五。""她‖身份特殊。"② 非主谓句（由其他短语或单个词构成的句子），如"呀！好漂亮的彩虹呀！""快一点吧！"③ 特殊单句，句式特点比较特殊的句子。主要有"把字句"，如"你简直把我吓死了。""被字句"，如"小鸟被他们吓跑了。"连动句，如"他拿了东西走了。"兼语句，如"你让他下午到我办公室来一下。"

（二）复句

复句是由两个或两个以上的分句组成的句子。包括：

（1）一重复句，只有两个分句的句子。主要有十种类型：

① 并列复句，两个或两个以上的分句分别陈述几种事物，或者几种事情，或一种事情的几个方面，分句之间是平行相对的并列关系。主要关联词语是：既……又……，还，也，同样，不是……而是……，是……不是……，同时，一方面……一方面……，有时……有时……，有的……有的……。如"它既不需要谁来施肥，也不需要谁来灌溉。"

② 承接复句，两个或两个以上的分句，一个接着一个地叙述连续发生的动作，或者接连发生的几件事情。分句之间有先后顺序。常用关联词语有就、便、才、又、于是、然后、接着。首先（起初）……然后……、从而。如"他们俩手拉着手，穿过树林，翻过山坡，回到草房。"

③ 递进复句，后面分句的意思比前面分句的意思进了一层，分句之间是层进关系。常用的关联词是：不但（不仅、不只、不光）……而且（还，也，又）……，尚且……何况（更不用说，还）……，况且。如"他这样胆小的人尚且不怕，我还怕吗？"

④ 选择复句，两个或两个以上的分句，分别说出两件或几件事，并且表示从中选择一件或几件。分句之间就构成选择关系。常用的关联词是：与其……不如……，宁可……也不……，或者……或者……，不是……就是……，要么……要么……，或许……或许……，可能……可能……，也许……也许……。如"武松这一去，或者把老虎打死，或者被老虎吃掉，别无选择。"

⑤ 转折复句，后一分句的意思不是顺着前一个分句的意思说下去，而是做了一个转折，说出同前一分句相反、相对或部分相反的意思来。分句之间构成转折关系。常用的关联词有：虽然（虽、尽管）……但是（但、可是、却、而、还是）……，但是、但、然而、只是、不过、倒、竟然。如"虽然我一见便知是闰土，但又不是我记忆上的闰土了。"

⑥ 假设复句，前一个分句假设存在或出现了某种情况，后一个分句说出假设情况一旦实现产生的结果。两个分句之间是一种假定的条件与结果的关系。常见的关联词语是：如果（假如、倘若、若、要是、要、若要、假若、如若）……就（那么、那、便、那就）……，即使（就是、就算、纵然、哪怕、即便、纵使）……也（还、还是）……，再……也……。如"即使天塌下来，这件事也得继续做完。"

⑦ 因果复句，前面分句说明原因，后面分句说出结果，可分为说明因果和推论因果。说明因果：一个分句说明原因，另一分句说明由这个原因产生的结果，因和果是客观事实。常用关联词有：因为（因）……所以（便）……，由于……因而……，因此、故此、故而、之所以……是因为……。推论因果：一个分句提出一个依据或前提，后一分句由此推出结论，结论是主观判定

的，不一定是事实。常用关联词有：既然（既是）……就（那就、便、又何必）……。如"几房本家大约已经搬走了，所以很寂静。"

⑧ 条件复句，前一个分句提出一个条件，后一个分句说明这个条件一旦实现所要产生的结果。常见关联词语有：只要……就……，只有……才……，除非……才（不）……，无论（不管，不论）……都……。如"只有具备了'明知山有虎，偏向虎山行'的胆识，才能昂首阔步于成功的大道之上。"

⑨ 解说复句，一个分句说明一种情况，其他分句对这种情况进行解释、说明或总括。一般不常用关联词语。如"一种是教条主义，一种是经验主义，两种都是主观主义。"

⑩ 目的复句，一个分句表示实现或避免某种目的，一个分句表示为此而采取的行为。常用关联词语有：为了、以便、以、用以、好、为的是、以免、免得、省得。如"这段时间要好好检查校园设施，以免出现安全事故。"

（2）多重复句。结构上有两个或两个以上层次的复句叫多重复句。有两个层次的叫二重复句，有三个层次的叫三重复句，其余依次类推。多重复句是由一重复句扩展而成的。如"有些人背上虽然没有包袱，‖（并列）②有联系群众的长处，│（转折）③但是不善于思考，│‖（并列）④不愿多动脑筋多想苦想，‖（因果）⑤结果仍然做不成事业。"当然了，这样的句子，小学阶段是较少的。

第六章　段落积累

　　段落是文章中最基本的单位，是文章思想内容在表达时由于转折、强调、间歇等情况所造成的文字停顿，人们习惯称它为"自然段"。内容上它具有一个相对完整的意思，由句子或句群组成，在文章中用于体现作者的思路发展或全篇文章的层次。

　　有的段落只有一个句子，称为独句段。独句段一般是文章的开头段、结尾段、过渡段、强调段等特殊的段落。多数段落包括不止一个句子或句群，叫多句段。中文段落开头前一般空两个格。

第一节　段落积累的意义

　　假如没有一定量的段落的积累，根本无从谈论对文章内容的理解，无从谈论文章内容的构思与组织。因此，一定量的段落的积累，对于学生提高理解能力、写作能力、语文综合能力有着举足轻重的地位。

　　"他山之石，可以攻玉。"纵观语文学习，我们不难发现我们大部分时间是花在学习课文上，其中更多的是花在学习经典段落上。学段落的一个目的，就是用它来指导写作。学了一个段落后，我们可以把段中新出现的写作技巧挑出来，让学生模仿写作，积累句式和段式。在平时，也应常让学生做些笨功夫，进行一些片断性练习，如用排比手段写话，进行仿写段落等等。有了勤奋的积累，才能创作出令人振奋的作品。语言的积累包括词语的积累和语句的积累。一个人的词汇多少会直接影响他文字表达的准确性和生动性。词汇从哪里来？从段落中来。积累段落必须动手，这样才能更好地把看到的变为自己的东西。

第二节　段落积累的内容

段落的类型很多，积累一些常见的段落结构，能帮我们更好地理解段落，运用段落，所以我们在积累时要注重积累段落的结构。

一、总分式段落

总分关系是指一段话里由总述部分和分述部分构成。总述部分就是先用一个概括性的句子作为中心句，又叫作"总起句"。然后再围绕总起句分几个方面来叙述。这样的层次结构就是总分关系，又分三种情况：

（一）先总后分的段落

总述部分概括全段内容，分说部分分别加以叙述或详细叙述。这样的段落由于总述部分概括了全段内容，降低了分述部分理解的难度，阅读起来比较顺畅。如：

黑熊踩木球也很好玩。笨重的黑熊爬到大木球上，身子直立起来，小心地移动着双脚，让大木球滚到了跷跷板上。木球刚滚过中心点，跷跷板的那一头就掉下来了。你看那黑熊多紧张啊！观众又发出一阵哄笑。《精彩的马戏》

第一句说黑熊踩木球好玩，其余几句围绕"好玩"详细记叙黑熊踩木球的过程，让人觉得黑熊踩木球确实好玩。又如：

天空中的风筝越来越多，热闹极了。那金黄色的"小蜜蜂"翘着两只绿色的翅膀，好像在百花丛中飞来飞去。那鲜红色的"大金鱼"，尾巴一摆一摆的，好像在水里游。还有那精致的"小卫星"，闪着金光，仿佛在宇宙中飞行……《放风筝》

这段话第一句总的写风筝"越来越多"，很"热闹"，然后第二、三、四句具体写了三种风筝放飞的情景，显然这前后构成了先总后分的关系。

（二）先分后总的段落

先分别叙述，然后总结概括。这样的段落，总结部分有着画龙点睛或突出段落中心的作用。如：

屋子的内部没有什么布置，但是墙壁很光滑。主人有的是时间，把粗糙的地方修理平整。大体上讲，住所是很简朴的，清洁、干燥，很卫生。假使我们想到蟋蟀用来挖掘的工具是那样简单，这座住宅真可以算是伟大的工程了。《蟋蟀的住宅》

前几句详细介绍蟋蟀舒适的住宅，最后一句概括指出这住宅建造并不容易，点明段意，自然地流露出对蟋蟀的赞赏之情。

（三）先总后分再总的段落

先总后分再总兼有前面两种段落的表达效果，而且首尾照应，结构更加严谨。篇幅较长的段落，用这种构段方式，很适合小学生阅读。如：

要把黄河治理好，关键是要把泥沙管住，不让它随心所欲地流进黄河。新中国成立后，科学家已经为治理黄河设计了方案。他们认为黄土高原地区应坚持牧林为主的经营方向。一定要保护好深林资源，使失去的植被尽快恢复，要使人人都明白这样一个道理：破坏森林是不折不扣的自杀行为；要合理规划利用土地，同时还要大量修筑水利工程。这样数管齐下，一定能防止水土流失，黄河变好的梦想一定能成为现实。（《黄河是怎样变化的》）

首句说明治理黄河的根本办法是管住泥沙，中间几句围绕"管住泥沙"详细介绍治理的具体做法，最后一句说明，这样"数管齐下"就能防止水土流失，黄河就能变好。段落虽然比较长，但总分总的结构让阅读变得轻松自在。

二、并列式段落

有的段落中，句与句之间的关系是并列的。这种结构，段中没有概括全段的句子，段的内容又是从事物的几个方面来写的。如：

商人夹了大包的货物，匆匆走下小艇，沿河做生意。青年妇女在小艇里高声谈笑。许多孩子由保姆伴着，坐着小艇到郊外去呼吸新鲜空气。庄严的老人带了全家，夹着圣经，坐着小艇到教堂去做祷告。（《威尼斯小艇》）

段落中的四个句子分别写了坐小艇的四种人：商人、青年妇女、孩子、老人，他们之间的关系就是并列的。又如：

夏天，树木长得郁郁葱葱，密密层层的枝叶把森林封得严严实实，挡住了人们的视线，遮住了蓝蓝的天空。早晨雾从山谷里升起来，整个森林浸在乳白色的浓雾里。太阳出来了，千万缕金光像利剑一样，穿过树梢，照射在工人宿舍门前的草地上。草地上盛开着各种各样的野花，红的、白的、黄的、紫的，真像个美丽的大花坛。（《美丽的小兴安岭》）

这一段话具体描绘了小兴安岭夏天美丽的景色。四句话分别写了"树木""晨雾""太阳""野花"，都是围绕小兴安岭夏天美丽的景色来写的，句与句之间的关系是并列的。

三、因果式段落

按照事物的原因、结果的关系表达意思，一部分叙述事情的起因，另一部分叙述事情的结果的自然段，叫因果式段落。这种段落一般有先因后果和先果后因两种情况。如：

另一种说法是，宇宙行星撞上了地球，尘埃把太阳遮住了，地球上一片黑暗。因为没有阳光照射，植物大量枯萎、死亡，那些以植物为食的恐龙和其他动物，渐渐地死去了。随着动物的减少，食肉的恐龙找不到足够的事物，也渐渐地灭绝了。（《恐龙的灭绝》）

行星撞地球，地球变黑暗，这是原因。没有阳光照射，植物大量死亡，食草和食肉恐龙灭绝，这是结果。这是先因后果。

又如：

西沙群岛一带海水五光十色，瑰丽无比：有深蓝的，淡青的，浅绿的，杏黄的。一块块，一条条，互相交错着。因为海底高低不平，有山崖，有峡谷，海水有深有浅，从海面看，色彩就不同了。（《富饶的西沙群岛》）

前面说现象——海水五光十色，后面说明成因——海底高低不平，海水有深有浅。这就是典型的先果后因。这种结构形式，能把问题说得明白，把事理说得清楚。

四、转折式段落

这种段的结构特点是：有同一个中心，但具体内容前后不一致，常用"可是""但是""然而"等词语表示内容与内容之间的转折关系。如：

人们都说黄河是中华民族的摇篮。可是一查黄河近 2000 年来的"表现"，却叫人大吃一惊。黄河在近 2000 年间竟决口 1500 多次，改道 26 次，给两岸人民带来深重的灾难。（《黄河是怎样变化的》）

前面说黄河对中华民族做出过贡献，后面讲它给人民带来灾难，前后两层意思来了个大转折，由正面转向反面。又如：

大船造好了，在海上航行了几年，没出什么事故。可是后来，蛀虫越来越多，船舷和船舱的木板上，都出现了许多小窟窿。（《小虫和大船》）

这就是转折关系结构的段，共两句话：第一句讲大船在海上航行了几年没出事故，第二句说"后来出现了小窟窿"。前后情况发生了变化，用"可是"做转折词，说明船出现小窟窿是因为生了蛀虫。这种结构的段落中，突然将笔锋一转，转到另一个意思，能引起读者的兴趣。

五、承接式段落

承接式段落通常有三种形式，一种是时间承接，即由先而后连接句子。一种是空间承接，即按空间方位顺序安排句子。一种是逻辑联系承接，即根据事物之间的联系来组织句子。

按时间先后顺序安排句子，能清晰地显示事情的发展变化过程。如：

船靠岸了，小洁的手里还是紧紧攥着面包纸。她跨步上岸，四处张望，好像在寻找什么。忽然，她眼睛一亮，飞快地向前跑去。（《清澈的湖水》）

船靠岸——小洁上岸——小洁向前跑去，事情的进展情况一目了然。

按空间位置顺序安排句子，能鲜明地展现多个事物各自所处的位置。如：

天安门在北京城的中央，红墙、黄瓦，又庄严，又美丽。天安门前面是宽阔的广场。广场中间矗立着人民英雄纪念碑。《北京》）

几句话依次写明天安门、马路、纪念碑各自的位置。又如：

地面上的水被太阳晒着的时候，吸收了热，变成了水蒸气。水蒸气遇到冷，凝成了无数小水滴，飘浮在空中，变成云。云层里的小水滴越聚越多，就变成雨或雪落下来。（《路旁的橡树》）

先说水变成水蒸气，然后讲水蒸气变成云，最后写云变成雨或雪。后一句紧承前一句而来，没有前一句，后一句就不可能存在。按逻辑联系的顺序安排句子，能让句子表示的事物之间的联系清楚地显现出来。

六、点面式段落

所谓"点"，指的是最能显示人事场景特征的详细描写；所谓"面"，指的是对人事场景的一般性叙述或概括性的描写。点面结合的写法就是"以面衬点""以点带面"的写法。点，突出重点，体现深度；面，顾及全局，体现广度。如：

天灰蒙蒙的，又阴又冷。长安街两旁的人行道上挤满了男女老少。路那样长，人那样多，向东望不见头，向西望不见尾。人们臂上都缠着黑纱，胸前都佩着白花，眼睛都望着周总理的灵车将要开来的方向。一位满头银发的老奶奶，双手拄着拐杖，背靠着一棵洋槐树，焦急而又耐心地等待着。一对青年夫妇，丈夫抱着小女儿，妻子领着六七岁的儿子，他们挤下了人行道，探着身子张望。一群泪痕满面的红领巾，相互扶着肩，踮着脚望着，望着……（《十里长街送总理》）

这里，对长安街人行道两旁的场景进行了十分感人的描写，先是描写整个场面，它渲染了一种阴沉、郁闷的气氛。紧接着又进行具体的描写："双手拄着拐杖"的一位老奶奶；"探着身子张望"的一对青年夫妇；一群"泪痕满面"的红领巾……这样点面结合，描画了一幅感人至深的送别图，表达了人们对总理的无限怀念之情。又如：

下午三点整，会场上爆发出一阵排山倒海的掌声，中华人民共和国中央人民政府主席毛泽东出现在主席台上，跟群众见面了。三十万人的目光一齐投向主席台。（《开国大典》）

描写毛主席是在写一个突出的人物，写群众反应是写很多人，像这样既写出一个主要人物的活动又写出全场人物的表现，这种写法就是点面结合。毛主席的活动就是这个场面的一个"点"，全场三十万群众的活动就是"面"。这样的描写，让场面显得热烈而不单调。

七、递进式段落

递进式的段落是指在描写时，采取层层递进、步步深入的描述方法，具有纵向性。其特点是内容之间逐层加深。这种关系的段落与顺承关系的段落相似，只是程度一层比一层加深，或者是在范围上由小到大，或者是在程度上由轻到重……如：

泸定桥离水面有十多米高，是由13根铁链组成的：两边各有两根，算是桥栏；底下并排9根，铺上木板，就是桥面。人走在桥上摇摇晃晃，就像荡秋千似的。现在连木板也被敌人抽掉了，只剩下铁链。向桥下一看，真叫人心惊胆寒，红褐色的河水像瀑布一样，从上游山峡里直泻下来，撞击在岩石上，溅起三米多高的浪花，涛声震耳欲聋。桥对岸的泸定城背靠着山，西门正对着桥头。守城的两个团敌人早已在城墙和山坡上筑好工事，凭着天险，疯狂地向红军喊叫："来吧，看你们飞过来吧！"（《飞夺泸定桥》）

这段中分别写了"桥的险要""河水湍急""桥头被堵""敌人猖狂"层层深入，为衬托展现红军大无畏的革命精神埋下了伏笔。这种递进式的段落，往往能突出和强调想表达的意思。

以上所列举的只是小学语文中最常见的几种段落形式，其他的形式在此就不一一详述了。

第三节　段落积累的方法

著名语文教学专家张志公先生曾指出："段的训练是语言的训练、逻辑的训练、思想认识的训练，又是文体、风格以至艺术的训练。"段落教学作为阅读教学的内容之一，它是连接低年级字词句训练与高年级篇章训练的"桥梁"。虽然《语文课程标准》没有明确提出段落教学的要求，但在第二、三学段分别提出了"把握文章的主要内容""了解事件梗概""揣摩文章的表达顺序"等要求。这些第二学段和第三学段的练习，粗看是培养孩子对课文整体把握的能力，但试想如果没有段落教学做铺垫，这些概括理解能力的培养又从何谈起。段落教学就是从第一学段的字词句训练向第三学段的篇章训练的过渡教学。这充分说明孩子们需要段落积累。段落的积累可以从以下方面来进行：

一、理解段落的意思

（一）联系语境来理解

段落所表达的意义总是跟前后文的意义一致的，所以，理解段落的意义主要的方法是联系语言环境。如：

我们的船渐渐逼近榕树了。我有机会看清它的真面目，真是一株大树，枝干的数目不可计数。枝上又生根，有许多根直垂到地上，伸进泥土里。一部分树枝垂到水面。从远处看，就像一株大树卧在水面上。

榕树正在茂盛的时期，好像把它的全部生命力展示给我们看。那么多的绿叶，一簇堆在另一簇上面，不留一点缝隙。那翠绿的颜色，明亮地照耀着我们的眼睛，似乎每一片绿叶上都有一个新的生命在颤动。这美丽的南国的树！（《鸟的天堂》）

单读第一段，很难理解这个地方为什么不能用"长""立""站"，而要用"卧"？但是联系上下文来理解，就会发现前面说"那是许多株茂盛的榕树，看不出主干在什么地方"，而且，作者说是从远处看，因为榕树茂盛，枝叶繁茂，连许许多多的枝干上也都是枝叶，将"腿"给藏起来了，只能看到身子和头，看不到腿，形态可不就是"卧"吗？从这个"卧"字上就足以感到榕树之大。

再联系第二段的"一簇堆在另一簇上面，不留一点缝隙"，这得多少叶子在一起才能"堆"啊？"堆"的意思是堆积，成堆地聚集，"簇"的意思是用于聚集成团或成堆的东西。一个"堆"写出了树叶之多，令你很难想象出到底是多少枝叶，因此你很难看到枝干了，因此，远看好像"卧"了。这是联系上下文，体会"卧"与"堆"的联系；再体会"簇"与"堆"的运用，想象成堆的树叶堆在一起，是不是多得数不清啊。枝干多，叶密，既像许多株树聚在一起，又像一个大树冠，所以前文才会有朋友"到底是几株树"的争论，"茂盛"的特点，就这样写出来了。

（二）联系生活实际来理解

有的段落表示的是一种生活情境，引导学生联系他们经历的生活实际展开回忆，他们就豁然开朗。如：

他们看见鲤鱼妈妈在教小鲤鱼捕食，就迎上去，问："鲤鱼阿姨，我们的妈妈在哪里？"

他们看见一只乌龟摆动着四条腿在水里游，连忙追上去，叫着："妈妈，妈妈！"（《小蝌蚪找妈妈》）

小学生分不清"迎"和"追"，让他们回忆一下他自己或家人出门迎接客人到来时的情景，他们在操场上追逐嬉戏的情景，他们很容易就懂得，"迎"

是向着对方的正面走去，而"追"是跟在对方的后面跑去；一个在对方的身前，一个在对方的身后，而且行进的速度也有快慢之分。这样，就轻而易举地理解了这两段话的意思。

（三）联系时代背景来理解

有的段落反映的是过去时代的生活，理解时还要联系写作的时代背景和作者当时的境遇等。如：

"你不知道，"伯父摸了摸自己的鼻子，笑着说，"我小的时候，鼻子跟你爸爸的一样，也是又高又直的。"

"那怎么——"

"可是到了后来，碰了几次壁，把鼻子碰扁了。"

"碰壁？"我说，"您怎么会碰壁呢？是不是您走路不小心？"

"你想，四周围黑洞洞的，还不容易碰壁吗？"（《我的伯父鲁迅先生》）

鲁迅先生为什么说四周黑洞洞的？"碰壁"的深层含义是什么？如果单看这几段话，学生当然理解不了。可是如果教师对当时的政治社会情况和鲁迅先生当时的处境做一些介绍，学生自然就明白了。

（四）绘制图画来理解

学生自己动手绘制图画，能真切地体会到段落的确切意义。如：

铁路经过青龙桥附近，坡度特别大。火车怎么才能爬上这样的陡坡呢？詹天佑顺着山势，设计了一种"人"字形线路。北上的列车到了南口就用两个火车头，一个在前边拉，一个在后边推。过青龙桥，列车向东北前进，过了"人"字形线路的岔道口就倒过来，原先推的火车头拉，原先拉的火车头推，使列车折向西北前进。这样一来，火车上山就容易得多了。（《詹天佑》）

可以让学生抓住关键词"北上""南口""青龙桥""东北""'人'字形铁路的岔道口""折向西北"等细细品味，画图理解这一段话的意思。

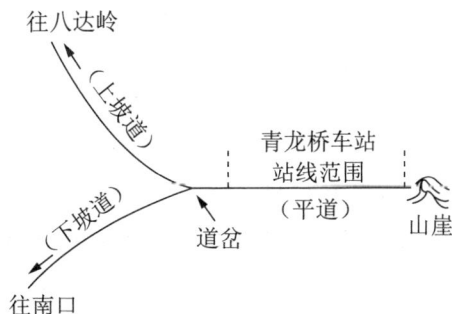

图 6-1

（五）聆听范读来理解

老师声情并茂的朗读能让学生真切地感受到段落的音韵美。如：

风，摇绿了树的枝条，

水，漂白了鸭的羽毛，

盼望了整整一个冬天，

你看，春天已经来到。（《春的消息》）

这一节诗一、二、四行押韵，前两行节奏整齐。教师在范读时让节奏明显一点，韵脚清晰一点，学生聆听后就能体会到用段落的音韵美。

二、划分段落的层次

文章的每一个段落都表达一个相对完整的意思，而这个意思的表达又总是一个层次又一个层次地按逻辑进行的，这就是段落结构。

划分段落层次是理解段落的重要手段，是把叙述同一内容的各个句子合并为一个逻辑层。分层时，先要理清全段的顺序，找到分层的依据，然后进行分层。

（一）初读把握内容

把段落内容多读几遍，了解段落的主要内容，可以帮助分层。如：

在强强的眼里，爷爷的小闸屋是个好玩的地方：‖碧蓝碧蓝的海水就踩在脚下。白天，成群的海鸟在窗外翱翔；夜晚，天上的星星映在海水中，如千万点萤火闪闪烁烁。更有趣的是，海水长着一大片一大片的芦苇。一张普普通通的苇叶，经爷爷三折两卷，就成了一支芦笛。吹奏起来，曲调是那样婉转悠扬，还带着一股浓浓的海水味……（《爷爷的芦笛》）

先读懂这一段主要讲在强强的眼里，爷爷的小闸屋是个好玩的地方，这样，就可以很简单就知道这一段可以分为两层，一层是总写爷爷的小闸屋是个好玩的地方，另一层是再具体描绘周围景色之美、芦笛曲调之动听。

（二）精读分析结构

自然段常见的结构形式有：总分式、并列式、顺承式、因果式、转折式，可以根据这些段落结构来分层。

1. 总分式段落分层法

根据总分式、分总式、总分总式的段落特点，我们可以按照句子间的总分、分总、总分总关系来给段落分层。如：

秋天的菊花多美啊！//有雍容华贵的紫红色，娇艳欲滴的黄色，还有分外耀眼的大红色，或大朵的，或小巧的，真是多姿多彩。微风吹来，它们轻轻摆动着细腰，翩翩起舞。那时，便有一丝丝香味，若有若无的，在你的鼻间飘荡。你闻了，一定心旷神怡。//啊，多美的秋天，多美的菊花呀！

这段话按总分总的形式分为三个小层次。先总述秋天菊花的美丽，然后分述菊花的颜色、形状和香味，最后再总述多美的秋天，多美的菊花。

2. 并列式段落分层法

在一段话中，分别写几种事物的几个方面，它们层与层之间的关系是并列存在的，我们可以按这种并列关系来分层。

如果面对一大堆读物，我们可以将每本书的内容提要、前言、章节目录等很快地从头到尾看一遍，这样就能大致了解每本书的梗概、特点及应用范围等。//对一本读物来说，可以几段几段地粗读，也可以几页几页地翻阅，而不必逐一探究某个字、词或句子的意思。俗话说的"一目十行"，就是指这种走马观花式的快速阅读方法。（《精读与泛读》）

这一段前后两部分分别介绍了面对许多读物和一本读物时不同的读书方法。前后显然是并列关系。

3. 顺承式段落分层法

按事情或动作的先后顺序表达。如：

7 月 27 日凌晨两点，九江赛城湖的大堤塌陷了。//400 多名官兵闻讯赶到。支队长一声令下："上！"顿时，一条长龙在崩塌的堤坝下出现了。官兵们肩扛沉重的沙包，在泥水中来回穿梭。有的为了行走快捷，索性赤脚奔跑起来。嶙峋的片儿石割破了脚趾，他们全然不顾，心中另有一个念头："大堤，保住大堤！"//狂风卷着巨浪，猛烈地撕扯着堤岸。战士们高声喊道："狂风为我们呐喊！暴雨为我们助威！巨浪为我们加油！"一个个奋勇跳入水中，用自己的血肉之躯筑起了一道人墙。//经过几个小时的鏖战，大堤保住了，官兵们浑身上下却是伤痕累累。"风声雨声涛声，声声震耳；雨水汗水血水，水水相融。"

这是人民子弟兵在这场惊心动魄的大决战中的真实写照。这一自然段共有四层意思，按照事情的开端—发展—高潮—结局分层。

4. 因果式段落分层法

因果式段落分层法包括先因后果和先果后因两种情况。因果式一般分两层，"因"是一层，"果"是一层。为这类段落分层时，抓住表示因果关系的词语来分层，如"因为、因此、所以、于是……"是一种巧方法。

（1）先因后果段落分层法

如：

莫泊桑是 19 世纪法国著名作家。他从小酷爱写作，孜孜不倦地写下了许多作品，但这些作品都平平常常，没有什么特色。//莫泊桑焦急万分，于是，他去拜法国文学大师福楼拜为师。（《莫泊桑拜师》）

这一段段意可概括为莫泊桑早年写作平平，所以他拜福楼拜为师。以上是先因后果。

（2）先果后因段落分层法

如：

骑上这辆崭新的自行车送报快多了。当然，我从没想学会在马路上扔报纸的"绝活"，依旧下车把报纸送到每家门口；下雨下雪天，依旧把报纸送进门里。‖因为我永远记住了：诚实的劳动，换来的是难忘的关怀和爱意。（《真情的回报》）

这一段前面是结果后面说明原因，从而突出了原因，点明了课题的含义。

（3）转折式段落分层法

转折式一般分两层，转折前的内容为一层，转折后的内容为一层，常用"但是、可是、而"等转折词分开。如：

堵口工程进行得很顺利，决口慢慢在缩小，到夜里三点多钟，还有丈把宽。‖可是这时候水势更猛更急，水桩打下去一半就被冲走了，一连冲了四五根。老姜头和几个小伙子正使劲打桩，忽然一下子都被冲到水里去了。幸亏他们都拴着保险绳，没冲多远，就被众人七手八脚拉上岸来。老姜头浑身是水，脸色灰白，冷得直打哆嗦。他一爬上堤就气喘吁吁地对老田说："填不住了！"

这一段讲的是堵口工程进行得很顺利的时候，水势更猛更急，决口堵不住了一事。第一层讲堵口工程进展顺利，决口慢慢缩小。第二层讲水势更猛更急，木桩被冲走，人被冲到水里，决口堵不住了。

前后两次间是转折关系，它们间用了"可是"表示这种转折关系。

以下这首关于自然段分层的小诗，可以方便同学们掌握给段落分层的方法：

> 初读了解知大意，
> 梳理段式要细致。
> 句句之间关系密，
> 重点词语莫忽视。
> 段落分层有方法，
> 各种段式要熟知。

三、思考概括层意

分层以后，用简明扼要的话说明每层的主要意思，就是归纳层意。这样，我们不仅能掌握每层的主要意思，还能进一步了解作者是按怎样的次序安排材料的，了解句与句是怎样联系起来的。

归纳层意一般要做到如下三条：一是准确，即要恰如其分地概括出全层的重点内容；二是简练，言简意明，不能啰唆；三是通顺明白，不能含糊其词。

归纳层意的方法如下：

（一）摘句法

把能概括全层内容的句子摘下来，作为段落大意。这种方法，适用于有中心句的层次。

（二）归并法

先找出每个层次的大意，再将几个层次的大意归并到一起，归纳出全层大意。

（三）取舍法

一层里有几层意思，往往有主有次，抓住主要的，舍去次要的，就可以得出层意。

（四）借助法

就是借助段的结构特点进行归纳。如总分段，可借助总述句子；因果段，可借助因果；递进段，可借助后一层的意思。

四、仿写优美段落

叶圣陶先生说过："大凡传授技能技巧，讲说一遍，指点一番，只是个开始，而不是终结。讲说和指点过后，接下去，有一段必要的工夫，督促受教育的人多多练习，硬是要按规格练习。"教师在段的教学中务必做到精讲多练，认真处理好读和写的关系，以读导写，以写促读，读写结合，促进积累，相得益彰。具体做法可分为三个环节进行。

（一）点拨

即指导学生读懂课文，通过语言文字正确理解课文的主要内容，体会思想感情，同时还要让学生懂得语言文字是怎样表达思想感情的，以总分式段落为例：

一会儿粗大的雨点落下来了，打得窗玻璃啪啪直响。雨越下越大。窗外迷蒙蒙的一片，天地间好像挂起了无比宽大的珠帘。雨点儿落在瓦片上，溅起的水花像一层薄烟，笼罩在对面的屋顶上。顺着房檐流下来的雨水开始像断了线的珠子，渐渐地连成了一条线。地上的水越来越多，汇合成一条条小溪。（《雨》）

这段话运用了总分式结构，描述了夏季久旱后一场大雨的情景。一二两句是中心句，作者从听的方面总写雨大，接下去三至六句按方位顺序从看到的四个方面分别写雨怎么大。第三句写"天地间"，第四句写"屋顶上"，第五句写"房檐下"，第六句写"地面上"。每句都围绕中心句"雨大"去写。

教学时可相机设计这样的问题：这段话共有几句话？主要写什么？哪两句可以代表这段话的主要意思？作者是从哪几个方面去写的？这段话写得好

不好？好在什么地方？通过引导点拨，学生很容易发现其规律，即条理清楚、内容具体，而且注意了句与句子之间的联系，字里行间包蕴着作者喜爱这场大雨的思想感情。从而使得从语言文字到思想内容，再由思想内容到语言文字的表达这一训练过程得以顺利实施。

（二）叙说

即通过领悟模仿，把这种构段方法运用口头叙说的方式，使学生尽快掌握段的内涵和习作框架，做到得法于课内，得益于课外，逐渐形成语文能力。如学生在认识和掌握了总分段式的形式和内容以后，教师可创设一定的情境，让学生按这种段式要求去陈述某一事物。

例如，把学生带进校图书室，让他们再次亲眼目睹，图书室里书的数量和种类，然后提出问题：谁能用一句话把我校图书情况告诉别人？这时即使把发言权让给一位后进生，他也能回答："我校的图书真多啊！"面对这种满意的回答，教师要给予热情鼓励。接下去，可提出第二个问题：谁能在这句话后面，从几个方面分别讲书怎么多呢？对这个问题学生也不难回答。

（三）仿写

要求学生把口头叙说和自己的体会结合起来，写一个"我们学校图书室的图书真多"的片断。

总之，在段落教学过程中，明确目标，指导得法，读写结合，强化训练，"段"的教学目标一定能实现。

运用点拨、叙说、仿写三个步骤，即可以把一些格式有特点，文字优美的段落记忆下来，不仅可以使学生学会语言文字现象的本身，还能使他们了解这些语言文字在实际使用时候的用法、搭配和其他的语气特征，更好地做到学用结合。

五、记忆经典段落

（一）记忆原则

1. 先读正确后记忆

首先读正确。"正确"指的是用普通话读，发音清楚响亮，不读错字，不掉字，不添字，不颠倒，不唱读，能读出轻声和儿化韵。朗读正确，是读书最基本的要求，也是比较难达到的要求，稍不注意，就会出错。要读得正确，必须养成认真读书的习惯。读书时要做到"三到"，即眼到、口到、心到。其次读流利。在读正确的基础上，要做到朗读得流利。流利指的是不读断句，不读破句，不重复字句。要做到流利地读，就不能够看一个词读一个词，看一句话读一句话。要做到嘴里读这个词的时候，眼睛就看到下面一个词甚至几个词；嘴里读这句话时，眼睛就看到下面一句话。最后，朗读要自然。在朗读过程中还要注意停顿，标点是书面语言组成部分，它表示了句子的不同语气和不同长短的停顿。正确地读出标点的停顿，可以帮助理解词句的结构、文章的意思及作者的思想感情。所以要能根据文中的标点读出适当的停顿。

2. 先理解后记忆

对于一个段落，尤其是较长段落，首要问题是要非常清楚它的意思。只有在这个基础上才能开始努力去背。首先要弄懂这一个段落的中心内容，记叙性段落要弄清楚这一段落中记述的事情、人物、时间、地点等等，说明文要明白主要解说的对象和不同方面的性质，而议论文则要弄清所讨论的问题和主要的论点、论据、论证的关系。要以文章内容为线索进行记忆，弄懂上下句之间的内容和逻辑上的关系，而后才是语言上的起承转合。这样背段落就是因事而语，有意义地背，言之有物，背之有理。

3. 先精选后记忆

文章一旦背下就会记住很长时间甚至永远不忘，对今后的语文学习产生深远影响，所以要选那些真正典型而文字优美的段落，如写法上有特点的；语言上有特点的；构段形式上有特点的……以有代表性的段落来丰富孩子语言资料。

4. 及时复习多记忆

小学生的暂时记忆都比较好，但是记得快，忘得也快，所以记忆的东西要及时重复。一般要重复到六七遍才可能比较牢固地记住。记忆最有效的方法就是多重复，及时复习。把一段话背得烂熟比十段结结巴巴地不能准确背诵要好得多。所以，重复和复习不是减慢而是必要的手段。

掌握了这几个原则之后，不仅可以增强记忆，更可以使得所背的段落活起来，真正成为招之即来的如意工具。比如一篇记叙文既可以用朗诵的语调高声朗诵，也可以用讲故事的方式娓娓道来，这样才会逐渐地从语言的旧有习惯中解脱出来，转而更为重视语言所表达的内容，这样在相似情况出现的时候，语言自然而然地脱口而出。

（二）积累方法

下面介绍几种有效积累段落的方法。

1. 线索法

所谓线索法就是在老师的指导下理清课文的结构层次，明确课文的内在逻辑关系，把结构层次作为记忆线索，形成记忆网络。如：

在外洞找泉水的来路，原来从靠左边的石壁下方的孔隙流出。虽说是孔隙，可也容得下一只小船进出。怎样小的小船呢？两个人并排仰卧，刚合适，再没法容第三个人，是这样小的小船。船两头都系着绳子，管理处的工人先进内洞，在里边拉绳子，船就进去，在洞外的工人拉另一头的绳子，船就出来。我怀着好奇的心情独个儿仰卧在小船里，自以为从后脑到肩背，到臀部，到脚跟，没有一处不贴着船底了，才说一声"行了"，船就慢慢移动。眼前昏暗了，可是还能感觉左右和上方的山石似乎都在朝我挤压过来。我又感觉要是把头稍微抬起一点儿，准会撞破额角，擦伤鼻子。大约行了二三丈的水程吧，就登陆了，这就到了内洞。《记金华双龙洞》

背诵上述这一段落时，就可以按作者游览的从孔隙到内洞顺序为线索来引导同学们正确而快捷地背诵。

2. 串联法

（1）层次串联法。对于篇幅较长的段落，可将其分成几个部分，一部分一部分地背、记，最后依次把各部分串联起来。如：

鱼成群结队地在珊瑚丛中穿来穿去，好看极了。有的全身布满彩色的条纹；有的头上长着一簇红缨；有的周身像插着好些扇子，游动的时候飘飘摇摇；有的眼睛圆溜溜的，身上长满了刺，鼓起气来像皮球一样圆。各种各样的鱼多得数不清。正像人们说的那样，西沙群岛的海里一半是水，一半是鱼。《富饶的西沙群岛》

记忆这段话时，我们可以按照这一段话的三个层次来背。先背总写的鱼好看极了的句子，再背写怎么好看的具体描写句子，最后背写鱼多的句子。在每层记熟的基础上，再把这几句话串联起来，一气呵成。

（2）词语串联法。找出段落中的重点词或关键词来帮助记忆。如：

这次，我看到了草原。那里的天比别处的更可爱，空气是那么清鲜，天空是那么明朗，使我总想高歌一曲，表示我满心的愉快。在天底下，一碧千里，而并不茫茫。四面都有小丘，平地是绿的，小丘也是绿的。羊群一会儿上了小丘，一会儿又下来，走在哪里都像给无边的绿毯绣上了白色的大花。那些小丘的线条是那么柔美，就像只用绿色渲染，不用墨线勾勒的中国画那样，到处翠色欲流，轻轻流入云际。这种境界，既使人惊叹，又叫人舒服，既愿久立四望，又想坐下低吟一首奇丽的小诗。在这境界里，连骏马和大牛都有时候静立不动，好像回味着草原的无限乐趣。《草原》

这一段共有两层意思，第一层是按由天空到天底下的顺序描写了草原的广阔而美丽。第二层是抒发作者的赞美之情。在背这部分时，抓住"可爱、清新、明朗、高歌、一碧千里、小丘、羊群、中国画、这种境界，既……又……，既……又……，骏马、大牛"这些相关联的词语，很快就背下去了，可以说是"串连成诵"。

（3）支点法。即把课文中或段落中的重点词、句作为记忆支点，利用这些支点检索贮存脑中的文字，毫无差错地背出有关的文段。如：

盘古倒下后，他的身体发生了巨大的变化。他呼出的气息，变成了四季的风和飘动的云；他发出的声音，化作了隆隆的雷声。他的双眼变成了太阳和月亮；他的四肢，变成了大地上的东、西、南、北四极；他的肌肤，变成了辽阔的大地；他的血液，变成了奔流不息的江河；他的汗毛，变成了茂盛的花草树木；他的汗水，变成了滋润万物的雨露……《盘古开天地》

把第一句"盘古倒下后，他的身体发生了巨大的变化。"作为全文支点，由此来记忆段落中"分"的气息、声音、双眼、四肢、肌肤、血液、汗毛、汗水。这样来背诵就简单多了。可见，支点法与层次串联法结合，会收到更好的记忆效果。

（4）欣赏法。有些课文的段落荟萃了许多好词好句，我们常常为之陶醉。欣赏法则是在熟读课文后在字里行间寻觅优美词句，说出理由，感情朗读，相互交流，自赏共赏。如蒋军晶老师在执教《祖父的园子》时是这样引导孩子们背诵的：

师：这篇文章，你说容易也容易，说难懂也难懂。萧红究竟想起了什么？请你默读课文，你会发现这里有一段话写得很特别。这个特别的句子，不是比喻句，比喻句我们读得多了，也不是排比句，排比句我们也读得不少，这个句子，特别在哪里呢？你刚读的时候，甚至都觉得它很啰唆。你找到的话，请你画下来。（生读、画）

生："一切都活了，要做什么，就做什么。要怎么样，就怎么样，都是自由的。倭瓜愿意爬上架就爬上架，愿意爬上房就爬上房。黄瓜愿意开一朵花，就开一朵花，愿意结一个瓜，就结一个瓜。若都不愿意，就是一个瓜也不结，一朵花也不开，也没有人问它。玉米愿意长多高就长多高，它若愿意长上天去，也没有人管。"

师：是啊，这一段话，很特别，如果你掌握它的特点了，读几遍，就可以把它背下来。

（生自由读、试背。老师隐藏一句，学生背一句，学生挑战欲望很强，气氛很热烈。最后老师指着空白的屏幕请大家一起"读"，学生"读"得不亦乐乎。）

师：为什么我们可以这么快把这段话大致背下来呢？

生：里面的句子是反复的，比较好记。

师：是啊，特别的写法往往蕴含了特别的情感，萧红反反复复写，我们也来反反复复读一读。倭瓜愿意爬上架——（生接）就爬上架，愿意爬上房——（生接）就爬上房。黄瓜愿意开一朵花——（生接）就开一朵花，愿意结一个瓜——（生接）就结一个瓜。玉米愿意长多高——（生接）就长多高，蝴蝶愿意飞到哪儿——（生接）就飞到哪儿。

（5）图画法。就是记忆有些段落时，凭借图画使课文的语言文字头脑回忆出来。如：

会场在天安门广场。广场呈丁字形。丁字形一横的北面是一道河，河上并排架着五座白石桥；再北面是城墙，城墙中央高高耸起天安门的城楼。丁字形的一竖向南直伸到中华门。在一横一竖的交点的南面，场中挺立着一根电动旗杆。《开国大典》

这一段比较抽象，学生较难记忆，但是让学生根据文字画出天安门广场的示意图之后，根据图回忆，图文结合，就能快速有趣地借图成诵。

（6）比较法。即比较句式的特点进行记忆背诵。如：

它没有婆娑的姿态，没有屈曲盘旋的虬枝，也许你要说它不美丽，——如果美是专指"婆娑"或"横斜逸出"之类而言，那么白杨树算不得树中的好女子；但是它却是伟岸，正直，朴质，严肃，也不缺乏温和，更不用提它的坚强不屈与挺拔，它是树中的伟丈夫！当你在积雪初融的高原上走过，看见平坦的大地上傲然挺立这么一株或一排白杨树，难道你觉得树只是树，难道你就不想到它的朴质，严肃，坚强不屈，至少也象征了北方的农民；难道你竟一点也不联想到，在敌后的广大土地上，到处有坚强不屈，就像这白杨树一样傲然挺立的守卫他们家乡的哨兵！难道你又不更远一点想到这样枝枝叶叶靠紧团结，力求上进的白杨树，宛然象征了今天在华北平原纵横决荡用血写出新中国历史的那种精神和意志。《白杨礼赞》

记忆这一段时，抓住先抑后扬，先否定，再肯定，最后是四个排比反问句的句式特点。这样，从比较中就抓住了特点，背得快，记得牢，有效果。

总之，段落的积累如果到位的话，学生的语文能力将能得到大力的提高。

第七章　篇章的积累

第一节　篇章积累的意义

所谓经典篇章，指在漫长的历史进程中，流传下来的代表某一时期的文化精髓、思想、理念的篇章作品等。

经典是一个民族文化的薪火传承，体现的是一个民族的核心价值观。经典文化是一个民族的灵魂和社会的精神给养，是文明发展的根基、创新的土壤和发展的动力。一切精神果实和智慧花朵，都是在经典文化的胚基上孕育、生长并逐渐成熟起来的。

经典篇章文质兼美，是前人读书写作的典范，也是今人学习语文的典范。学习这些作品，有助于激发学生学习祖国语言文字的兴趣，提高运用祖国语言文字的水平并进而提高语文素养，有益于学生批判地继承文化传统，提高人文素养，进而不断开拓创新。

倪文锦教授指出，"经典之所以为经典，在于它以独特的无与伦比的方式触及、思考和表达了人类生存的基本问题，其深度和广度为后世难以超越，对人类具有永久的魅力"。学习、积累经典篇章，并不在于保证它的真理性或实用性，而在于它是人类精神文明的结晶和体现。经典是文化之母。文化的继承和发展，只能从阅读经典篇章开始。

经典篇章的积累，有什么意义呢？

一、传承发扬传统文化

我们中华文化有"己欲立而立人，己欲达而达人"，"己所不欲，勿施于人"的忠恕之道；有"和为贵"，"和而不同"的共生共处之道；有"自强不息"，"厚德载物"的个人与社会的健康互动之道；这都是具有普遍意义的价值观念。社会实践证明，经得起时间考验而对品德教育起到深远意义的，就是传统价值教育。中国传统道德教育中的"仁""孝""家庭和谐"等传统价值观远播欧美，发扬光大。在新加坡的教材中还编进了100多个中国儒家和东方传统价值观的故事和典故。因此，无论从历史的责任感还是从时代的需要出发，通过倡导学生诵读积累千古美文，引领孩子继承与发扬中华民族的优良传统就成了我们必然的选择。

二、充实记忆黄金时代

熟读并且背诵经典，其核心是要增加小学生的原始积累。心理学家的研究告诉我们：13岁前后，人的记忆力达到顶点。一旦错过了，就不能形成知识、情感与经验的丰厚积累，将会给他的一生留下无法弥补的遗憾。"读书百遍，其义自见"，"故书不厌百回读，熟读精思子自知"。积累多了，将来理解能力发展到一定程度时，许多原来理解不深的东西自然能做到"无师自通"。对此，小学语文教育专家张庆同志曾讲过这样一个比喻。他说："小时候读书、背书，犹如在天空布云彩，云彩积厚了，自然就会落雨。"阅读的过程本身就是积累的过程，小学生正处于知识积累的关键时期，读得多、背得多，文化底蕴自然就能厚实。经典诵读是激发潜能、学习语言、增强人文底蕴、开启智慧的重要途径，同时又能培养孩子的高尚的情操和人文关怀，由此可以使孩子变得胸怀博大、知书达理、善良聪慧、乐观坚定。

三、直观感悟语言规律

小学生的记忆力正处于训练、养成阶段，最合适"熟读"成诵。日积月累，一定能达到"会当凌绝顶，一览众山小"的境界。

而经典篇章里的诗词歌赋与文言，和现代白话，是母子关系，根叶关系，源流关系。白话绝大部分来源于文言，绝大部分鲜活的成语，源自文言典故。巴金小的时候把《古文观止》上的两百多篇文章背得很熟，他说："读多了，读熟了，常常可以顺口背出来，也就能慢慢地体会到它们的好处，也就能慢慢地摸到文章的调子。……这两百多篇'古文'，可以说是我真正的启蒙先生。我后来写了二十本散文，跟这个启蒙先生很有关系。"（巴金《谈我的散文》）许多老一辈的人之所以能够对文言等有一种驾轻就熟的感觉，是得益于他们小时候读私塾的那几年。培养语感，小学是关键；诵读经典，当从娃娃抓起。

第二节 篇章积累的内容

参照《义务教育语文课程标准》（2011 年版）的要求，我们认为优秀诗文，课文中的精彩篇章，在课外阅读和生活中获得的语言材料构成了学生需要积累的经典篇章的主要内容，它们形成如图 7-1 的关系：

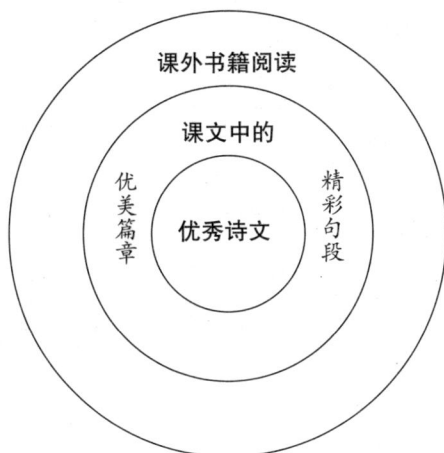

图 7-1　经典篇章积累内容图示

而落实积累的主要方法是"要求学生诵读"。

下面以人教版教材为例，谈谈经典篇章积累的内容。

一、必背古诗 75 首

《义务教育语文课程标准》（2011 年版）附录 1 中列出了优秀诗文背诵推荐篇目，要求 1～6 年级背诵 75 篇，整理如下（表 7-1）：

表 7-1

1～6 年级（75 篇）	
1 江南（江南可采莲）	汉乐府
2 长歌行（青青园中葵）	汉乐府
3 敕勒歌（敕勒川）	北朝民歌
4 咏鹅（鹅鹅鹅）	骆宾王
5 风（解落三秋叶）	李　峤

6 咏柳（碧玉妆成一树高）	贺知章
7 回乡偶书（少小离家老大回）	贺知章
8 凉州词（黄河远上白云间）	王之涣
9 登鹳雀楼（白日依山尽）	王之涣
10 春晓（春眠不觉晓）	孟浩然
11 凉州词（葡萄美酒夜光杯）	王 翰
12 出塞（秦时明月汉时关）	王昌龄
13 芙蓉楼送辛渐（寒雨连江夜入吴）	王昌龄
14 鹿柴（空山不见人）	王 维
15 送元二使安西（渭城朝雨浥轻尘）	王 维
16 九月九日忆山东兄弟（独在异乡为异客）	王 维
17 静夜思（床前明月光）	李 白
18 古朗月行（小时不识月）	李 白
19 望庐山瀑布（日照香炉生紫烟）	李 白
20 赠汪伦（李白乘舟将欲行）	李 白
21 黄鹤楼送孟浩然之广陵（故人西辞黄鹤楼）	李 白
22 早发白帝城（朝辞白帝彩云间）	李 白
23 望天门山（天门中断楚江开）	李 白
24 别董大（千里黄云白日曛）	高 适
25 绝句（两个黄鹂鸣翠柳）	杜 甫
26 春夜喜雨（好雨知时节）	杜 甫
27 绝句（迟日江山丽）	杜 甫
28 江畔独步寻花（黄师塔前江水东）	杜 甫
29 枫桥夜泊（月落乌啼霜满天）	张 继
30 滁州西涧（独怜幽草涧边生）	韦应物
31 游子吟（慈母手中线）	孟 郊
32 早春呈水部张十八员外（天街小雨润如酥）	韩 愈

33 渔歌子（西塞山前白鹭飞）	张志和
34 塞下曲（月黑雁飞高）	卢　纶
35 望洞庭（湖光秋月两相和）	刘禹锡
36 浪淘沙（九曲黄河万里沙）	刘禹锡
37 赋得古原草送别（离离原上草）	白居易
38 池上（小娃撑小艇）	白居易
39 忆江南（江南好）	白居易
40 小儿垂钓（蓬头稚子学垂纶）	胡令能
41 悯农（锄禾日当午）	李　绅
42 悯农（春种一粒粟）	李　绅
43 江雪（千山鸟飞绝）	柳宗元
44 寻隐者不遇（松下问童子）	贾　岛
45 山行（远上寒山石径斜）	杜　牧
46 清明（清明时节雨纷纷）	杜　牧
47 江南春（千里莺啼绿映红）	杜　牧
48 蜂（不论平地与山尖）	罗　隐
49 江上渔者（江上往来人）	范仲淹
51 元日（爆竹声中一岁除）	王安石
51 泊船瓜洲（京口瓜洲一水间）	王安石
52 书湖阴先生壁（茅檐长扫净无苔）	王安石
53 六月二十七日望湖楼醉书（黑云翻墨未遮山）	苏　轼
54 饮湖上初晴后雨（水光潋滟晴方好）	苏　轼
55 惠崇春江晓景（竹外桃花三两枝）	苏　轼
56 题西林壁（横看成岭侧成峰）	苏　轼
57 夏日绝句（生当作人杰）	李清照
58 三衢道中（梅子黄时日日晴）	曾　几
59 示儿（死去元知万事空）	陆　游

60 秋夜将晓出篱门迎凉有感（三万里河东入海）	陆　游
61 四时田园杂兴（昼出耘田夜绩麻）	范成大
62 四时田园杂兴（梅子金黄杏子肥）	范成大
63 小池（泉眼无声惜细流）	杨万里
64 晓出净慈寺送林子方（毕竟西湖六月中）	杨万里
65 春日（胜日寻芳泗水滨）	朱　熹
66 观书有感（半亩方塘一鉴开）	朱　熹
67 题临安邸（山外青山楼外楼）	林　升
68 游园不值（应怜屐齿印苍苔）	叶绍翁
69 乡村四月（绿遍山原白满川）	翁　卷
70 墨梅（我家洗砚池头树）	王　冕
71 石灰吟（千锤万凿出深山）	于　谦
72 竹石（咬定青山不放松）	郑　燮
73 所见（牧童骑黄牛）	袁　枚
74 村居（草长莺飞二月天）	高　鼎
75 己亥杂诗（九州生气恃风雷）	龚自珍

除了上述的作品，我们认为还可以让学生积累以下宋词和元曲。

宋词部分：

（1）苏轼《水调歌头》

明月几时有？把酒问青天。不知天上宫阙，今夕是何年？我欲乘风归去，惟恐琼楼玉宇，高处不胜寒．起舞弄清影，何似在人间？

转朱阁，低绮户，照无眠。不应有恨、何事长向别时圆？人有悲欢离合，月有阴晴圆缺，此事古难全。但愿人长久，千里共婵娟。

（2）苏轼《江城子·乙卯正月二十日夜记梦》

十年生死两茫茫，不思量，自难忘。千里孤坟，无处话凄凉。纵使相逢应不识，尘满面，鬓如霜。夜来幽梦忽还乡。

小轩窗，正梳妆。相顾无言，惟有泪千行。料得年年肠断处：明月夜，短松冈。

（3）苏轼《念奴娇·赤壁怀古》

大江东去，浪淘尽，千古风流人物。故垒西边，人道是，三国周郎赤壁。乱石穿空，惊涛拍岸，卷起千堆雪。江山如画，一时多少豪杰。遥想公瑾当年，小乔初嫁了，雄姿英发。羽扇纶巾，谈笑间，樯橹灰飞烟灭。故国神游，多情应笑我，早生华发。人生如梦，一尊还酹江月。

（4）苏轼《定风波》

莫听穿林打叶声，何妨吟啸且徐行。行杖芒鞋轻胜马，谁怕？一蓑烟雨任平生。料峭春风吹酒醒，微冷，山头斜照却相迎。回首向来萧瑟处，归去，也无风雨也无晴。

（5）欧阳修《生查子·元夕》

去年元夜时，花市灯如昼，月上柳梢头，人约黄昏后。今年元夜时，月与灯依旧。不见去年人，泪满春衫袖。

（6）李煜《虞美人》

春花秋月何时了，往事知多少。小楼昨夜又东风，故国不堪回首月明中。雕栏玉砌应犹在，只是朱颜改。问君能有几多愁，恰是一江春水向东流。

（7）李清照《如梦令》

常记溪亭日暮，沉醉不知归路，兴尽晚回舟，误入藕花深处。争渡，争渡，惊起一滩鸥鹭。

（8）岳飞《满江红》

怒发冲冠，凭栏处、潇潇雨歇。抬望眼，仰天长啸，壮怀激烈。三十功名尘与土，八千里路云和月。莫等闲、白了少年头，空悲切。

靖康耻，犹未雪；臣子恨，何时灭？驾长车、踏破贺兰山缺。壮志饥餐胡虏肉，笑谈渴饮匈奴血。待从头、收拾旧山河，朝天阙。

元曲部分：

（1）马致远《天净沙·秋思》

枯藤老树昏鸦，小桥流水人家，古道西风瘦马。夕阳西下，断肠人在天涯。

（2）张养浩《山坡羊·潼关怀古》

峰峦如聚，波涛如怒，山河表里潼关路。望西都，意踌躇。

伤心秦汉经行处，宫阙万间都做了土。兴，百姓苦；亡，百姓苦！

二、课文中的优美词语、精彩句段

人教版小学语文教材需要背诵积累优美词语、精彩句段，有的以全文背诵形式出现，有些课文要求背诵部分段落，统计如下：（要求全文背诵的课文，只列出课文题目；要求背诵指定段落的，列出相应的段落文字。）

一年级上册

《四季》《小小竹排画中游》《哪座房子最漂亮》《小小的船》《阳光》《影子》《比尾巴》《我多想去看看》《自己去吧》《雪地里的小画家》《东西南北》

一年级下册

《柳树醒了》《两只鸟蛋》《荷叶圆圆》《四个太阳》《乌鸦喝水》《司马光》《快乐的节日》

二年级上册

《秋天的图画》《植物妈妈有办法》《一株紫丁香》欢庆》《假如》《"红领巾"真好》

二年级下册

《找春天》《雷锋叔叔，你在哪里》《要是你在野外迷了路》

三年级下册

《燕子》《太阳是大家的》《画杨桃》

老师让这几个同学回到自己的座位上，然后和颜悦色地说："提起杨桃，大家都很熟悉。但是，看的角度不同，杨桃的样子也就不一样，有时候看起来真像个五角星。因此，当我们看见别的人把杨桃画成五角星的时候，不要忙着发笑，要看看人家是从什么角度看的。我们应该相信自己的眼睛，看到是什么样的就画成什么样。"

《太阳》

地球上的光明和温暖，都是太阳送来的。如果没有太阳，地球上将到处是黑暗，到处是寒冷，没有风、雪、雨、露，没有草、木、鸟、兽，自然也没有人。一句话，没有太阳，就没有我们这个美丽可爱的世界。

四年级上册

《爬山虎的脚》

《观潮》

午后一点左右，从远处传来隆隆的响声，好像闷雷滚动。顿时人声鼎沸，有人告诉我们，潮来了！我们踮着脚往东望去，江面还是风平浪静，看不出有什么变化。过了一会儿，响声越来越大，只见东边水天相接的地方出现了一条白线，人群又沸腾起来。

那条白线很快地向我们移来，逐渐拉长，变粗，横贯江面，再近些，只见白浪翻滚，形成一道两丈多高的水墙。浪潮越来越近，犹如千万匹白色战马齐头并进，浩浩荡荡地飞奔而来；那声音如同山崩地裂，好像大地都被震得颤动起来。

四年级下册

《桂林山水》《生命 生命》

五年级上册

《七律·长征》

《走遍天下书为侣》

所以，我愿意坐在自己的船里，一遍又一遍地读那本书。首先我会思考，故事中的人为什么这样做，作家为什么要写这个故事。然后，我会在脑子里继续把这个故事编下去，回过头来品味我最欣赏的一些片段，并问问自己为什么喜欢它们。我还会再读其他部分，并从中找到我以前忽略的东西。做完这些，我会把从书中学到的东西列个单子。最后，我会想象作者是什么样的，他会有怎样的生活经历……这真像与另一个人同船而行。

《"精彩极了"和"糟糕透了"》

这些年来，我少年时代听到的这两种声音一直交织在我的耳际："精彩极了"，"糟糕透了"；"精彩极了"，"糟糕透了"……它们像两股风不断地向我吹来。我谨慎地把握住我生活的小船，使它不被哪一股风刮倒。我从心底里知道，"精彩极了"也好，"糟糕透了"也好，这两个极端的断言有一个共同的出发点——那就是爱。在爱的鼓舞下，我努力地向前驶去。

《圆明园的毁灭》

圆明园中，有金碧辉煌的殿堂，也有玲珑别透的亭台楼阁；有象征着热闹街市的"买卖街"，也有象征着田园风光的山乡村野。园中许多景物都是仿照各地名胜建造的，如海宁安澜园，苏州的狮子林，杭州西湖的平湖秋月、雷峰夕照；还有很多景物是根据古代诗人的诗情画意建造的，如蓬莱瑶台，武陵春色。园中不公有民族建筑，还有西洋景观。漫步园内，有如漫游在天南地北，饱览着中外风景名胜；流连其间，仿佛置身在幻想的境界里。

圆明园不但建筑宏伟，还收藏着最珍贵的历史文物。上自先秦时代的青铜礼器，下至唐、宋、元、明、清历代的名人书画和各种奇珍异宝，所以，它又是当时世界上最大的博物馆、艺术馆。

《狼牙山五壮士》

五位壮士屹立在狼牙山顶峰，眺望着群众和部队主力远去的方向。他们回头望望还在向上爬的敌人，脸上露出胜利的喜悦。班长马宝玉激动地说："同志们，我们的任务胜利完成了！"说罢，他把那支从敌人手里夺来的枪砸碎了，然后走到悬崖边上，像每次发起冲锋一样，第一个纵身跳下深谷。战士们也昂首挺胸，相继从悬崖往下跳。狼牙山上响起了他们壮烈豪迈的口号声：

"打倒日本帝国主义！"

"中国共产党万岁！"

这是英雄的中国人民坚强不屈的声音！这声音惊天动地，气壮山河！

《开国大典》

这庄严的宣告，这雄伟的声音，使全场三十万人一齐欢呼起来。这庄严的宣告，这雄伟的声音，经过无线电的广播，传到长城内外，传到大江南北，使全中国人民的心一齐欢跃起来。

五年级下册

《杨氏之子》

《草原》

这次，我看到了草原。那里的天比别处的更可爱，空气是那么新鲜，天空是那么明朗，使我总想高歌一曲，表示我满心的愉快。在天底下，一碧千里，而并不茫茫。四面都有小丘，平地是绿的，小丘也是绿的，羊群一会儿上了小丘，一会儿又下来，走在哪里都像给无边的绿毯绣上了白色的大花。那些小丘的线条是那么柔美，就像只用绿色渲染，不用墨线勾勒的中国画那样，到处翠色欲流，轻轻流入云际。这种境界，即使人惊叹，又叫人舒服，既愿久立四望，又想坐下低吟一首奇丽的小诗。在这境界里，连骏马和大牛都有时候静立不动，好像回味着草原的无限乐趣。

我们访问的是陈巴尔虎旗。汽车走了一百五十里，才到达目的地。一百五十里全是草原。再走一百五十里，也还是草原。草原上行车十分洒脱，只要方向不错，怎么走都可以。初入草原，听不见一点儿声音，也看不见什么东西，除了一些忽飞忽落的小鸟。走了许久，远远地望见了一条迂回的明如玻璃的带子——河！牛羊多起来，也看到了马群，隐隐有鞭子的轻响。快了，快了。忽然，像被一阵风吹来似的，远处的小丘上出现了一群马，马上的男女老少穿着各色的衣裳，群马疾驰，襟飘带舞，像一条彩虹向我们飞过来。这是主人来到几十里外欢迎远客。见到我们，主人们立刻拨转马头，欢呼着，飞驰着，在汽车的左右与前面引路。静寂的草原热闹起来：欢呼声，车声，马蹄声，响成一片。车跟着马飞过小丘，看见了几座蒙古包。

《白杨》

白杨树从来就这么直。哪儿需要它，它就在哪儿很快地生根发芽，长出粗壮的枝干。不管遇到风沙还是雨雪，不管遇到干旱还是洪水，它总是那么直，那么坚强，不软弱，也不动摇。

《自己的花是给别人看的》

正是这样，也确实不错。走过任何一条街，抬头向上看，家家户户的窗子前都是花团锦簇、姹紫嫣红。许多窗子连接在一起，汇成了一个花的海洋，让我们看的人如入山阴道上，应接不暇。每一家都是这样，在屋子里的时候，自己的花是给别人看的；走在街上的时候，自己又看别人的花。人人为我，我为人人。我觉得这一种境界是颇耐人寻味的。

《威尼斯的小艇》

船夫的驾驶技术特别好。行船的速度极快，来往船只很多，他操纵自如，毫不手忙脚乱。不管怎么拥挤，他总能左拐右拐地挤过去。遇到极窄的地方，他总能平稳地穿过，而且速度非常快，还能做急转弯。两边的建筑飞一般地往后倒退，我们的眼睛忙极了，不知看哪一处好。

商人夹了大包的货物，匆匆地走下小艇，沿河做生意。青年妇女在小艇里高声谈笑。许多孩子由保姆伴着，坐着小艇到郊外去呼吸新鲜的空气。庄严的老人带了全家，夹了圣经，坐着小艇上教堂去做祷告。

半夜，戏院散场了，一大群人拥出来，走上了各自雇定的小艇。簇拥在一起的小艇一会儿就散开了，消失在弯曲的河道中，传来一片哗笑和告别的声音。水面上渐渐沉寂，只见月亮的影子在水中摇晃。高大的石头建筑耸立在河边，古老的桥梁横在水上，大大小小的船都停泊在码头上。静寂笼罩着这座水上城市，古老的威尼斯又沉沉地入睡了。

六年级上册

《伯牙绝弦》

《少年闰土》

深蓝的天空中挂着一轮金黄的圆月，下面是海边的沙地，都种着一望无际的碧绿的西瓜。其间有一个十一二岁的少年，项带银圈，手捏一柄钢叉，向一匹猹用力地刺去。那猹却将身一扭，反从他的胯下逃走了。

《月光曲》

皮鞋匠静静地听着。他好像面对着大海，月光正从水天相接的地方升起来。微波粼粼的海面上，霎时间洒遍了银光。月亮越升越高，穿过一缕一缕轻纱似的微云。忽然，海面上刮起了大风，卷起了巨浪。被月光照得雪亮的浪花，一个连一个朝着岸边涌过来……皮鞋匠看看妹妹，月光正照在她那恬静的脸上，照着她睁得大大的眼睛，她仿佛也看到了，看到了她从来没有看到过的景象，在月光照耀下的波涛汹涌的大海。

六年级下册

《学弈》《两小儿辩日》《匆匆》《为人民服务》

还有部分课文，没有提出明确的段落要求，提出的"背诵喜欢的段落""把感受最深的地方背下来""把感受深的句子抄下来"等积累要求，需要教师在课堂教学中根据教学实际，落实积累。

三、课外阅读的积累

学生在课外阅读和生活中还会通过阅读、人际交流、社会实践等方式接触获得许多语言材料，这也是进行语言积累的好途径。

　　课外阅读和生活中积累语言材料，除了学生自主阅读外，应注意以教材为起点，拓宽积累的渠道，丰富积累的内容，帮助学生积累更为丰富的语言材料。教师还要给学生进行适当引导、规划，让语言积累更有针对性。另外要注意适度适量，不做大量的机械识记背诵，避免加重学业负担。

　　新课程标准提出，小学阶段阅读量不少于145万字。这些阅读主要通过课外完成，老师推荐的书目很重要，笔者觉得自己所在县教研室推荐的阅读书目比较有效，共享如下（表7-2）：

表 7-2

年级	必读书目	选读书目
一年级	《安徒生童话》（丹麦）安徒生 《伊索寓言》（古希腊）伊索	《红鞋子》汤素兰；2.《猜猜我有多爱你》（爱尔兰）山姆·麦克布雷尼；3.《快乐王子集》（英）王尔德；4.《鹅妈妈的故事》（法）贝洛；5.《柳林风声》（英）肯尼斯·格雷厄姆；6. 信谊世界绘本系列；7. 聪明豆绘本系列；8. 启发绘本系列；9. 不一样的卡梅拉系列
二年级	《格林童话》（德）格林兄弟 《宝葫芦的秘密》张天翼	《活了一百万次的猫》（日）佐野洋子；2.《犟龟》（德）米切尔·恩德；3.《小猪唏哩呼噜》孙幼军；4.《绿野仙踪》（美）鲍姆；5.《爱丽斯漫游奇境》（英）卡罗尔；6.《豪夫童话》（德）豪夫；7.《狐狸列娜的故事》（法）阿希季诺夫人；8. 彩色世界童话系列
三（上）	《夏洛的网》（美）怀特 《成语故事》	1.《木偶奇遇记》（意大利）科洛弟；2.《骑鹅旅行记》（瑞典）塞尔玛·拉格洛夫；3.《大林和小林》张天翼；4.《装在口袋里的爸爸》系列 杨鹏
三（下）	《小王子》（法）圣埃克絮佩里 《叶圣陶童话》叶圣陶	1.《时代广场的蟋蟀》（美）乔治·塞尔登；2.《长袜子皮皮》（瑞典）林格伦；3.《幽默三国》周锐；4.《皮皮鲁传》《鲁西西传》郑渊洁；5. 彩乌鸦系列
四（上）	《爱的教育》（意大利）亚米契斯 《西游记》吴承恩	1.《骆驼祥子》老舍；2.《中华上下五千年》林汉达；3.《秘密花园》（美）伯内特；4.《小兵张嘎》徐光耀；5.《窗边的小豆豆》（日）黑柳彻子；6. 国际大奖小说系列

续表

年级	必读书目	选读书目
四（下）	《草房子》曹文轩 《昆虫记》（法）法布尔	1.《女儿的故事》梅子涵；2.《格列佛游记》（英国）乔纳森·斯威夫特；3.《卓娅和舒拉的故事》（俄）柳·科斯莫杰米扬斯卡娅；4.《绿山墙的安妮》（加）蒙哥玛丽；5.曹文轩纯美小说系列
五（上）	《城南旧事》林海音 《三国演义》罗贯中 《海底两万里》（法）凡尔纳	1.《水浒传》施耐庵；2.《高士其科普童话》高士其；3.《繁星·春水》冰心；4.《穿过地平线》李四光；5.《老人与海》（美）海明威；6.沈石溪动物小说系列
五（下）	《俗世奇人》冯骥才 《童年》（苏）高尔基 《红岩》罗广斌、杨益言	1.《红楼梦》曹雪芹；2.《寄小读者》冰心；3.《契诃夫短篇小说选》；4.《希腊神话》（德）施瓦布；5.《王子与贫儿》（美）马克·吐温；6.林汉达中国历史故事系列
六（上）	《假如给我三天光明》（美）海伦·凯勒 《狼图腾》姜戎	1.《新月集·飞鸟集》（印）泰戈尔；2.《目送》龙应台；3.《简·爱》（英）夏洛蒂·勃朗特；4.《小学生小古文一百课》朱文君；5.《朝花夕拾》鲁迅；6.《冰心儿童文学新作奖获奖作品集》系列
六（下）	《鲁宾孙漂流记》（英）笛福 《钢铁是怎样炼成的》（苏）尼·奥斯特洛夫斯基	1.《汤姆·索亚历险记》《哈克贝里·费恩历险记》（美）马克·吐温；2.《傅雷家书》；3.《名人传》（法）罗曼·罗兰；4.《苏菲的世界》乔斯坦·贾德；5.《缘缘堂随笔》丰子恺

第三节　篇章积累的方法与原则

　　积累经典篇章，是学习语言的好办法。发展学生的记忆力，提高理解文字的能力，促进写作，规范学生的书面语言，积累语言，培养学习习惯，培养学习兴趣，都有赖于积累经典篇章。

一、经典篇章积累的方法

促进经典篇章积累的方法有很多，比如有：

（一）理解意义法

理解意义法即引导学生首先理解词语的意思，理解句子的意思，理解文章的意思，然后再积累记之以心。

（二）提纲挈领法

提纲挈领法即引导学生抓住重点词语，重点句子，理解其表达的主要内容，以此作为积累的凭借。

（三）比较异同法

有的经典文章几个段落结构相似，可以引导学生通过比较分析，认清它们的相同和不同之处，收到事半功倍之效。

（四）化整为零法

化整为零法即让学生把一篇经典文章分成几段，每段再分成几节、几句。一句一句、一节一节、一段一段，由少而多，逐步积累。

（五）图影启示法

图影启示法即把所要积累的内容，按其叙述顺序将内容归纳为"图画"，并借助幻灯、投影、多媒体等电教手段（或简笔画）放出每一小节的内容图片，帮助学生降低积累的难度。

（六）表演促进法

小学生好动，爱玩，形象思维占主导地位。我们可以顺应这个心理特点，采用表演的方式，引导他们在表演中加深理解，在表演中积累。

（七）连句成文法

在积累时，可引导学生寻找一些关联词语或重要句子作为记忆的支撑点帮助积累。

（八）抄写强化法

这种方法较适应于一些短小精彩的片断和古诗、名句，通过抄写加强记忆。因为抄写时，手、眼、心多种感官协同活动，将信息传递给大脑中枢，在大脑皮层中留下较深的痕迹。

（九）难点突破法

要求积累的内容难度不一样，可引导学生先突破难点部分。

（十）配乐激励法

配乐激励法即给学生放一些音乐，创设一定的声乐气氛，帮助学生在轻松愉快的刺激中练习积累。

积累的方法是很多的。在实际的积累中，常常是几种方法配合使用的。

同时，对于方法的选择，也要因人而异，因文而异，灵活运用。这样，才能不断提高积累的质量，达到教学的目的和要求。

二、经典篇章积累的原则

经典篇章的积累，需要遵循语文学习的基本原则，也有其特殊性，下面论述其中比较重要的几个原则。

（一）趣味性原则

趣味性原则是指在教学过程中教师运用幽默生动的语言，灵活的教学技巧，直观形象的表演以及富有感染力的激情等来最大限度地增加课堂活力，激发学生的学习兴趣，增强学习效果的一种教学方式。它要求教师在教学中应该以学生的语文素养发展为核心。以于永正老师的《草》积累背诵教学片段为例：

师：小朋友，放学回家谁愿意背给妈妈听？（学生纷纷举手，于老师请一名小朋友到讲台前）现在，我当你妈妈，你背给我听听好吗？想想，到了家里该怎么说。

生：妈妈，我今天学了一首古诗，背给你听听好吗？

师：好！（生背）

师：我女儿真能，老师刚教完就会背了。（众笑）

师：谁愿意回家背给哥哥听？（指一名学生到前边来）现在我当你哥哥，你该怎么说？

生：哥哥，今天我学了一首古诗，我背给你听听好吗？

师：哪一首？

生：《草》。

师：噢。这首诗我也学过，它是唐朝大诗人李白写的。

生：哥哥，你记错了，是白居易写的！

师：反正都有个"白"字！（众笑）我先背给你听听：离离原上草，一岁——

生：一岁一枯荣！

师：野火烧不尽，春……春……哎，最后一句是什么来着？

生：春风吹又生！

师：还是弟弟的记性好！（众笑）

师：谁愿意背给奶奶听？（指一名学生到前边来）现在，我当你奶奶。奶奶没有文化，耳朵有点聋，请你注意。

生：奶奶，我背首古诗给你听听好吗？

师：好！背什么古诗？什么时候学的？

生：背《草》，今天上午刚学的。

师：那么多的花不写，干吗写草啊？

生：（一愣）嗯，因为……因为草很顽强，野火把它的叶子烧光了，可第二年又长出了新芽。

师：噢，我明白了。背吧！（生背）

师："离离原上草"是什么意思？我怎么听不懂？

生：这句诗是说，草原上的草长得很茂盛。

师：还有什么"一岁一窟窿"？（众笑）

生：不是"一岁一窟窿"，是"一岁一枯荣"。枯，就是干枯；荣，就是茂盛。春天和夏天，草长得很茂盛；到了冬天，就干枯了。

师：古诗！奶奶像你这么大的时候，哪有钱上学啊！（众大笑）好，今天的课就上到这，小朋友，放学回家后请把《草》这首古诗背给家里的人听。（下课）

教师带着风趣的口吻，表扬这位学生，给这位学生极大的鼓励；故意把作者白居易说成是李白，加深学生对作者的记忆；故意反问"那么多花不写，干吗写草啊"，引导学生回答草很顽强，加深学生对课文中心思想的理解；故意把"枯荣"说成"窟窿"，两个词音相近、义不同，一方面提高学生的辨词能力，一方面又丰富了学生词汇；故意把诗句背得结结巴巴，让学生背出来，这又是一种检查和鼓励方式……最后教师和学生扮演角色背诵这篇古诗，在背诵古诗的过程中，教师寓教于嬉，寓庄于谐，把教学过程推向了高潮，收到了很好的教学效果。这是于老师把课堂教学戏剧化了，把积累跟语言训练结合起来了。

（二）阶梯性原则

经典篇章的积累，不是一蹴而就的。特别是语文教材上一篇一篇的经典作品，需要教师巧妙设计教学过程，拆解学习难点，搭建好学习台阶，让学生一步步地走向语文深处，实现"逐步登高"的积累。以蒋军晶老师的《已死的母熊》第一阶段"读——变着花样读课文"为例：

师：《已死的母熊》虽然是篇古文，但字不难认，只有"遂"一个生字，请大家自己大声读。

生：（自由大声读）

师：读是读对了，但是没有读古文的感觉。听老师读，你感觉一下。（师范读）未必和老师读得一模一样，但是要读得有点感觉。（生笑）

生：（练习，试读）

师：（出示竖排的文章）你发现了什么？

生：竖排，要从右到左读。

师：是啊，同学们，古人写文章，是自上而下写，从右往左写。竖排的《已死的母熊》，你们会读吗？

生：（练习，试读）

师：同学们，古人写的文章，不但竖排，而且没有标点，这样的《已死的母熊》，你会读吗？

生：（练习，试读）

师：同学们，古人写的文章，不但竖排，没有标点，而且是繁体字，这样的《已死的母熊》，你会读吗？

生：（练习，试读）

师：这么一遍一遍读，说不定有人会背了呢，谁想试试？

生：（试背）

蒋老师的整个课堂轻松，愉悦，把本来略显死板的文言文教学变得有声有色，在指导学生读、背、积累文言文的过程中，蒋老师摒弃了传统教学中让学生不停地读、老师不停地去纠正的方法，而是从出示原文读，出示带节奏停顿的读，出示去掉标点符号的读，出示竖版排列的读，出示作者原版手稿读，到最后出示省略部分句子的读，如此这般层层推进，如闯关般让学生有强烈的愿望和好奇心去读，不知不觉中也让学生熟读成诵，积累入心。

（三）过程性原则

学生的积累是需要时间的，需要过程的。平时课堂教学中，教师要舍得将教学时间交给学生，组织好学生背诵、积累。课堂外，也要让学生自己有充分时间自主阅读，同时做好课外阅读指导，组织读书交流活动，让学生有展示自己的机会，调动他们学习的积极性。

以课外阅读为例，有位老师针对老师和家长没有办法检测学生是否课外阅读真读了，读得程度怎么样的现状，采用每天给家长发一条导读短信的方法，把课外阅读落实到位。

鉴于小学生的年龄特点，他把导读短信的内容设定为四个方面，第一是阅读的进度，即今天要读到哪里；第二是检测的问题，即读完之后要读懂点什么；第三是问题的参考答案，便于家长对照了解孩子读得怎样；第四是要求再次品读的语句，即指导孩子积累些什么。

比如在导读《窗边的小豆豆》时发送给家长的短信：今天读《窗边的小豆豆》中《落语》《电车来了》《游泳池》这三章。问题一说说后面两章主要内容？答案：孩子们想知道电车怎样进入校园，校长同意孩子们带上睡衣毛毯住在学校里等待，在清晨孩子们看见了牵引车把电车拖进学校，感到十分幸福。天气热了，学校游泳池开放了，校长的儿子教孩子们学游泳，孩子们光着身子在游泳池里学习游泳。问题二：校长的儿子叫什么名字？答案：巴。

要求：把《游泳池》中最后的五段话读一读，如果孩子读得让家长也感受到其中的快乐幸福，那就很好了。读得不够好，您可以让孩子再读一读。前面的提示语就告诉家长孩子今天要读哪些内容，问题一指向孩子的概括能力，问题二指向孩子从文章中提出信息的能力，问题三告诉孩子应该积累的语句，每个问题后面附上参考答案，便于没有时间阅读的家长在与孩子的交流中做出大致的评价。

当然，不同题材课外读物，发送的问题侧重点也有所不同。文学类侧重情节概括、人物形象和描写方法，比如《水浒传》第二回发送这样的导读短信：问题一，利用前面的题目，概括本章的主要内容；问题二，联系文章说说能够体现鲁智深性格粗中有细的两件事情；要求一，把"鲁智深乘着酒兴，也到外面来看"这一段读一读，学习动作描写。科普类的侧重明白科学道理并解释生活现象，比如《细菌世界历险记》里《他的家庭生活》《无情的火》两章，发送这样的导读短信：问题一，细菌最喜欢吃什么样的血？问题二，人要呼吸氧气，老了怕冷，细菌的特点和人一样吗？问题三，你知道菜或者肉变臭变酸是因为什么吗？历史类的侧重历史事件和历史教训的提炼，比如《上下五千年》里读到《振国威虎门销烟》《关天培血战虎门》《太平天国定都南京》，发送这样的导读短信：问题一，借助标题说说主要内容；问题二，洪秀全和李自成、李后主、陈后主失败的共同点是什么？

当然，有时候导读短信没有明确的参考答案，比如在读完《不老泉》时，发送这样一条导读短信：如果你发现了可以永生的不老泉，你会喝吗？给家长的参考答案是：说会不会都可以，只要言之有理。这是在落实新课标中强调尊重孩子多元解读这一理念。

就这样每天发送一条短信，告知家长今晚阅读的内容、问题和答案，每天坚持，取得了很好的效果。

第八章　文化积累

从文化的视野思考语文教育，可以发现这是一个由文化背景、文化图像、文化情趣、文化意蕴构成的丰富多彩的文化世界。在语文教育中，感受的是语文教育的文化气息，触摸的是语文教育的文化脉搏，感动的是语文教育的文化情怀。所以说，语文和文化是相辅相成，不可或缺的。

第一节　文化积累的意义

从字面上理解，"文化"是"文"和"化"两个字的复合。其中，"文"是象形字，与"纹"相通，指各色交错的纹理，先指"天文"，后转向对"人文"的关注。"文"的基本含义是文字及其相关的象征符号，在此基础上引申为文化典籍、人文修养等。"化"的本义是指事物形态、性质的改变，是变化、造化、教化的意思，引申为教行迁善之义。

《现代汉语词典》对"文化"有三种解释：

（1）人类在社会历史发展过程中所创造的物质财富和精神财富的总和，特指精神财富，如文学、艺术、教育、科学等。

（2）考古学用语，指同一个历史时期的不以分布地点为转移的遗迹、遗物的综合体。同样的工具、用具、制造技术等是同一种文化的特征，如仰韶文化、龙山文化。

（3）运用文字的能力及一般知识：学习文化、文化水平。

由于文化博大精深，对此难以定义。我们择其张公瑾、丁石庆先生2004年主编的《文化语言学教程》的定义：文化是各个民族（或群体）对特定环境的适应能力及其适应成果的总和。对此进行具体说明：

（1）说明了人类行为的具体性。即对特定环境的适应。人类社会不同的族群由于生活在各自不同的特定环境里，形成了适应所处环境的特殊的文化类型和模式。各个民族的生存环境是各不相同的，每一种文化生成的过程和成果也是不同的，每一种文化都是对人类文明的贡献。

（2）承认世界文化的多元性。文化是一个开放的系统，也是没有国界的。世界各种多元文化都有各自存在的价值，呈现"求同存异"的趋势，世界文化是一个多元互补的格局。

（3）强调了人对环境的适应性。认为人与环境的关系不仅是一种挑战和应战的关系，更重要的还是相互协调、协同发展的关系，体现了人和环境和谐共存。

（4）突出了文化的能动性。文化成果是静止的，但是对文化的创造是活动的，是无穷尽的。人们可以不断地创造文化成果，可以不断地散发创造文化的能量。

（5）体现了文化的积累性。文化是人类历史实践中创造的物质财富和精神财富的总和，这是一个历史沉淀的过程，不可能一蹴而就，即时显现。

关于文化的分类

国外学者 H. H. Stern（1992）根据文化的结构和范畴把文化分为广义和狭义两种概念。广义的文化即大写的文化（Culture with a big C），狭义的文化即小写的文化（culture with a small c）。广义地说，文化指的是人类在社会历史发展过程中所创造的物质和精神财富的总和。它包括物质文化、制度文化和心理文化三个方面。物质文化是指人类创造的种种物质文明，包括交通工具、服饰、日常用品等，是一种可见的显性文化；制度文化和心理文化分别指生活制度、家庭制度、社会制度以及思维方式、宗教信仰、审美情趣，它们属于不可见的隐性文化，包括文学、哲学、政治等方面内容。狭义的文化是指人们普遍的社会习惯，如衣食住行、风俗习惯、生活方式、行为规范等。

Hammerly（1982）把文化分为信息文化、行为文化和成就文化。信息文化指一般受教于本族语者所掌握的关于社会、地理、历史等知识；行为文化指人的生活方式、实际行为、态度、价值等，它是成功交际最重要的因素。成就文化是指艺术和文学成就，它是传统的文化概念。

文化的内部结构包括下列几个层次：物态文化、制度文化、行为文化、心态文化。

（1）物态文化层是人类的物质生产活动方式和产品的总和，是可触知的具有物质实体的文化事物。

（2）制度文化层是人类在社会实践中组建的各种社会行为规范。

（3）行为文化层是人际交往中约定俗成的以礼俗、民俗、风俗等形态表现出来的行为模式。

（4）心态文化是人类在社会意识活动中孕育出来的价值观念、审美情趣、思维方式等主观因素，相当于通常所说的精神文化、社会意识等概念。这是文化的核心。

有些人类学家将文化分为三个层次：一是高级文化（high culture），包括哲学、文学、艺术、宗教等。二是大众文化（popular culture），指习俗、仪式以及包括衣食住行、人际关系各方面的生活方式。三是深层文化（deep culture），主要指价值观的美丑定义，时间取向、生活节奏、解决问题的方式以及与性别、阶层、职业、亲属关系相关的个人角色。高级文化和大众文化均植根于深层文化，而深层文化的某一概念又以一种习俗或生活方式反映在大众文化中，以一种艺术形式或文学主题反映在高级文化中。

文化是一个非常广泛的概念，给它下一个严格和精确的定义是一件非常困难的事情。自20世纪初以来，不少哲学家、社会学家、人类学家、历史学家和语言学家一直努力，试图从各自学科的角度来界定文化的概念。然而，迄今为止仍没有获得一个公认的、令人满意的定义。据统计，有关"文化"的各种不同的定义至少有二百多种。人们对"文化"一词的理解差异之大，足以说明界定"文化"概念的难度。

文化是一个庞大的系统结构，它的内部结构可以分三个层次：物质文化、制度文化和精神文化。三个层面之间存在一种互动的作用。只有正确调适三者的关系，使之协调发展，才能促进人类社会的全面发展。

一、物质文化

这是文化的基础部分。指的是一种文化中的技术及其物质产品，是人类用以适应和改造环境的物质装备。物质文化是显在的或表层的。这些物质产品按照某种文化共同体的价值目标和文化性技术规范创制而成，它有鲜明的文化个性色彩，具有特定环境赋予的稳定的文化内涵。它们展现的不仅是特定环境的自然景观，同时也展现了丰富多彩的文化景观。物质文化表现最为活跃。

从物质生产的角度看，世界上很多民族都经历了由渔猎社会到农耕社会的进化历程，这一演进的历史同样在汉字中留下了深深的烙印。比如"春"字和"年"字，从甲骨文、金文可以看出："春"的字形如人拿着工具下地，由此确定种植的季节为春天。"年"字从禾从人，意为人背着庄稼，表示收成的意思，谷物一年成熟一次，由此确定一年的长度。

二、制度文化

这是文化的结构部分。是人类用以调节内部关系，以便更有效地协调行为去应对客观世界的组织手段。如组织管理机构、规章制度、风俗习惯、人际关系、行为模式等。由于每一种文化均含有一套属于自己的行为模式，每个人都生活在特定的文化环境中，人们总是自觉或不自觉地遵守该特定的文化环境所规定的价值目标和认知行为模式。

人类始终处于一种社会组织系统中，也总是在形成一定的行为模式。有了语言后，人类便开始用语言表达和记录制度文化。社会的发展需要语言中产生一些新的词语准确地表述和概括这些制度文化现象，以适应交际的需要，因而制度文化的发展变化，也不断地丰富了语言的词汇系统。所以，我们既可以从文献记载中得知前人所创造的制度文化，也可以从语言系统中发掘出某些制度的历史遗迹。

例如，在汉族姓氏用字中，有一批上古的姓，大都是从"女"的，如姜、姚、娄、姬、妫、姒、姞、嬴等，而且"姓"字本身也从"女"，以区别"氏"（上古时男子无姓，只称"氏"）。这种情况反映的是母系氏族社会的母权制度。而从父系氏族社会以来，则形成了各种等级制度，包括性别等级制。于是，大量含有贬义的形声字，都以"女"做形旁，如奴、奸、婪、妒、嫉等，于是就有男尊女卑的风俗习惯，并在词语中反映出来，例如，夫妻、公婆、兄妹、哥嫂、男耕女织、男女有别、男婚女嫁、夫唱妇随等，词序都是约定俗成的，不能更改。

三、精神文化

精神文化也可称观念文化，这是文化的意识形态部分，是人类认识主客观关系并进行自我完善和价值实现的知识手段，包括哲学、文学、教育、艺术、道德、宗教信仰、习俗、价值观等。在这个系统中，有三个子系统：情感系统、思维系统和价值系统。其中价值观念一般被认为是精神文化的核心部分，对文化的运行方向和变迁的轨迹起调适和支配作用。例如，汉民族的传统文化特别强调对君主的"忠"、对家长的"孝"，这种"家族型"的范畴在价值观念系统中占有突出的地位，要求人们在用词造句时应符合"君君、臣臣、父父、子子"的礼制，合乎"名分"，做到"名正言顺"的道德规范。

第二节　文化积累的内容

语言，包括口头语言和书面语言。口头语言是听觉符号系统，书面语言是视觉符号系统，语音是口头语言和书面语言联系的唯一纽带。口头语言是文化的载体，书面语言是载体的载体，而文化是语言的基座。所以，汉语、汉字、汉文化之间具有不可分割的密切联系。

一、语言的文化性质

（一）语言是一种文化现象

1. 语言是人类现象

恩格斯在《劳动在从猿到人过程中的作用》一书中明确指出，劳动和语言一起创造了人。语言（包括口头语言和书面语言）是人类的现象，没有人类就没有语言，有语言能力是人类的特征之一。人类和其他动物的区别就在于人类有语言。著名人类学家博阿斯说过：人类所创造出来的最伟大的文化成果是语言文字。人创造了语言，语言也造就了人，使人有了文化。所以说，语言是一种文化现象。

2. 语言是社会现象

从语言的起源看，没有社会就没有语言；从语言的发展看，语言是随着社会的发展而发展的。所以，语言是人类社会活动的产物，语言永远无法脱离人类社会而独立存在，没有社会就没有语言，语言和人类正是在社会性上统一起来了。语言的社会性，是我们讨论语言和文化关系的一个前提。一切社会现象都是文化现象，我们认为语言是社会现象，实际上就是承认它是文化现象。所以，语言不只是一种简单的工具，而且还是一个民族文化的结晶。语言不仅受语法和逻辑的限制，而且也受文化和传统的制约，使用一种语言就意味着某一种文化上的承诺。

（二）语言是一种特殊文化

语言是一种文化现象，但却不能说文化就是语言。语言系统只不过是文化大系统中的一个子系统。也就是说，文化不等于语言，文化大于语言。然而这一种包容关系只是语言与文化之间的复杂关系的一个方面。从符号学的角度看，语言以外的符号（如电码、手势、图形、交通信号等），也能表达某种意义，但人类的行为主要是由语言符号的意义体现的。

语言是文化的形式，只能把语言理解为文化总体中很多表现形式中的一种。中国有 100 多种语言，分属五大语系，各种语言自成体系，有它自己的内部结构，有自己的独立性。它可以与其他文化形式（如哲学、宗教、文学、民俗等）并列、并提。但其基本依托是语言，由语言表达、记录和交流。语言不仅是文化总体的一个组成部分，而且是文化总体中最核心的部分。语言不是文化之外游离存在的客体，而是文化整体中有其自身结构和体系的特殊部分，所以，语言是一种特殊的文化现象。

从文化的视角看语言，把语言看成是主要的文化现象，于是应运而生"文化语言学"这门新兴学科。

二、语言的文化价值

语言的文化价值指的是语言对各种文化现象的认识价值。语言不仅是一种文化成果，又是一种文化能力，它不仅是一个现成的文化宝库，还是一种能够促进文化再生、发展的能力。

（一）语言是文化的基础

语言是整个文化结构形成的基础。人类在童年首先从父母和兄长那里逐步学到本民族的语言，同时也就接受了本民族的特殊文化。语言符号的发展，它不仅仅是意义的代码，而且已经成了文化的代码。因此，语言的符号系统又是一个社会的秩序和意识的系统，也就是文化系统。这使语言成为文化的一个最基本的部分。所以，语言不仅作为人类一切精神活动的凝聚体，使得文化得以产生发展，而且又把文化凝固在自己的系统之内，实现了文化的符号化，使得文化得以传播和交流。

在中国，"龙"的语言有着重要的地位和影响。从距今 7000 多年的新石器时代，先民们对原始龙的图腾崇拜，到今天人们仍然多以带有"龙"字的成语或典故来形容生活中的美好事物。上下数千年，龙已渗透了中国社会的各个方面，成为一种文化的凝聚和积淀。龙成了中国的象征、中华民族的象征、中国文化的象征。对每一个炎黄子孙来说，龙的形象是一种符号、一种意绪、一种血脉相连的情感。"龙的子孙""龙的传人"这些称谓，常令我们激动、奋发、自豪。龙的文化除了在中华大地上传播承继外，还被远渡海外的华人带到了世界各地，在世界各国的华人居住区或中国城内，最多和最引人注目的饰物仍然是龙。因而，"龙的传人""龙的国度""龙的精神"也获得了世界的认同。

当然，语言不是文化唯一的载体，也不是唯一的传播手段，但语言作为文化的符号化载体，是文化最直接、最准确、最全面的传播手段。

（二）一种语言代表一种文化

语言与文化的关系，主要表现在语言记录、体现、象征着文化，任何一种民族语言都充分体现了该民族的文化，反之，任何一种文化，都会在语言中留下痕迹：语言是主权的象征，是民族团结的体现，是文化传承的标志。

语言与其他文化现象一样，是在人们适应环境的过程中逐渐形成、发展和完善的。语言中积淀着一个民族繁衍生息的历史，凝聚着一个民族历代智慧创造的成果，保存着一个民族对特定自然环境和人文环境的特有的思维方式和认识成果。而且，一种语言的特结构，就是认识客观世界的特殊方式，它在人类的认识史上都有过贡献。一种有数千年历史的语言，哪怕它如今濒临消亡，但它依然是人类智慧的源泉之一，是弥足珍贵的。中国对少数民族文字，如水族的水书、京族的字喃等，已采取了抢救和保护措施。

民族语言是民族文化中最基础也是最核心的部分。一个民族的文化成就只能通过本族语来积累，一个民族的文化创新也主要由本族语来完成。更重要的是，一个民族文化的兴亡与本族语的盛衰是直接相关的。

三、语言的文化气质

气质的本意是指一个人高级神经活动在人的行为上的表现。一个民族有自己独特的文化气质，语言更是具有鲜明的民族特征。语言的文化气质指的是一种语言在交际过程中使书写者和阅读者（或说话人和听话人）在心理上得到的某种感受。这种感受是由多种因素综合作用形成的。

（一）汉字的文化气质

汉字有其特殊的构造方式和结构特征，其中蕴涵着丰富的文化意蕴和文化资源。汉字形体结构的每一个笔画、一个线条、一个撇或一个点，往往都有其特定的文化含义。汉字与文化的同构性主要表现在四个方面：汉字是表意性、表情性、象形性、审美性文字，所以，一个汉字往往就是一个特定的意义世界、情感世界、形象世界和审美世界。"男"字是由"田"和"力"组成的，男耕女织是中国传统文化，在田地里劳动的劳力就是"男"了。可见，汉字真切地保存了中华民族文化的原生态，真可谓"字里乾坤"。

一个方块字，就是一方天地。有句歌词说得好；方方正正字写，堂堂正正做人。

一个方块字，也是一种原始古朴的思维意象，随着时间长河流转至今，途中又发生无尽的磨砺和演变，又引申出许多意义，在今天语境下，赋予了现代文化观念。

一个方块字，也是一份关爱生命的人文情怀。

一个方块字，是一种玄思冥想的哲理情理。望"月"使人生出"明月几时有，把酒问青天"的感叹；人终究能飞上月球的豪迈。

汉字是包罗万象的文化世界，为识字教学提供了厚泽的精神资源。

一个民族的文化审美和文化心理，会作用于文字的形体结构和书写特征，而文字的形体和书写特征，也给书写者以独特的审美感受。这就是文字的文化气质。文字的文化气质是通过文字书写者书写时的自我感受和阅读者对文字的视觉印象体现出来的。汉字的形体结构是方块形态、平衡对称。虽然汉字造型、笔画、线条变化繁多，但整个汉字的形体是整齐对称的，全字的重心位于方块的对角线交点上，显得端正典雅。方正平衡，是汉民族文化心理的一种价值取向，也是汉字的文化气质。中国汉族文化中就有"敬惜字纸"

"字通神"的传统习俗，对文字有一种崇拜心理和神秘感，最典型的是双喜字和倒福字。又如对"九""七""十二""三十六""七十二""三百六十"字、数的神秘感。陈寅恪先生说过，"凡解释一个字即是作一部文化史"。说明汉字具有丰富文化内涵，是人类取之不尽的精神宝库，涉及人类生活、生产、战争等各个领域。

有一首诗写得好：

它拥有舒展自由的肢体，一边舞动着奥妙，一边跳跃着生机。

它拥有天籁般悠扬的声音，一会流淌着画意，一会激越着诗情。

它拥有秀外慧中的气质，一面展现风情，一面内敛着智慧。

它的名字叫汉字，它的母亲是博大精深的汉民族文化。

（二）汉语的文化气质

文化气质是一种很难定量、定性分类的语言特征。世界上有多少种语言，就有多少种文化气质，甚至一种语言的几种方言，也具有不同的文化气质。

根据国外已有的研究，语言有 5 种文化气质：强悍型、庄重型、敦实型、活泼型、娇柔型。对照中国民族语言，分别是蒙古语、纳西语、藏语、维吾尔语、傣语。从我国的方言来看，东北话强悍，北京话庄重，山西话敦实，广州话活泼，苏州话娇柔。当然，这只是从总体倾向来说的，纯粹的分门别类还待研究。

语言的文化气质的形成一方面是受周围环境的感染，另一方面是受语言结构各因素综合作用。前者主要是地理环境，如北方蒙古族牧民与苏杭人民，由于自然环境不同，也就形成了不同的语言气质特征。后者主要是语音、词汇、语法、语义等语言要素综合形成。如北京话的庄重，是由于音节构成长，鼻尾音和复合元音多，无浊辅音和塞音尾，词汇以双音节单词占优势，语速慢，说话又较为从容，故显较为庄重。而苏州话浊辅音多，单元音音节丰富，有入声尾，声调起伏大，一般音频较高，语速较快，故显得娇柔细润。

西方语言如英语是"形合"语言，而汉语是"意合"语言。所以，汉语能根据上下文的语境去意会和补充语句的整体内容。汉语的意合特点与中国人传统的整体性思维有密切关系。从《易经》的八卦思维开始，以及老子、庄子的混沌思维和两宋道学的太极思维，都是一种天、地、人合一的整体思想。值得关注的一项研究是：1972 年，美国心理学家 Alfred F. Bloom 在香港进行问卷调查后认为：由于汉语中没有虚拟式，所以讲汉语的人不善于反事实思维。可见，语言表述的不同特点，不仅仅是语言本身的问题，而且是与民族思维、民族文化密切相关的。这都是汉语文化气质的表现。

第三节 文化积累的方法

语言是一种特殊的文化现象，语文学习是一种文化之学，语文教育是一个与文化对话并丰富文化的活动。中国的语文教育应该树立"文化语文"的愿景。

一、文化理念

文化观念的输入，文化意识和理念的逐步形成，拓展了语文教育的视野，使对语文教育的一些基本命题进行了修改。

（一）语文教育的目标

从"自然人"到"文化人"。"文化人"是一种具有自觉的文化意识、完备的文化行为能力的文化的传承者。由于文化概念内涵的丰富性，所以作为文化传承的学生要比作为社会"建设者"和"接班人"的学生有了更多的发展空间和可能。

（二）语文教育的功能

从"语言功能"到"文化功能"。语文是以语言为本质的包含文字、文学、文章、文化等多元素构成的一个综合体。传统的语言功能是有意义的，但视角小，有局限性。用文化的观念解读语文教育的功能，就不仅具有"语言功能"，而是使语文教育的全部价值与整个文化发展联系起来。语文是一种文化的存在，学习语文实际上就是学习文化。相对于语文教育的语言功能，文化功能的品质是更为深入的，这使语文教育的价值获得了最广泛的社会意义。

（三）语文教育的过程

从"知识过程"到"文化过程"。语文教育的过程不仅仅是一个传授知识，培养技能的过程，而应视为一个文化过程：把语文教育看作是人的一种文化活动、文化行为，是有意识地在专门的文化传递中对文化内容的选择和接受，对文化价值的体验和判断，对文化精神的理解和阐释。在这个过程中实现了文化的传递、保存和发展，而学生则获得了有价值的文化知识，丰富了自身的文化情感体验，完善了自身的文化价值观念，培养了文化创造能力。这样，语文教育因与人的文化生命活动实现了同构，成为学生的文化生命活动的一部分，成为学生的一种生活方式。

（四）语文教育的内容

从"游离文化"到"文化内涵"。语言和文化的关系是多方位的，语言的每一部分都会在不同的方面与文化发生关系，从而体现出各个部分的文化意义。如字、词、句、段、篇、语音、语法等都与特定文化有联系。例如，古代天文"天河"两边有牛郎、织女星群，在漫长的历史发展中由此词语演化了动人的爱情故事，形成了太行山脉的山西省和顺县"中国牛郎织女文化之乡"，当地现有 30 多处与此故事情节有关的名称，并长久保持男耕女织的风俗习惯。这就是由词语引发的文化现象。所以，语文教育的内容要突出文化特征和文化功能，注重对语言各部分文化功能的开发和利用，使语文教材成为学生学习民族文化、理解多元文化、吸收中华民族和其他民族文化智慧的发展平台。所以，编写语文教材要有利于学生体悟语文的文化内涵和文化精神，使学生通过对教材的学习，得到心灵的唤醒和人格的建构。

（五）语文教育的背景

从"教材文本"到"文化交流"。在很大程度上，语言是文化交流的媒介，语言在文化交流中具有重要意义。例如，外来词是两种文化交流的结晶，也是两种语言文化融合的结果。所以，从外来词可以看出两个民族之间的文化交流情况。英语中大约有 40％～50％是法语外来词。在汉语里，葡萄、石榴、狮子等词是从西域借入的，佛、菩萨、罗汉、比丘等词来自佛教的梵语，鸦片、咖啡、引擎、沙发等词来自西方。这些外来词与民族、国家之间的文化交流是分不开的。语言的交流，促进了文化的互补与互动，构建了文化全球化的蓝图和轨迹。

《七颗钻石》教学的文化理念

三年级课文《七颗钻石》是 19 世纪俄国作家列夫·托尔斯泰的一篇童话，写的是在干旱之年，一个小姑娘为生病的母亲找水的故事，充满了神奇的色彩，小姑娘和母亲的几次让水，都突出了人性之美，爱心之美。尽管时代不同、国度不同，但从文化的观念和视角出发，简短的故事背后寄寓着的道德期盼和社会理想是古今、中外水乳交融的。本着如何充分挖掘文本的文化意蕴，将认知向深层次文化拓展的理念，进行了第一次的教学设计。

板块一：研读故事背景，感受深深的"盼水"情

研读第一段，如果让你用一个字或一个词来概括当时的场景，你的脑中迸出什么字、词来？（干、渴、死、惨……）

哪些词句让你有如此感受？

（随机引导学生挖掘"焦、渴、旱、涸、枯"等汉字的文化意蕴，激发学生的想象和联想，加深对"盼水"情的感受。）

此时此刻，你脑中最盼望的一个字是什么？（水）

板块二：潜心涵泳，品味浓浓的"递水"情

1. 理清脉络：课文几次写到出现了水？（两次，一罐水———一股清泉）

2. 研读第一次"有水"的场景，体验对母亲的爱。

小姑娘来到那里，都看到些什么？（回顾积累第一段的语言）她又累又怕，为什么不回家？

研读第二次"有水"的场景，体验对他人的爱。

教师以故事叙述的形式简要过渡，出示课文插图，引导学生质疑。所有的问题无非围绕两个方面：水罐为什么会涌出一股清泉？小姑娘为什么把水罐递给过路人？

问题一：小姑娘为什么要把水罐递给过路人？

［现场回放］

生1：我还年轻，还可以再找，先给这个过路人吧。

生2：水罐这么神奇，还会有水的，给他吧。

生3：因为人要助人为乐。

生4：这个过路人这么老了，我们要尊敬老人。

……

问题二：水罐为什么会涌出一股清泉？

［现场回放］

生1：这是对小姑娘的奖励。

生2：这是被小姑娘的爱心感动了。

师：从课文中你还感受到哪些爱？

生1：小姑娘对妈妈的爱，对小狗的爱。

生2：还有妈妈对小姑娘的爱。

师：你们的回答让老师想起来了古人"爱"的造字：爱包含了手足之情（ッ）、朋友之情（友），以及除此之外所有美好的情感（ᅲ）。让我们记住这个字："爱"。

课堂上，学生对小姑娘"递水"心理的感悟是高调、空泛。很显然，学生没有真正走进文本，没有感觉小姑娘的行为与生活实际有什么联系。简单、表面的高调化只会导致知行脱节，言行不一。因此，从更深层次上寻求文化的审视点，成了她调整教学思路的方向。

一、价值取向：从"以情感人"走向"以文化人"

文化视野下语文教育不仅具有"语言功能"，文化功能的品质更为深入，学习语文实际上就是学习文化。以上教学中，学生确实为小姑娘的行为而感动，但"以情感人"≠"以文化人"，课堂中学生高调的论述正是对提示语"感受人间真情"和课后题"从水罐的一次次变化中，体会到了什么？"的暗示。这种把目标定位在学生的文化认同与文化传承的价值取向既不能与时俱进，也不能引领文化的创造与发展。语文文化过程应该是从立言——立意——立人的过程。

透过故事透视现实生活，这是一罐救命的水，自己也非常需要，对方不过是一个过路人等等情况恰恰折射了孩子们的生活现实：当自己的利益与帮助别人发生冲突时怎么办？当这个东西自己也非常需要时帮不帮别人，当两者矛盾时怎么处理比较好？这才是我们需要切入的文化内核。

二、内容取向：从"汉字文化"走向"语文文化"

从内容取向来看，语言和文化的关系是多方位的，语言的每一部分都会在不同的方面和文化发生关系，从而体现出各个部分的文化意义，因此，语文教育要注重对语言各部分文化功能的开发和利用，是语文教材成为学生学习民族文化的平台。以上教学将文字作为文化的重要内容，活化处于静态中的汉字，使汉字学习过程称为一个文化积淀的过程。但汉字文化≠语文文化，由汉字组成的汉语系统更是一个灿烂的文化宝库，文化视野下的语文教学需要我们在学习汉字文化的基础上，深入挖掘课文中的其他文化因素。

《七颗钻石》作为以汉语言文本呈现的译文，自然也就承载了汉语言所承载的民族文化，比如说汉民族崇尚"观物取象"，"以我观物，物皆著入我之色彩"。水，在中国的文化中承载了丰富的意象，在本文中可以引导学生联系上下文的文化语境，领悟和感受其所表达的文化内蕴：这是来生命的水、来之不易的水、神奇的水、孝顺的水、奖励的水……再比如说母亲说的话虽然只有短短 13 个字："我反正要死了，还是你自己喝吧"，却蕴含了天下父母文化观念：无私的奉献、全心的爱。这些都需要我们深入挖掘，引导学生将平面的语言符号转化为鲜活的文化体验。

三、过程建构：从"知识过程"走向"文化过程"

任何文本都有其内在的完整意蕴，有其不可分割的内在联系。语文教育过程是一个文化过程，语文教育应与人的文化生命活动实现同构。《七颗钻石》是一个童话故事，按水罐一次次神奇变化的情节展开，内涵上也是层层深化切入文化内核。以上教学以"水"为明线，以"爱"为暗线，通过研读两次"有水"的场景，按"爱身边的亲人——爱他人——爱其他的生命——感受身边的爱"的层次重构文本，显然，这种"知识过程"的引领人为地肢解了文本内在完整的文化意蕴。语文文化过程应该契合汉民族"天人合一"的文化思维，从整体观照局部，又从局部观照整体。其出发点和归宿点都是整体。教学中应该采取文化的整体观照法则，使文本焕发勃勃生机。

借鉴这种理念，针对以上的思考，林老师对教学的第二板块做了如下调整。

按故事发展顺序师生合作讲故事，教师在文章的关键处提出问题，有意识地打断学生的自然阅读进程——

搀扶点一：这是怎样的水？（挖掘水的文化内蕴，从一个文化侧面为下面的文化感悟设置铺垫。）

搀扶点二：这是怎样的母亲？（母亲的行为为孩子后面的选择做了潜移默化的影响。从一个文化角度为下面深层次的文化拓展打下基础。）

搀扶点三：小姑娘应该给还是可以不给，请实话实说。

三个搀扶点相互联系，逐层推进，在知识系统周围形成了一个缜密的反馈环，这个反馈环通向系统内部的是文化阐释，通向社会生活的则是文化联系。尤其是"实话实说"的辩论设置，从文化的层面创设富有文化底蕴的教学情境，学生在优化的场景中引发了深度的体验。

［现场回放］

生1：虽然我自己也很渴，可见这老爷爷肯定也很渴了，还是给他喝吧。——"己所不欲，勿施于人"的换位思考为人处事文化。

生2：给。可以让过路人喝一点，然后自己也喝一点。——学会分享，学会合作的现代文化。

生3：尽管这是这么宝贵的水，但是这过路人那么老了，很可怜，应该给。——"恻隐之心，人皆有之"的中国传统文化。

生4：虽然他只是个过路人，但是人和人要互相帮助，妈妈把这水让给我，我也应该帮助别人。——环境影响，榜样文化。

……

在这个过程中，学生不但丰富和内聚了文化，更生成和创造了新的文化。

（林乐珍）

二、文化回归

语文教育不能只停留在"语言"层面，必须透过"语言"，进入"文化"的层次，在语文世界中探索和建构起一个文化世界。从文化角度审视语文，用文化的眼光解读语文。作为一种文化的构成，语文只能活在"文化"之中，语文是文化的存在形式。根据语文的文化特性，语文教育中的文化类型主要如下：

（一）语义文化

语文所蕴含的本体文化，包括汉字、拼音、汉语、修辞、文体、语序等方面所体现的文化。

以语序为例加以说明：西方语言是"空间构造型"，汉语是"时间构造型"。前者是理性分析语序，后者是取法自然语序。对一个句子做英汉比较：

英语：He came to New York from San Francisco through Chicago by greyhound bus.

汉语：他从旧金山坐长途汽车经过芝加哥到纽约。

英语的语法结构是建立在理性分析之上的，显示的是重要性优先原则。首先用 came 确定说话的基点是在 New York，然后确定到达地也是 New York，再说出发地，再后是经过地，最后才是交通工具。汉语则是一种自然事实发生的先后次序，出发地是旧金山，在出发地坐上公共汽车，然后坐着公共汽车经过芝加哥，最后坐着公共汽车到了纽约。所以，我们就不难理解汉语表达中按官职身份排列先后次序已习惯成自然。

修辞是为了使说话增强表达效果而运用的一些修饰描摹的特殊方法。中华民族利用汉语汉字的特点形成了一些具有本民族特点的修辞手法，如对偶、顶真、回文等。

对偶是用字数相等、句法结构相同或基本相同的一对语句，表现相对或相关的意思的一种修辞格。如"浮云游子意，落日故人情"是一则对偶句，上下两句语义相关，音节数目相等，"浮云"对"落日""游子"对"故人"，是偏正结构对偏正结构，"意"对"情"是名词对名词。对偶是汉语特有的修辞格式，诗歌、散文中都有运用，对联更是对这种修辞格式的独特运用。对偶的修辞方式在总体上可以达到整齐对称的效果，给人以语言文字美的享受。

顶真，是将前一语言片断末尾的词语作为后一语言片断开头的词语所形成的一种修辞格。如浙教版 12 册李广田的《花潮》开头这样写："昆明有个圆通寺。寺后就是圆通山。从前是一座荒山，现在是一个公园，就叫圆通公园。"如鲁迅《祝福》："一见面是寒暄，寒暄之后说我'胖了'，说我'胖了'之后即大骂其新党。"这两段话用顶真的手法，突出了几件事物在空间上、时间上的紧密衔接。传统诗词里有一些顶真格是用重复前一句的方法，使气势连贯而下，如马致远《汉宫秋》："返咸阳，过宫墙；过宫墙，绕回廊；绕回廊，近椒房；近椒房，月昏黄；月昏黄，夜生凉；夜生凉，泣寒螀；泣寒螀，绿纱窗；绿纱窗，不思量。呀！不思量，除是铁心肠；铁心肠，也愁泪滴千行。"

回文是指调换词的排列次序，正读、倒读都能成文的修辞格。比如四年级上册第一单元的"日积月累"的"雾锁山头山锁雾，天连水尾水连天"；如《老子》中的"信言不美，美言不信"，"知者不言，言者不知"等是用回文的方式表达出辩证观点。人们常用回文来制作对联和诗歌，对联如"客上天然居，居然天上客；人过大佛寺，寺佛大过人""我爱邻居邻爱我，鱼傍水活水傍鱼""木匠戴枷枷木匠，翰林监斩斩翰林"。回文诗语文人教版四年级上册《语文园地一》中有"可以清心也"，任你从哪个字读起都行，都成五句话"可以清心也、以清心也可、清心也可以、心也可以清、也可以清心"，更妙的是宋代钱惟治有《春日登大悲阁》："碧天临阁迥晴雪点山亭夕烟侵箔冷明月敛闲庭"，这二十个字，以任何一个字为起点，顺读、倒读都可以成五言诗一首，共可得诗四十首。这些作品往往体现了作者的智慧。

（二）民族传统文化

民族传统文化反映本民族文化传统，承载着民族文化精神，流传至今并仍具有强大生命力的文化精华。例如，儒家以仁为本、义重于利的道德文化，道家追求自然本色、崇尚自由的创新精神，以及厚德载物、自强不息的民族文化精神。

中国传统文化的基本精神

中国传统文化的基本精神，从实质上看，就是中华民族的民族精神。关于中国传统文化的基本精神，论者有诸多看法。有的学者认为，中国传统文化长期发展的思想基础，可以叫作中国传统文化的基本精神，文化的基本精神是文化发展过程中的精微的内在动力，即是指导民族文化不断前进的基本思想。中国传统文化的基本精神就是中华民族在精神形态上的基本特点：（1）刚健有为；（2）和与中；（3）崇德利用；（4）天人协调。这些就是中国传统文化的基本精神之所在。（张岱年：《论中国文化的基本精神》，《中国文化研究集刊》第1辑，复旦大学出版社出版。）中国的民族精神基本凝结于《周易大传》的两句名言之中，这就是："天行健，君子以自强不息""地势坤，君子以厚德载物"。"自强不息厚德载物"是中国传统文化的基本精神。"中庸"观念，虽然在过去广泛流传，但是实际上不能起推动文化发展的作用。所以，"不能把'中庸'看作中国传统文化的基本精神"。（张岱年：《文化传统与民族精神》，《学术月刊》1986年第12期。）中国传统文化的基本精神还表现为以德育代替宗教的优良传统。（张岱年：《中国文化与中国哲学》，载《中国文化与中国哲学》论集，东方出版社出版）有的学者认为，"中国传统文化之根本精神为融和与自由"。（许思园：《论中国文化二题》，《中国文化研究集刊》第1辑，复旦大学出版社出版。）有的学者认为，以自给自足的自然经济为基础的、以家族为本位的、以血缘关系为纽带的宗法等级伦理纲常，是贯穿于中国古代的社会生产活动和生产力、社会生产关系、社会制度、社会心理和社会意识形式态这五个层面的主要线索、本质和核心。这就是中国古代传统文化的基本精神。（杨宪邦：《对中国传统文化的再评价》，载张立文等主编：《传统文化与现代化》，中国人民大学出版社出版。）有的学者认为，中国的民族精神大致上可以概括为四个相互联系的方面：（1）理性精神。集中表现为：具有悠久的无神论传统，充分肯定人与自然的统一和个体与社会的统一，主张个体的感情、欲望的满足与社会的理性要求相一致。总的来看，否定对超自然的上帝、救世主的宗教崇拜和彼岸世界的存在，强调主人与自然、个体与社会的和谐统一，反对两者的分裂对抗，这就是中国民族的理性精神的根本。（2）自由精神。这首先表现为人民反抗剥削阶级统治的精神。同时，在反对外来民族压迫的斗争，统治阶级中某些阶层、集团和人物，也积极参加这种斗争。说明在中国统治阶级思想文化传统中，同样有着"酷爱自由"的积极方面。（3）求实精神。先秦儒家主张"知之为知之，不知为不知"，知人论世，反对生而知之；法家反对"前识"，注重"参验"，强调实行，推崇事功；道家主张"知人""自知""析万物之理"。这些都是求实精神的表现。（4）应变精神。（见刘纲纪：《略论中国民族精神》，《武汉大学学报》1985年第1期）。有的学者认为，中国传统文化的基本精神可以概括为"尊祖宗、重人伦、崇道德、尚礼仪"。（见司马云杰：《文化社会学》，山东人民出版社出版）此外，中国传统文化还具有发展的观点、自强不息和好学不倦的精神。（见丁守和：《中国传统文化试抢》，《求索》1987年第四期。）有的学者认为，中国传统文化的精神是人文主义。这种人文主义表现为：不把人从人际关系中孤立出来，也不把人同自然对立起来；不追求纯自然的知识体系；在价值论上是反功利主义的；致意于做人。中国传统文化的人文精神，给我们民族和国家增添了光辉，也设置了障碍；它向世界传播了智慧之光，也造成了中外沟通的种种隔膜；它是一笔巨大的精神财富，也是一个不小的文化包袱。（见庞朴：《中国文化的人文精神》，《光明日报》1986年1月6日。）（李宗桂：《中国文化概论》摘编）

（三）现代文化

语文教育应密切联系现代生活，及时反映现代社会的文化成果，吸取现代文化的精华，以满足学生敏锐的文化需要。如有的老师把《东方时空》《开心辞典》《心灵花园》等电视栏目引入语文课堂，使学生与现代社会时事、生活方式保持密切的联系。

（四）多元文化

在经济全球化进程中，世界各民族的文化之间是多元并存、共同繁荣发展的过程。世界文化的统一性与民族文化的多样性是相辅相成的。在文化视野不断开阔的条件下，只是给学生一种文化的教育既不明智，又不合时宜。语文教育中引入多元异质文化，有助于拓宽学生的文化视野，提高学生的文化分辨力，避免学生对流行文化的盲目追从。

不断丰富的现代生活也在丰富着语文文化大家庭。比如通过对流行文化下产生的新词新语进行探究、积累不仅有助于教师与学生沟通，激发学生从生活中学习语言的兴趣，而且对正确引导学生了解语言现象、学习语文基础知识很有帮助。如有位老师与学生进行题为"酷炫新词"综合性探究活动，设计如下：

1. 导入新课

有人说：语言是一条流动的河，不同时段有不同的风景；也有人说：新词语是社会的一面镜子，映照出社会的变迁；词汇这种表情达意的载体，它永不停息地推陈出新。你看，现在的"粉丝"不是食品，"轮胎"不是汽车配件，"爆炒"不再仅限于厨房，"韩流"和冷空气没有关系，"狗仔队"不是由狗组成，语言进入了超级"选秀"时代。今天，我们一起走进新词新语这个崭新的时代。

2. 走进新词新语

(1) 什么是新词新语？

明确：新词新语也就是流行语，它是指在一定的时间，一定的范围内广为传播、使用的语言。比如奔奔族、粉领、半糖夫妻。

(2)（活动）小组交流自己搜集的新词新语，并派代表分类写在黑板上。（每一类以 5 个词为宜）

(3)（活动）以互相问答的形式交流黑板上新词新语的含义。

教师过渡语：同学们的搜集、整理、梳理，让我们领略了各个领域的新词新语，可以说耳目一新，大开眼界。这么多的新词新语，如果让你研究学习，除了从内容上梳理，你还会从哪些方面去梳理呢？

学生发言：

教师总结：（出示 PPT）

如：① 新词新语按照年代梳理。

2008 年流行语：山寨、神七、范跑跑、可乐男孩、雷人、人肉搜索、三聚氰胺、结石宝宝、问题奶粉……

2009 年流行语：小沈阳、不差钱、躲猫猫、甲流、喜羊羊、偷菜、叉腰肌、山寨、俯卧撑、被就业、你妈喊你回家吃饭……

② 新词新语按词语的构成梳理。

如：（出示 PPT）

草根族：草根一词来自英语（grass roots）。它有两个含义，一个含义是指非官方的、民间的。

啃老族：到了工作、独立生活的年龄仍不愿脱离家而依赖父母维持生计的，不愿长大，独立的人。

拇指族：指热衷于发手机短信的人。

③ 从新词产生的原因、背景、途径等梳理

如：（出示 PPT）新词新语产生的途径

新造词——特首、义工、斑竹

旧词新用——菜单、杀手、下课

外来译用——作秀、黑客、伊妹儿、热狗、酷

数字组合——7456　748　886

教师过渡语：词新语的产生必定代表着某种新生事物的出现，某种新现象升温。那么，请大家来探究新词新语产生的背后隐藏着哪些社会问题和文化现象。

3. 探究一：新词新语产生反映的文化现象

教师点拨：如网络热歌、博客、超女、大片、韩版、网络文学、恶搞、模仿秀、韩剧等。

学生小组讨论：

教师总结（见PPT）

新词新语的出现反映了社会生活的变化。

新词新语反映了人们思想观念的变化。

传统文化受到流行文化的冲击。

折射出中国人开放、包容的心态。

4. 探究二：新词新语的未来

新词新语的未来发展趋势将如何呢？是兴盛还是衰亡？

小组讨论：

教师总结（PPT）：有的随着时间的流逝，事件的结束而消亡；有的被收录汉语大辞典中，成为生活中常用词语；还有的词义发生了很大变化。

5. 课堂小结

这节课我们学习了很多的新词新语，并且学习了按照规律的梳理知识的方法，通过探究新词新语的产生背后的文化内涵其未来发展趋向，感知了流行文化的脉动。希望我们课下能将新词新语的探究进行到底，掌握梳理的方法，养成探究的思维习惯，为我们将来更好地学习做准备。

6. 布置作业

分析校园流行语背后的文化内涵，写一篇分析报告或随笔。

附：学生搜集的新词新语

（1）社会生活类：知本家、RMB、DV、DIY、边缘化。

（2）休闲旅游类：驴友、负离子、森林浴、绿色旅游、玩家。

（3）商业类：断码、量贩店、仿建、车市、灰色市场、均价、扩销。

（4）社会生活类：愿景、丁克家庭、猫腻、黑洞、磨合、地毯式。

（5）环保类：绿色壁垒、石漠化、白色垃圾、断流、环境科学、环境激素。

三、文化对话

语文，说得简单些，就是人们所的话和所写的文。人们所说的话，所写的文，本质上就是人的心灵之声、生命之声，是人的意识、情感、思想的直接表达，是人的追求、判断、思维的直接体现。语文世界，不仅仅是语言符号，它还有鲜活的生活画面，跃动的情感、思想与生命。所以，语文教育并非只是单纯的语言技巧的教学，不能仅仅关注语言技能的培养，还要注重感悟体验语文的文化内蕴和它所饱含的文化精神。只有当学生在语文世界中对话互动，动情动容，感受到语文背后的文化底蕴时，才能达到语文学习的最佳境界。正如歌德说的：经验丰富的人读书用两只眼睛，一只眼睛看书面上的文字，另一只眼睛看到纸的背面。

由语文的文化特性决定，语文教育的显著特点是与语文负载的文化对话、互动、交流。当你阅读课文，走进文本的形象世界、情感世界和意义世界，就会在感受和体验中与文本及其作者产生情感的沟通，心灵的交流。

从本质上说，语文教育是一种与文化对话的活动，是与语文内在的文化意蕴进行交流与沟通。这种对话、交流和沟通的活动，是一个文化接受、传承知创新的过程。因此，语文教育的过程有助于学生涵养文化精神，丰富文化底蕴，增长文化智慧。实际上，语文学习就是学习文化，学习民族文化思想，构建自我的文化情感和心灵世界。

语文教育过程是学生在教师的引导下进行自主建构的过程，就是教师、学生和文本相遇、对话，并且沟通、融合、互相影响的过程。

（一）教师与学生的对话

作为平等的文化主体，教师和学生是一种"你—我"的对话关系。在相互交往中产生交互作用，达到沟通和融合，在一种自然和谐中实现共同的成长和发展。师生之间的对话，是一种语言理解，双方在一个语言的世界里敞开自己的胸怀，在语言的融合中扩充着自己的视野，在语言的沟通中提升着自己的精神境界。

（二）教师与文本的对话

教师对文本的选择、处理、加工、改造都是在个人经验阅历、文化视野范围内进行的。教师的文化素养直接影响教师选择、处理文本的价值判断。教师处理文本的过程是教师与文本对话交流、共同建构的过程。对文本的处理，不是把文本当作单纯的知识客体来进行理性分析，而要将自己融入文本之中，并与文本进行一种对话交流。这种对话实际是主体之间的对话，通过对话，教师的情感和文本的情感互相呼应，教师的视界与文本的视界彼此融合。

（三）学生与文本的对话

客观的文本只是潜在的文化，它并不必然地促进学生的发展，只有学生具备对文本进行对话能力时，文本才会对学生产生影响。学生是独立自主的文活动主体，文本是独立的精神主体，二者之间是一种主动的、平等的、积极的对话交流、双向建构关系。文本向学生敞开，在与学生对话的过程中获得新生。学生也在对文本的解读和阐释中，受到文本的启发，丰富了知识经验，提升了文化境界。经过对话，文本和学生都得到了发展，已不再是原本意义上的文本和学生了。

四、文化渗透

文化是一种营养、一种血液，随着语文教育过程的开拓与深入，它会滋润学生的灵魂，开阔学生的情怀，唤醒学生生命的觉悟，提升学生的人生境界。从根本上说，语文教育的文化过程是阳光雨露、春风化雨、润物无声的渗透过程。

我们常说，母语是生命的摇篮，一个人的思维水平、文化素养是通过母语的习得发展起来的。汉语是民族文化的地质层，积淀着民族文化的精粹。汉语文教育要做好民族的母语教育，它负载着民族的思想和感情，饱蕴着独属于汉民族的精神和智慧。语文在培养学生的人文精神和文化素养上有着其他学科不可替代的优势。因此，语文教育必须引导学生认识中华文化的丰厚博大，吸收民族文化智慧，把语文教育过程自然看作是体认民族文化的过程。

例如，汉语是字根文化，从一个字可以生发出很多与这个字有一定关系的词语来。如"牛"可以组成很多词，如黄牛、白牛、黑牛、花牛、大牛、小牛、牛毛、牛皮、牛肉、牛骨头，可以引申出"牵牛鼻子"，还可生发出"老黄牛精神"。前者是一种方法论，后者是一种精神境界。这就是中文独有的特点：通过在字根上的不同组合进行表达。而在英语里则不同，牛是一个词，大牛是另一个词，小牛、花牛、黑牛也都是一个词。

文化渗透最典型的是借助隐性课程。隐性课程主要开发学生周围环境中一切可以利用、有教育性的因素，通过"润物细无声"的方式对学生进行文化熏陶、文化浸润，在不知不觉中对学生产生文化影响。隐性课程的内容广泛，如校园文化、自然环境、人文景观、人际关系等。有的语文教材，印上名人大家的肖像、书法美术作品等，留给学生的是文化滋养和精神的陶冶。

"春"教学的文化

（一年级上册《画》，张林华老师执教。）

师：（出示：春暖花开、万物复苏的图片）你们从图片中发现了什么？

生：我看见小草从草地钻出来了，像一只只小手。（师简画：草芽）

生：我发现了树木上长出小芽，好像就要长出叶子了。（师简画：叶芽）

生：我发现了桃花的花苞，还没有长成花朵呢。（师简画：花苞）

生：我发现，太阳出来了，照在大地上，暖洋洋的。（师简画：太阳）

师：那这是什么季节？你能几句连贯的话，说说自己这个季节的景色吗？

生：春天来了，太阳照在大地上，暖洋洋的。小草钻出地面了，树上的叶芽开始长出来了。桃树上开出了小花苞。

师：我们的祖先把你们说到的春天景色都浓缩在一个字里呢！（出示：甲骨文的"春"）这个就是最早的"春"字。你们仔细看看，你能发现什么？

生：我发现了这个字里面有小草发芽了。（课件演示）

生：我发现这个字里面有树木发芽了。

生：我发现了古代的"春"里有花苞，鼓鼓的。

生：这里字里面的太阳在树木下面，表示"春天到了，太阳特别暖和，大地的植物开始发芽了、小草最先长出来"。

师：我们的祖先很会观察，也很会想象，把春天最有生机的景物造在汉字里，看到这个你心情就怎么样？

生：我特别喜欢"春"，因为它给大地带来了生机。

生：春天来了，柳树发芽了，花儿开了，小草长出来，景色变得更美了，我也特别开心，就像在草地上打滚做游戏。

师：（出示图片：农民在春天播种的场景）

生：春天到了，农民伯伯在田里播种了。

师：我们再来看看今天学的"春"字（楷体字"春"），你看到这些笔画和里面的独体字，会联想到什么？

生：三横代表小草发芽了，中间有"人"字，代表着春天到了，人们最开心。下面是"日"表示太阳出来，天气暖和了，春天就来到了。

师：你能用"春"字找朋友吗？

生：春风、春雨、春色满园、满面春风……

师：你们会说有关春天的诗句吗？

生：春眠不觉晓，处处闻啼鸟。

生：红豆生南国，春来发几枝？

生：春色满园关不住，一枝红杏出墙来。

生：一年之计在于春。

师：说得真好，春天是一年的第一个季节，春天播种，才会有秋天的收获。那么，最有生机、播种希望的季节是谁？。

生：（齐读）春。

有些汉字的构形蕴含着古人对自然的深刻认识，以及与人类生活、生产的密切联系，是古人在特定的文化背景下形成的结晶，记录着对当时人们对自然状态的认识成果。"春"就是其中的一个。教学时，可以分以下几步，让学生体悟到春的本义及其引申义：

第一步，看图联想，激活经验。让学生先看图，通过联想等思维活动，激活储存在大脑中和"春"有关的生活经验，有顺序地说说春天的景色。

第二步，观察字源，理解本义。让学生观察甲骨文字形，通过联想理解字符中草芽形表示"草木在春时生长"，中间是"屯"的字形，好像草木破土而出的花苞胚芽形，表示"春季万物生长"，也让学生进初步感受到，"春"字来源与祖先对大自然的长期观察，将外在事物抽象后变成字符。同时，也蕴含着春天给人带来的"生机勃勃"的心理感受。

第三步，古今比较，突破难点。通过对现在楷体的"春"字的构字联系，让学生进一步体会到字形与字义之间的内在联系。

第四步，创设语境，再品文化。通过组词、朗诵相关的诗句，让学生在语境中品尝汉字的文化味，逐步体会到"春"不仅表示春节"春阳抚照，万物滋生"的本义，还意味着"生机勃勃，充满希望"的文化内涵。

像这类字还有很多，比如与"木"部、"水"部、"日"部、"土"部、"禾"部、"火"部等有关的汉字，都能品读出我们的祖先在认识自然、征服自然过程中的智慧，有利于学生更深刻地认识我国灿烂的文化。

五、文化精神

现代文化观认为：只有把文化视为一种结构，才能深刻地了解和把握文化的本质和发展规律。由文化结构凝聚生成的文化精神也是一种多质化的结构性存在，是一种由多维性因素构成的复合系统。它是民族文化精神与教师文化精神的融合，是时代文化意识和个体文化意识的渗透。构成文化精神的三个基本要素是：教师个体潜在的文化体验、时代文化精神和民族文化意识。下面对教师文化精神和民族文化精神进行初步说明。

（一）教师文化精神

这种表层结构是指在特定时代文化中的非理性的感性色彩较为强烈的某种意向、时尚或趣味的层面。其主要构成要素是情感、意志、风俗、风尚、习惯、情趣等。个体文化精神通常是由一个主要因素和其他因素融会构成的复合整体。当前语文教育改革中的许多观点、实验，如分层教学、开放教学、合作学习、体验学习等，就是教师对改革开放时代文化精神与社会文化风尚的自觉把握，也是教师感应时代大潮、紧跟时代文化风尚、适应时代发展趋向的自觉行为。显然，这绝对不是教师的"赶时髦""凑热闹"，而是当代文化精神、社会变革时尚在教师身上已经化为心灵智慧和个体的文化意识和自觉行为。

（二）民族文化精神

这种深层结构是对不同时期各种社会意识、历史意识、自我意识的抽象与概括，是一种总的传统文化精神。它往往隐藏于整个民族文化的背景之中，并超越于特定时代与个体心理而存在的超历史意识，是一种先验的、普遍的、深沉的精神存在形态。民族文化精神既可以成为语文教育建构文化精神的依托和动力机制，又往往是语文教育价值思维中各种非理性因素产生的根源。

文化精神是在具体文化模式中内化积淀与自主建构的成果。文化积淀是基础，是文化精神建构的必要前提，建构是积淀的继续和发展。这种积淀和建构的活动，是在社会的与个体的、传统的与现代的、民族的与世界的文化交织点上，各种文化内质的撞击、整合、重组、升华的过程。

六、民族文化

"民族文化"是指具体某一民族所拥有的文化总体。它与"文化"相对而言，是文化的具体存在形式。每一个民族的文化都有自己所独有的特征，显示出与另一民族的文化的明显差异。如傣族的竹楼、哈萨克族的毡房、蒙古族的蒙古包、汉族的瓦房等。汉族还有汉字、汉语、汉文、格律诗、戏剧、国画、中医药以及汉人的风俗习惯等。文化是民族的血脉，是民族的脊梁。

在小学阶段，这些经典的文化思想，化身为一篇篇的课文，展现为一种种的经典文化。现择要分析如下：

（一）红色文化

红色文化是中国共产党领导全国各族人民在革命斗争中形成的伟大革命精神及其载体，是物质文化、制度文化、精神文化三者的有机统一体，孕育着我国社会主义的核心价值观，传承我国的红色文化就是在传承我国的社会主义价值观。小学语文教育是传承红色文化、传承社会主义核心价值观念的重要途径，传承红色文化与社会主义核心价值观念也成了小学语文教育的内在要求。

小学语文教材中涵盖了大量的红色文化内容，以人教版和苏教版的小学语文教材为例，红色文化分别以不同类型、不同内容、不同主题贯穿了从小学一年级到六年级的语文教材中，苏教版小学语文教材中有 16 篇课文，人教版小学语文教材中有 26 篇课文。

小学语义教材中的红色义化资源内容的不同，有的写革命前辈的故事，有的写爱国人士的故事，有的写战争中的英雄的故事，不论哪种故事内容，其中都闪烁着我国革命者、建设者的思想光芒，体现着其不怕牺牲、艰苦奋斗的高尚情操，包含着爱国主义情怀。

教学中，要让红色文化和学生密切相关，让学生成为红色文化的践行者和传播者。比如有位老师在教学人教版六年级下册第三单元（红色经典单元）的第十一课《灯光》，做了如下设计：

第四版块：升华拓展

师：郝副营长憧憬的是什么？

生：憧憬将来孩子们能在明亮的灯光底下学习。

师：是啊，现在呢？

生：明白了，现在我们能够在明亮的灯光底下学习了，而且还有这么璀璨的灯光，郝副营长的愿望实现了。

生：天安门前明亮的灯光似乎在告诉郝副营长，您的梦想实现了，您可以安息了。

师：说得多好啊！我还想问同学们：郝副营长憧憬的仅仅是有电灯吗？

师：他还憧憬什么呢？

生：他还憧憬未来。

生：他憧憬美好的生活。

生：他憧憬他的后人能过上幸福的生活。

师：说得真好（板书：幸福生活）此时的灯光已不再仅仅是"灯光"了，而是一种幸福的生活啊！

同学们，再读一读课题，你的感受一定会更深刻的。

生深情地读课题。

生：我感到"灯光"是对郝副营长的一种安慰。

生：我们要珍惜今天的幸福生活。

师：是啊！课文中还有一句让我们刻骨铭心的话，请同学们自己读一读（投影出示：这位年轻的战友不惜自己的性命，为了让孩子们能够在电灯底下学习，他自己却没有来得及见一见电灯。）

师：此时你想说什么？

师：此时此刻你想对郝副营长说些什么呢？（投影出示：郝副营长，我想对你说……）

生1：郝副营长，你太伟大了，没有你就没有我们今天幸福的生活。

生2：郝副营长，我们今天幸福的生活是用您的鲜血换来的，我们一定会好好珍惜的。

师：其实，不仅仅是郝副营长，为了新中国，为了我们今天幸福的生活，还有无数的英雄抛头颅洒热血，历史，我们不应该忘记，我郑重地向同学们推荐（投影出示：推荐阅读：《黄继光》《董存瑞》《英雄儿女》《我的战友邱少云》）。我想问同学们一个问题：在学习这篇课文时，在阅读这些作品时，我们是否应该永远地沉浸在一种伤心、痛苦或者是感动中呢？

生：不！我们不应该忘记他们，但更应该努力使我们的生活变得更加幸福。

师：说得好。就像天安门前璀璨的灯光可以见证，我们的祖国越来越强大，我们的生活越来越幸福，这就是对英烈们最好的慰藉啊！而对我们来说，当有一天，我们的班级，我们的学校，我们的社会，我们的国家真的需要我们时，我们能否抛开个人的利益而勇敢地站出来呢？就像郝副营长，像董存瑞，像黄继光……让我们再一次读课题，这一次你看到的还仅仅是明亮的灯光吗？

教师在课堂上搭设了"定格最动人瞬间，感悟大英雄情怀"的交流平台。让学生抓住重点词语品读感悟，分析理解，从而在学生心中建立郝副营长的光辉形象。在交流时教师帮助学生把握方向，通过想象心理活动，情境对比，词语以及人称置换等等形式加强学生对文本的理解，让学生体会到郝副营长的伟大和今天的幸福生活来之不易，珍惜美好生活。在学完课文后，老师还要求学生再读一些关于革命烈士的书籍，如董存瑞、赵一曼、刘胡兰等的故事，让学生感受今天的幸福生活是千千万万个像郝副营长一样具有献身精神的革命先烈用鲜血换来的，我们不能忘记他们。

红色文化包含的内容是我们永久的精神食粮，是历史留给我们的精神财富，是传承社会主义核心价值观的重要载体，我们要让红色文化在一代代国人的心中流淌，成为每一个人的精神支柱。

（二）自强文化

为了与天地斗争，中国人民从来就不肯轻易认输，总是不屈不挠地抗争。《易传》总结为"天行健，君子以自强不息"。正是这种自强不息的奋斗精神支撑着中华民族的发展，激励着中华儿女在困境中崛起，在逆境中奋进，永不屈从于外来的压迫。自强不息还体现为一种自立和自尊的人格特征。正如孔子曰："三军可夺帅也，匹夫不可夺志也。"孟子道："富贵不能淫，贫贱不能移，威武不能屈，此之谓大丈夫"。这使得人们追求一种独立完善的人格，这种美德流传下来，成为人们为国家、为民族奋争的精神力量，并推动着社会的发展。"大禹治水""愚公移山""精卫填海"等小学生耳熟能详的故事，自强不息的精神在熠熠生辉。

名师周益民在执教《夸父逐日》一课时这样设计结课：

周益民：对，夸父在追，一追就追了几千年。同学们，夸父在追赶太阳，其实就是在追赶什么？他在追赶太阳就是在追赶……

学生：追赶光明。

周益民：明亮，光明，意思一样，还有谁？追赶太阳，追赶光明，这是夸父自己内心的……

学生：夸父追赶太阳，就是他内心的梦想，就是在追赶内心的梦想。

周益民：我们掌声送给她。今天我们说了很多神话，咱们祖祖辈辈传下来了很多的古老的故事，我们回过头再来看一看。

学生：盘古开天，精卫填海，女娲补天，嫦娥奔月，夸父追日，大禹治水。

周益民：开天，填海，补天，奔月，逐日，治水。有什么感觉？

学生：感觉这是我们普通人做不到的。

周益民：也就是说对普通人来说，这样的事情可能吗？

学生：绝对不可能。

周益民：根本不可能，永远不可能，既然是永远不可能，绝对不可能，这样的故事为什么几千年来一直在流传呢？就像刚才同学说的，明明不可能的事情，我们怎么还能一辈辈地流传呢？

学生：因为这些神话故事说的都是精神。

周益民：对，就像我们刚刚说的夸父，他不仅是一个外形上的巨人，更是一个精神上的巨人。今天这堂课就上到这儿，同学们再见！

（三）知音文化

"知音"的故事发生在遥远的春秋战国时期，俞伯牙鼓琴，钟子期专注聆听，为一代又一代后人留下经典的画面。简单的故事，道出深邃的哲理：相契、诚信、重情、重义等等。

关于"知音文化"，可追溯的典藏就有《吕氏春秋》《列子》《荀子》《韩非子》《战国策》等，均提到俞伯牙和钟子期的故事，汉代时期的韩婴、刘安、司马迁、刘向、应劭等大家也推崇知音文化，为其后人传扬知音文化提供了可信的理论依据。

不仅如此，翻开中国艺术的宝库：小品、随笔、小说、诗词、杂居、京剧、京韵大鼓、电影、歌曲、古琴曲、古筝曲、当代歌曲、书法、绘画、工艺器物、明信片、邮票等等，知音文化几乎涵盖我国各文化艺术门类，繁花似锦，深入人心。毛泽东在他的一首诗中也谈到了知音故事，我们还可以列举各朝代的名人志士、文人学者对知音文化的颂扬和传播，几千年来这种传承一以贯之，而且每一代都有发展和叠加。

用知音文化，除了解读中国故事，也可以解读外国故事，比如有位老师这样教学《月光曲》：

生：为什么盲姑娘当时就知道为她弹奏的是贝多芬？

师：同学们，这些问题提得都非常好。我们先来思考，盲姑娘双目失明与贝多芬素不相识，为什么他能猜到弹琴的是贝多芬呢？

生：从她说"弹得多娴熟啊！""感情多深啊！"我感觉到她听得很认真。

生：因为盲姑娘热爱音乐，也是贝多芬的知音，所以她能确定这个音乐确确实实是伟大的音乐家贝多芬弹的。

师：这位同学的发言当中出现了一个词"知音"，知音，上一篇课文《伯牙绝弦》是一篇传说，这个传说里面写到钟子期是俞伯牙的知音，因为他十分喜欢听俞伯牙弹琴，而且能从他的琴声里面听出高山听出流水，那这里能够从哪些细节感受到盲姑娘是贝多芬的知音呢？

生：盲姑娘第一次听贝多芬弹，而且只听了一遍，就听出贝多芬弹得很娴熟，很深情，所以是他的知音。

生：我从"入了神、激动"这些描写盲姑娘神态的词中感受到盲姑娘是贝多芬的知音。

师：所以说盲姑娘既热爱贝多芬的音乐也懂得贝多芬的音乐，是贝多芬的知音，难怪盲姑娘会猜到是贝多芬为她弹奏的，也难怪此时此刻她的心情是那样的——激动，请同学们把这句话再读一读，读出盲姑娘内心的那一份激动。（指名学生感情读。）

师：是的，同学们，知音难求啊，贝多芬没有想到在一间茅屋里面遇到了自己的知音。我相信他和盲姑娘一样内心十分的激动。所以他决定为盲姑娘再弹一曲，俞伯牙摔琴谢知音，贝多芬再弹一曲为的也是知音啊。

在信息化社会，全球相互依赖文化程度不断加深，从而呈现融合趋势。但是，全球化决不意味着民族文化发生根本性的变化。恰恰相反，文化的全球化是以民族文化的多样性为基础的。离开了文化的民族性，也就没有文化的多元性。保持自己民族文化的独立性和发展性，是应对文化全球化的前提和基础。相应地，它诉求着语文教育民族文化根性的回归。这方面的典型例子就是对古诗文教育的重视。文化保守主义不对，文化的全盘西化也不对。文化是没有国界的，是人类共同的财富。通过对话，达成对人类优秀文化的共享。

民族文化中最鲜明的标志是语言，民族文化的盛衰与本族语言的存亡是直接相关的，维护自己的语言和文化，是民族独立和发展的标志。一个民族的文化成就只能通过本族语言来积累，一个民族的文化创新也主要由本族语来完成。2006年6月《中国青年报》发表文章，中国科学家破解了数学上的庞加莱猜想，朱熹平教授全部用英语在人民大会堂做了一个学术报告。会场有两千多人，主要是青年教师及在读研究生，只在第一排坐了几个外国人。后来有个博士问道："朱教授，你讲得很精彩，但能不能用中文再简单介绍一下您的研究成果呢？"一个在中国召开的由中国政府资助的学术会议的工作语言竟然全部都是英文，而且在有中国代表提出会议资料能否用中英文对照时，被认为不符合国际惯例而拒绝。这种现象难道不能引起我们高度的关注吗？

语言是一种特殊的文化现象，是一个民族历史上各个时期的因素积累起来的综合体系。语文是民族文化的地质层，积淀着民族文化的精粹。语文教育联系着中国文化的命脉，流淌着中国文化的血液，是民族文化之根。语文与民族文化具有同构关系，正如英国著名语言学家帕默尔说的："语言是和文化史联系在一起的，它们互相提供证据和解释。"语言记录着一个民族的历史，是民族文化的形成物。汉语文教育作为中华民族的母语教育，既要承担传承民族文化知识、提升语文能力的己职，又必须以涵化民族情感、唤醒民族意识、振奋民族精神为天职。文化发展和语言建设是联系在一起的，繁荣汉民族的文化，一个很重要的途径是母语教育。当前，在现代媒体迅速发展和强势语言（如英语、德语）上升的情形下，要预防"母语危机"倾向的发生和蔓延。

通过对汉语文教育的民族文化透视，可以发现一些汉语文化的基本思想，如做人与立学、学习与思考、知行统一、加强古诗人教学、重视诵读等。以汉字为载体，汉文化还广泛传播到境内的各个民族地区以及整个东亚地区，并形成以汉字为主要标志的"汉字文化圈"或称"汉字文化地带"，特别是在今天的朝鲜、日本语中占很大比重的科技、文化领域的学术用语，绝大多数是用汉字语词构成的。这就是汉民族文化的魅力所在。

在对民族文化透视、反思基础上构建有中国特色的语文教育体系，实现语文教育的民族化，既是中国语文教育的重要课题，也是中国新文化建设的重要内容。

03

第三编

语文积累的类型

第九章　语文姿势的积累

　　语文姿势是指学生在学习时所表现出的一种状态，它包括身体的状态以及精神的状态。语文的学习能力主要体现在听、说、读、写的能力，它们相互联系，相互促进。良好的语文姿势，对学生语文能力起着决定性的作用。听、说、读、写的姿势也体现了一个学生的语文素养，对学生的终生发展起着积极的意义。

第一节　姿势积累的意义

一、正确倾听的意义

　　培养学生良好的语文素养，听说读写是重要的内容。养成良好的听说读写的姿势对学生的语文能力发展起着关键的作用。倾听是一项重要的学习技能，是学生有效学习的保证。没有良好的倾听习惯，会阻碍孩子学习效率的提升。

　　首先听讲的状态会直接影响学习效果。一个认真听讲的人才会学习，只有认真听清楚了别人的观点，听懂了别人所讲的内容，才能有所吸收与借鉴，达到融会贯通，从而启发思维，提升自己内在的知识水平。孩子在课堂教学活动中只有认真倾听教师的讲话，倾听同伴的发言，才能进行思维交流，积极有效地参与教学活动。没有良好的倾听习惯，会大大降低孩子的学习兴趣和合作意识。

　　其次，认真倾听是一种素养的表现。认真听别人讲话是对别人最基本的尊重，是一种有修养、有素质的表现，不懂倾听并且随意打断别人的讲话则是非常不礼貌的行为。只有善于倾听他人意见的人，才能得到他人的尊重，从而建立和谐融洽的人际关系，获得更多的帮助，取得更大的成就，提升孩子的倾听能力。所以，学会倾听不仅是沟通交流的需要，是合作学习的需要，也是一个人良好道德修养的体现。

所以应重视加强倾听的训练，让学生养成认真倾听的习惯。

二、正确表达的意义

常常可以看见这样的场景：老师找学生谈话，学生一手挠着头皮，一手玩着衣角。老师说老师的，学生却做闷嘴葫芦，并不与之表达交流，或者答非所问，或者吞吞吐吐，不愿意或者不敢和别人交流。学生课堂发言中也有许多常见的问题：回答问题声音太小，其他学生无法听清回答了什么。部分学生回答问题声音十分小，以至于离他较远的学生根本听不到他回答了些什么。学生发言秩序混乱，有一部分学生，在老师抛出问题后，不举手就回答问题，甚至在别人回答问题时自己在下面也进行回答，严重扰乱了课堂秩序。只有养成正确的表达的姿势，才有利于学生语文能力的发展。

让学生准确、清楚、自信地与人交流并且表达自己的观点，是非常必要的。语言表达的水平就反映着语文素养的高低。语文教学要重视说话训练，指导孩子"好好"说话，说"好"话，培养有思想、善表达、有自信的孩子。

三、正确读姿的意义

很多孩子读书时身体东倒西歪的，轻则影响读书的质量，养成不良习惯；重则影响生长发育，不利于身心健康。因此培养良好的读书姿势是很重要的，因为孩子的骨骼在成长，他坐着的时候如果腰不能挺直的话，他身体的重力就会使他的脊梁弯曲；如果读书的时候脊梁是弯曲的，这样会影响身体的血液循环，进而就会影响他大脑葡萄糖的供应，还有可能造成骨骼的变形，不利于身体保持平衡，出现驼背或肌肉疲劳等症状。另外，学生读书的姿势与视力也密切相关。

四、正确写姿的意义

知晓正确的坐姿和握笔姿势是写好字的首要条件。正确的姿势与执笔，可以给人留下美好的印象。写字教学首先就要重视对学生写字姿势的指导，引导学生掌握基本的书写技能，养成良好的写字习惯。

对于小学生来说，写字不仅可以巩固识字，字写得正确端正，行款整齐，有一定的速度，长期认真地写字，还可以陶冶情操，形成审美意识，养成良好的习惯，提高文化素养。写字姿势不对，会让视网膜成像不均衡，加上长时间在光线暗的条件下视物，就会导致近视。根据各地教育局近几年发布的学生体质健康检测结果报告书，可以看出各地学生视力不良检出率居高不下。

近视者占青少年总体人群的 75％，近视 200 度司空见惯，度数高者将近 500 度。培养良好的写字姿势，可以有效地控制近视率，良好的写字姿势对学生的视力首先大有裨益。如果写字姿势不正确导致阅读、看电视和使用电脑时的姿势不正确，姿势不正确导致视力下降厉害，视力不好又反过来导致写字姿势更不规范，这是恶性循环。

正确的写字姿势，不仅有利于把字写端正，而且有利于学生身体的正常发育，有利于保护学生的视力。写字姿势是写字习惯的重要组成部分，写字姿势会影响到其他课程的学习习惯的养成，会影响到学生的身体素质，更会严重影响到学习。写字习惯本身就是素养的最好展示，写字姿势是众多素养规范中非常重要的基础。从素质教育的角度看，正确的写字姿势，也会带来正确的听课姿势，提高学生的学习效率，从而可以更好地开展素质教育。

第二节　姿势积累的内容

一、倾听的要求

（一）倾听的姿势

听老师讲解或者同学发言时，要求学生眼睛注视书上或老师出示的教具，或者注视发言的同学，做到神情专一。听完别人的话，才发表自己的意见，不插嘴。如果同学的回答与自己的思考相一致，则以微笑、微微点头表示认可或赞同。有必要时要动手做笔记，边听边思考边记。

（二）倾听的心理

做到认真倾听，就要有一种的积极态度，即听课的最佳心理准备。要怀着浓厚的学习兴趣和强烈的探索求知欲望去听课，把在教室听课视当作一件重要而快乐的事，知晓认真听课的重要性，明确听课的目标，在老师引导下步入知识宝库寻宝，相信每节课都能学到有用的知识。这种心理状态，能使学生在课堂上情绪稳定，注意力集中，认真倾听，使思维始终处于积极活跃的状态。

二、表达的姿势

课堂上回答问题要求讲普通话，响亮清楚，有条理，语速适中，用语得体，意思明确，双腿站直，双手自然放在身体两侧，眼睛看着对方，大大方方地回答别人的问题。

三、读书的姿势

小学是培养学习习惯的重要时期，读的姿势更是重中之重。如何从小学开始培养良好的读书习惯呢？其关键在于严格训练学生做到"四到"，即眼到、口到、心到、手到。学生读书时要是能做到这"四到"，学习自然就专心、用心，学习效果也就会好。

老师上课的时候，时常强调坐的姿势：眼要离书本一尺远，胸要离书桌一拳远，手要离笔尖一寸远。但是不管怎么嘱咐，总有孩子做不到，坚持不到10分钟，很快就又把身子贴到了桌子上。因此，对学生进行正确的坐姿培养是非常必要的。正确的坐姿是：躯干保持挺直，两肩摆平，抬头挺胸，两眼平视，两腿垂直，两脚平放在地上，也就是古人说的"坐如钟"。两脚分开，与肩同宽，上半身挺直，两肩自然下垂，胸部与桌沿保持一拳左右（6～=8厘米）的距离，两膊平放在桌面上，双手拿住书的两侧，书本直立略向身体对面倾斜，书本与眼睛一尺（30～=35厘米）左右。

还要强调读的方法。读书"三到"，谓心到、眼到、口到，只有三者并用才能收到良好的读书效果。朗读时仪态大方、声音响亮。朗读就是朗声读书，即运用普通话把书面语言清晰、响亮、富有感情地读出来，应力求声音响亮，吐字清楚，朗读时大方得体，不拘谨。久而久之，学生不但能树立信心，养成大声朗读的习惯，还可以为学生提供自我表现的机会，锻炼他们自我表现的胆量。朗读，是眼、口、耳、脑协同作用的创造性阅读活动，朗读时要身心入境，边读边依据文字在脑海中浮现相应的画面，真正读懂文字背后的意思。

四、写字的姿势要求

怎样是正确的写字姿势呢？写字姿势包括写字时的坐姿和执笔方法。正确的坐姿要求：身体坐正，头部稍向前俯，眼睛与纸面保持一尺远距离。腰背自然挺直，胸部张开，双肩放平，胸离课桌一拳左右；两臂放在桌上略张开，左手大拇指和其余四指分开成"八字形"，按住纸左边。

那么正确的执笔方法呢？大拇指与食指分别从左右夹住笔杆，离笔尖约一寸，中指甲根侧贴住笔杆，无名指、小指稍微自然地向掌心弯进去。掌心空着，不能握实拳。笔杆斜靠在食指根部关节处，与纸面成40度，向右倾斜。总体来说，正确的握笔方法可概括为"三个一"：一拳、一尺、一寸。正确的坐姿应该概括为"八个字"：头正、肩平、腰直、足安。

第三节 姿势积累的方法

一、培养倾听姿势的策略

（一）多用手法，乐于倾听

兴趣是最好的老师，但倾听对好动、活泼的儿童来说无疑是无趣的。现代心理学证实，即使同一个人，在不同时期、不同环境、不同背景下，其注意力保持时间长短及注意点分布情况也不同。我们教师要做的就是要想方设法在教学中寻找有趣的点，去创造乐趣，吸引学生的有意注意。苏霍姆林斯基说："儿童是用形象、色彩、声音来思维的。"音乐、游戏、活动等都是儿童喜闻乐见的方式，将之引入课堂，会极大地吸引学生的注意力，使课堂气氛紧张而不死板，活跃而不紊乱。我们要不断运用新颖实效的教学手段创设课堂活动，用教学艺术的魅力激发学生追求知识、探索真理的热情与潜力，另外注意动静搭配，调整学生听讲情绪，让学生有尽可能多的回答问题的机会，促使他们始终处于积极主动的学习状态。

在教学过程中不失时机引导学生动口讲一讲，动手摆一摆，动笔练一练，并穿插一些轻松活泼的游戏，对调整学生的听课情绪往往大有裨益。学生有意注意的保持时间自然增长，倾听的效果自然就好了。

（二）有意提醒，培养倾听

有意注意力持续的时间很短暂的，小学生尤其是低年级的学生，他们很容易就会被其他的事物分散了注意力。他们的这种开小差不是发自主观的意识，所以老师有必要时常有意识地提醒孩子们去听。比如可以在讲授关键问题的时候，教师说一声："请你跟我静下来。"学生说："我就和你静下来。"还可以全班喊一喊小口令："三二一，听我说！"等等，这样充满童趣的小口令不但可以适当地调节学习气氛，放松紧张的神经，也会亲切而友好地把孩子的注意力牵回到课堂，让他们关注老师要讲述的知识重点。提醒的方法有很多种，针对不同的孩子，要有不同的对策，有时在教学的过程中，让学生复述老师刚才说过的话，当然也可以是随时在一个学生发言之后，以迅雷不及掩耳的速度叫起一个看似已经分心的学生，让他重复刚才的发言内容，如果他能流利地重复，那么说明他还是有一部分在听的。

（三）创设氛围，融入倾听

心理学家研究表明：学生在心情放松、没有压力的情况下，才会积极主动、思维活跃，我们要善于在课堂上营造倾听的氛围。

老师是孩子们的榜样，起着带头示范的作用，老师的一举一动会对孩子产生潜移默化的影响，孩子会不知不觉模仿老师的言行。当孩子发言的时候，老师首先应带头倾听，微笑关注孩子的发言，绝不在孩子发言的时候做其他事。在孩子发言过程中留给孩子思考时间，不打断孩子的回答。无论孩子发言质量如何，都要专心听，当孩子结束发言，在此基础上进行适当指导，可以鼓励说的孩子越说越起劲。教学中，我们要让孩子明白并不是发言才是参与，听同学发言同样是参与。

同时，引导学生在听的过程中学会思考别人的发言，敢于质疑、勇于创新，逐渐养成善于听别人发言的习惯，边听边想，吸取他人之长，丰厚自己的知识。要做到这些，需要教师在平时教学中智慧提问，多做一些引导："你同意谁的观点？理由是什么？""你有些什么补充？""请你评一评他的说法"带着互相欣赏的心情，专注地倾听他人的发言。这样一来，既达到课内相互交流的目的，又给学生营造良好的倾听氛围。师生间、生生间形成相互欣赏的氛围，不但学生说得好时教师给予表扬、赞赏，教师讲述得精彩时学生也会情不自禁地给予鼓掌，学生说得好的时候，师生都会为他喝彩。

（四）积极评价，鼓励倾听

社会心理学家认为，受人赞扬，被人理解和尊重能使人感受到生命的活力和自身价值。给儿童以劳动的快乐，收获学习成绩的快乐，唤醒隐藏在他们心中的自豪感，这就是教育工作者的一条金科玉律。

正确适当的评价是调动学生学习积极性的重要因素，也是培养学生"倾听"的重要手段。表扬是非常重要的、促进形成良好习惯的一种手段，所以在"听"的培养中，教师千万不要吝啬表扬学生，要让学生品尝到成功的喜悦，享受成功的满足感。"为你智慧的思考点赞！""关注细节，体验生动真切，你可真了不起。"一个眼神，一句赞扬，一个微笑，不花时间，不费力气，却能收到明显的教育效果，我们要善于发现每个学生的闪光点，用真诚的话语鼓励他们。

二、培养表达姿势的策略

（一）提高兴趣，主动投入

兴趣是最好的老师，所以教师上课的方式要多样化，教师要通过视频、图片、音乐、故事等，增强课堂的趣味性，吸引学生的注意力。例如，介绍家乡的主题活动课，教师可以让同学分组当小导游，给别的同学介绍自己的家乡；在课堂上设置一些问题给学生进行讨论，学生可以自由交流，让整个的学习氛围都处于一种活跃的状态。学生可以不断地交流学习，潜移默化地提高思维能力和表达能力。

（二）多种形式，积极参与

经常举行朗读比赛、分角色朗读表演、录音朗读评优、故事会、演讲会、辩论会、模拟对话、"海阔天空座谈会"等活动，进行反复的强化训练，在表演中、在兴趣中、在竞争中逐步培养这一习惯，提高学生口头表达的欲望，更有效地培养正确的姿势。

（三）表扬鼓励，大胆表达

教学中，教师应重视口语表达能力，使学生养成敢于发言的一种习惯。学生思维被调动，课堂气氛也活跃，课堂效果会提高。比如于永正老师执教的《新型玻璃》：

师：我想请同学读课文，看是不是能把课文读得很正确、很流畅。谁愿意读？

生：（读）"19《新型玻璃》。夜深了，从一座陈列珍贵字画的展览馆里，突然传出了急促的报警声。警察马上赶来，抓住了一个划……划（丢掉'破'）玻璃企图盗窃展品（丢掉'的'）罪犯。"

师：停下来，这句话再读一遍。眼睛看准，不要慌。（第二遍该生仍然把"破"丢掉了。）

师：再看，"划"后面还有一个字。我想，你第三遍一定会读好的。

生：（读）"抓住了一个划破玻璃——"

师：对了！请接着读。（该生接着往下读，再没出错误。）

师：很好。后面读得比前面好得多。开始时，我看你不是不会读，而是有些紧张。那么多老师听课，能读成这样很不容易。请坐。大家把这一小节都读一遍。

师：谁接着往下读？读第二段。我想找个不举手的同学读。（全班同学纷纷举手。师指身边一生。）她是最后举手的，很有勇气。好，请你来读吧。（该生读第二段，没有错误。）

师：嗯，读得很好！全班同学像她这样把第二段读一遍。（全班学生放声朗读。）

师：一二两段有不懂的词语吗？

生："藕断丝连"是什么意思？

师：我想，你这么聪明，一定会看懂的。不要看这一句话，只要看这四个字就能看懂。藕，见过吗？（生：见过。）"藕断丝连"是什么意思？请你站起来说说看。

生："藕断丝连"就是没有断，……粘在一起。

师：藕，见过吗？藕掰断以后，你发现了什么？

生：白色的小细丝。

师：对，藕掰断了，细丝还连着，这就是"藕断丝连"。这一课说的是什么？

生：这是说玻璃碎片里面的夹丝。玻璃碎了，夹丝把它连在一起。

师：完全正确。大家都要像他这样，一定要理解这个词语在课文中的意思，这才叫动脑筋。

于老师对说得不好的学生多次鼓励、引导，让他反复去练习。不断使用激励性语言评价，如"她是最后举手的，很有勇气。""我想，你这么聪明，一定会看懂的。"总之，学生们听到这些语言，上课的情绪会调动，发言也会踊跃。

三、培养正确读姿的策略

（一）耐心关注，悄然提醒

上课时，老师要关注学生的读书姿势，齐读的时候，有些学生好像非常认真地朗读，但是有经验的老师一眼就可以看出他开小差、姿势不良。这时候，老师可以说："小眼睛看过来，小嘴巴跟我说……"这两句话一说，走神的同学就能把注意力集中在课堂上了。姿势的纠正不在一时，学生总是需要老师反复提醒，这需要教师耐心关注。

（二）片刻停顿，吸引注意

有些同学上课时总喜欢课堂上热热闹闹，他们好趁机在读书姿势上歪歪倒倒，随意讲话，老师发现后如果出言呵斥他，又会影响其他同学，打断他们的思路，同时也浪费时间。这时候，不妨试一试"停顿三秒钟"，即发现有学生走神，停顿三秒钟，让宁静的片刻引起孩子的注意，老师讲话突然停下来，引起学生的注意，班级随着安静下来，姿势不良的同学必定会觉得奇怪，又发现老师正在盯着他，就会赶快静下来。这样，老师既能唤回姿势不良同学的注意力，其余同学又可以在不知不觉中沉浸于奇妙的知识海洋中。

（三）活跃课堂，吸引注意

要想让学生姿势端正，教师在课堂上就要紧紧抓住学生的"精气神"，这就需要教师创设活跃的课堂气氛，吸引学生的注意力。例如，让生动有趣的课件吸引学生的眼球；课堂讲解知识时生动有趣，活跃课堂气氛；也可以给克服了不良坐姿习惯有所进步的同学一些小小的奖励……有趣的课堂，是吸引学生形成良好习惯的根本。长此以往，学生自然会形成课堂良好姿势。

四、培养写字姿势的策略

（一）"趣"字引路

"兴趣是最好的教师"。要让生性好动的孩子喜欢写字，并且静下心来，认真地写好字，就必须重视学生写字兴趣的培养，首先让学生喜欢上写字。教师在教学中要根据学生固有的心理特点，应用灵活多样的方法，多途径地调动他们对写字的积极性、主动性，激发学生的写字兴趣。

1. 定期举行作业展览

展评学生的书法作业、作品，给学生提供表现的机会，多表扬，多鼓励，使学生树立信心，调动积极性，让学生自觉、主动参与到练习写字的活动中，提高书写水平。

2. 用儿歌变枯燥为有趣

把写字姿势要求编入儿歌，既简单明白，让学生易于理解，又便于操作。例如，老大老二对对齐，手指之间留缝隙，老三下面来帮忙，老四老五往里藏。编成顺口溜，让学生背一背，如"小朋友，要记牢，读写姿势很重要：头正，肩平，背要直。一尺，一拳，一寸，别忘掉：眼离本子约一尺，胸离课桌约一拳，指离笔尖约一寸。要想写字对又好，读写姿势先做到！"等等儿歌，让学生在写字之前先背一背，逐渐熟记于心，并熟练掌握。

为了让孩子们能更直观地学会握笔姿势，还可以制作 PPT 课件，出示"写字姿势图"，让学生仔细观察图画中小朋友的坐姿，说："看看图中的小朋友，你觉得怎么样？说说你平时写字时是怎么坐的，手臂是怎么放的，胸口和桌子的距离怎样？眼睛与作业本保持什么样的距离？"通过师生间的互动交流，使学生在脑海里初步形成一幅正确的坐姿图，把握笔的着力点清晰圈点、握笔后的正确姿势多角度展示。随后让学生上台模仿，其余学生做评价，进一步落实正确的坐姿。孩子们根据图片反复练习模仿，这比理论讲述效果好得多。

（二）"范"字影响

著名特级教师于永正在上课时，我们经常会看到他当着学生的面来板书课题，而且边写边指导要领，还让学生跟着老师仿写，并及时对学生的书写做出评价，树立"典范"，让其他同学有榜样可学。例如，在教学《小稻秧脱险记》时的片段：

师：同学们，我们来学习《小稻秧脱险记》。请小朋友跟于老师一起写课题。注意"稻"的笔顺，"秧"的右边第一笔的起笔位置。（师板书，生书空）

于老师寓写字教学于板书之中，抓住教学的每一个环节，进行扎扎实实的写字训练，也成了我们语文老师的典范。教师要具有"全程"意识，教学中的板书、作业批改的评语，都要努力做到规范、美观，收到示范的功效。

（三）"伴"字带动

要养成学生一个好的写字习惯是非常不容易的，他们的习惯形成是一个不断积累，螺旋上升的过程。因此，良好的写字习惯不能靠几节写字课，还要有一个学习氛围，同伴之间相互监督促进。学生互相督促，互相检查，以便及时发现问题，得到及时纠正。例如，在平常的写作业或上写字课的过程中督促和检查写字姿势，在班级中采取轮流的方式进行，或者利用学习小组竞争模式，生与生在相互督促中学习、成长，自然而然地会去注意。

（四）"家"字促进

作为语文教师，加强学生的写字姿势的培养，当然是责无旁贷，但要让全部的学生把写字姿势掌握好，光靠语文教师的力量是远远不够的，必须取得家长的支持。

可以在家长会上，对家长进行写字习惯的培训。在培训前，先讲清楚培训的目的意义，让他们明白传统文化——书法的复兴是语文教师肩负的重任，是一项任重道远的工作，需要广大家长的鼎力支持，同时对孩子的意义也是非常重要的。家长们明白了培训的意义后，就会重视孩子书写姿势的家庭教育。

还可以充分利用家长资源，举行"家长进课堂"，请对书法有研究的家长，来学校上课指导、介绍"好的学习书法的资源"等，利用自身的力量为孩子创造平台。老师广泛发动家长，发挥了家长的作用，给老师提供更多的帮助，也更有效地巩固了学生的书写规范。

（五）"练"字贯穿

执笔和姿势的教学不仅是一种方法的教学，而且是一种习惯的教育。"习惯成自然"，只有教师在平时教学中，时时处处地教导，才能形成一种良好的习惯。学生的不良姿势往往是长期形成的，且具有反复性。时间的推移、年级的提高，教师、学生往往会忽视这个问题，这是不行的。要养成良好的写字习惯，要靠长期不懈、持之以恒的训练。在平时教学中，要把姿势和执笔作为一种常规教育来抓，贯穿于平时教育教学中，及时发现错误及时纠正。方法与要求指导后，一定要进行严格持久的训练，真正让学生一提"写字"两个字，便在脑海里出现正确的写字姿势图，明白"提笔即练字"，能达到这种境界才算可以。

（六）"评"字激励

学生天生爱表扬。同时，教育实践证明：要保证教育获得成功，要使学生保持积极书写的状态，教师就要多赏识、鼓励。所以在写字教学中尤其要充分发挥写字评语的激励作用。每节语文课后，都应该对做得好的同学进行表扬，"写字习惯之星""端正之星""坚持的榜样"等激励性的语句，激发了他们要坐好姿势、握好笔的兴趣。

第十章　语言学法的积累

"教是为了不教。"小学语文的教学，在于培养学生的学习方法，使其主观能动性得以更充分地发挥，激发学生的学习兴趣，提高学生的学习效率，为今后的学习奠定良好的基础。教师在教学中不仅要向学生传授书本知识，更重要的是加强学法指导，教会学生如何学习，培养学生的自学能力。

第一节　学法积累的意义

小学是教育的启蒙阶段，打好基础是重要的目标。语文是一门基础学科，它有极为重要的地位，是所有学科的工具，所以学好语文至关重要。语文基础知识、基本学法是语文教学内容的重要部分。

加强语文基础知识的学习，是学生学好语文和其他学科知识的前提。"工具性和人文性的统一，是语文课程的基本特点。"基础知识的积累和运用，是小学语文教学的重要任务，它不仅可以丰富学生的知识积累，提升语文综合素养，还可以培养学生的阅读理解能力，为终身阅读奠定基础。基础知识的积累要规划，要注重知识的整体性与联系性，才能使学生更有效地进行积累。小学生正处于人生中的起步阶段，是学习和接受能力最强的时候，这个时候接受到良好的教育，会使他们日后有一个良好的发展。培养学生扎实语文基础知识，掌握学习方法，形成一定的自学能力，对学生的终生发展有着积极的意义，积累就会有更多的发挥和提升的空间。

语文活动是人的生命运动，在我们的日常生活中，无论做任何事情都离不开语文，可以说语文是一切生活方式的基础。而小学语文基本技能的培养又是基础中的基础，不容忽视。教师主要从阅读、写作等方面培养小学生的语文基础综合能力，使他们掌握语言交流的技巧，提高文学审美水平。

基本知识、基本学法、基本技能训练的主要场所在课堂教学，这是因为：

一、课堂是获取知识的主要来源

听课是学生掌握知识，理解知识，增长知识，接受知识的重要环节和途径。

在课堂上，不仅可以听到老师对知识的精心讲解，还可学到老师分析问题、解决问题的方法，并通过课堂练习，使所学知识得以巩固。因而，课堂学习效率的高低，对学生学习成绩的优劣起着决定性的影响。

二、课堂是发展智力的重要途径

搞好课堂学习，必须充分运用智力，即充分运用观察力、思维力、记忆力和想象力。而智力只有长时间地运用，才能得到发展。积极高效的课堂学习有利于智力的发展。智力发展了，势必大大促进课堂学习效率的提高。

苏霍姆林斯基说过："观察对于儿童之必不可少，正如阳光、空气、水分对于植物之必不可少一样。在这里，观察是智慧的最重要的能源。"观察是聪明的眼睛，没有敏锐的观察力，就谈不上聪明，更谈不上成才。观察是一个人认识事物的重要途径，是智力活动的基础，是完成学习任务的必备能力。观察是思维的触角，对于孩子来说，良好的观察能力能获得更多的知识和经验。

人们所经历过的事情，以及所接触过的人物，会留存在大脑里，这就是记忆。记忆的存在通过印迹的保持和再现体现出来。一个人要想积累丰富的知识和经验，就离不开良好的记忆力。良好的记忆力应具备以下四种品质：敏捷性，迅速地记住所学知识；正确性，记忆的内容准确无误；持久性，能长久地保持记忆材料；备用性，能迅速及时地把知识从头脑中提取出来。"一切知识不过是记忆。"记忆是掌握知识、运用知识和创造发明的关键，故记忆是一切知识的基础。

思维是智力的核心，其他智力因素都为它服务，为它提供加工的信息原料，为它提供活动的动力资源。没有思维这一加工机器的运转，则信息原料和动力资源都只能是一堆废物。另外，其他诸因素，都必须受思维力支配，即必须有思维力参与，才能有效地进行。

创造力是在思维的基础上，将高智力因素与良好的非智力因素综合的表现。也可以这么说，创造力是在人们心理活动过程中达到的最高水平，是具有一定社会价值的综合能力。

爱因斯坦曾说过："想象力比知识更重要，因为知识是有限的，而想象力概括着一切，推动着进步，并且是知识的源泉"。教学实践证明，无论学习哪门学科，都需要丰富的想象力。比如语文的学习，只有具备丰富的想象力才能深刻理解语文内容，体味其中的意境美和形象美。否则思维就会失去活力，就谈不上欣赏理解体会，更谈不上掌握有关的知识并转化为技能了。由此可见，整个社会都是由前人以想象力和创造力为基础的情况下发展起来的。正是由于具有想象力，人们才能不断发现新事物、新规律，提出新概念、新理论，创造新知识、新产品，推动实践发展和社会进步。可见，激发、培养学生想象力，培养学生创造力是多么重要。

第二节　学法积累的内容

古人云：不积跬步，无以至千里；不积小流，无以成江海。如果说语文的学习是一幢大楼的建设，那些语文知识便是砖砖瓦瓦，而积累则是将砖瓦堆砌成高楼的过程。语文需要积累些哪些学法呢？简而言之，需要积累基础知识学习方法、基本技能训练方法、课堂环节学习方法、能力培养方法四大板块。

一、基础知识学习方法

语文基础知识包含很多方面，如汉语拼音、词语、句子、段落、篇章和修辞手法等等，这些方法的熟练掌握在小学语文积累中非常重要。

（一）汉语拼音

拼音是学习语文的基础和前提，拼音教学首先要求学生对汉语拼音的拼读熟练掌握，实现工具性的作用。书写拼音是汉语拼音教学中的一个重要环节，课堂中进一步巩固字母和音节，必须进行实际书写练习。写好拼音是学好拼音的关键一环，同时为今后的写字打下基础。学拼音是为了用，只会读不会写，只会写不会读，都不能说明已经学会了拼音，只有读写并进才会相得益彰。在语文教学中，我们既要重视汉语拼音对语文学习的辅助作用，又要注意避免对于拼音的过分依赖。

（二）字词运用

在小学语文教学中，对词语的要求是"会读""会写""会理解"和"会运用"。

1. 理解词义

对于小学生来说，理解词语的含义具有相当的重要性。理解词语是在会读会写词语的基础上进行的升级。除课堂学习外，学生可以通过查字典、询问他人等途径学习。为深入理解词义，可以指导理解词语中的近义词与反义词。近义词和反义词的理解，对于语文学习刚刚起步的小学生来说，需要通过长期的积累与学习过程，才可以恰当灵活理解运用的。

2. 理解词语的感情色彩

每个词语都有自己的感情色彩，在汉语教学的词语学习过程中，分为褒义词、贬义词和中性词三类。褒义词是带有赞美、夸奖、肯定的感情色彩的一种词语。例如，完美、善良、美丽等词语。这类词语都具有正面的赞扬色彩，能够表现出对句子中主体的肯定。贬义词具有与褒义词相反的感情色彩，表达出的是对句子主体的厌恶、憎恨、训斥等情感，由于与褒义词鲜明的对比，也比较容易掌握与理解。中性词既没有褒义词的强烈赞扬色彩，也没有贬义词的否定含义，所以不太容易理解与分辨。理解这类词语，对小学语文阅读题有着重要的意义

（三）句子的重要性

句子是一篇文章的组成部分，学生对于文章的理解来自于对阅读文章中句子的正确解读，所以句子作为语文基础知识在小学语文教学中同样具有重要性。

1. 理解句子的含义

句子作为文章的基础，表述了整个阅读题中文章的中心思想。在理解句子的过程中，要首先理解句子中的关键词语，并结合上下文进行分析，这样才能完整、正确地进行理解。理解了句子的含义，才能够理解整篇文章表达的意思。

2. 理解句子的类型

常见的几种句子类型分别有陈述句、疑问句、祈使句和感叹句。陈述句是不掺杂感情色彩，单纯地陈述一个事实的句子，是最常用的一种句子类型，简单易懂。疑问句是对一件事情表达疑问的句子，用问号结尾，疑问句又可以延伸出反问句与设问句等句式。祈使句是一种表示请求或者命令的语句，带有请求的感情色彩，多用感叹号结尾。感叹句则是抒发强烈感情的一种语句，能够表达出各种强烈的感情。这几种句子类型的理解，对学生理解能力的提升都有着关键的作用。

（四）段的理解

1. 归纳段意

归纳段意就是用一两句话把文章的段落大意概述出来。归纳段意要做到准确、完整、简要。所谓准确就是要抓准段中的主要意思，所谓完整就是把与文章中心有密切联系的内容都要概括到段意里，所谓简要就是用于表达段意的话要简明扼要。

2. 注意段与段之间的联系

文章的各段总是有机地联系在一起，形成一个整体。这种有利于我们把

握文章的篇章结构，因此，我们要注意以下这些段落之间的联系：开始段和结束段的联系，有些文章的开始段是全文的总起，结束段是全文的总结；段首句和段尾句的联系，有时段首句或段尾句也是一个段落，甚至是全文的总起或总结；过渡段和过渡句的联系，文章在安排几个内容的时候，当作者思路从一个问题转向另一问题时，往往需要过渡段、过渡句来连接。过渡段在文中起承上启下的作用，多数是"启下"，归入下一段；也有承上的，归入上一段。

二、基本技能训练的内容

（一）阅读

面对浩瀚的知识海洋，学生怎样才能高效、快速地吸收自己所需要的知识呢？教师是学生学习过程当中的一个指导者、引路人。引导学生掌握有效的阅读的方法，就好比给学生举起一盏走出黑暗的明灯。这就需要我们给予必要的指导。

1. 默读

默读，是读的一种重要方式，是语文教学上训练阅读能力的重要内容。默读时，我们要做到：不发声读，不动嘴唇；不用手指着读；还要边读边思考。开始学习默读时，有人常常伴有小声读，嘴唇不停地动，这是借助读出的声音领会意思，应该在教学中逐渐纠正。

默读时，我们还要注意做到：眼到、心到、手到。眼到，就是要认清每一个字，不能一目十行，以免养成不求甚解的不良习惯。心到，就是集中注意力，一边读一边想，理解词句的意思和内在联系，读了以后，能对自己提出不懂的问题。手到，就是在默读时，边读边动笔，可以划出重点词句，或标出段中的层次，记下自己不懂的问题，提高默读的效果。

最后，我们在默读时，还要注意速度，所以在平时的阅读时要牢固熟练地掌握字词，默读时不能把注意力放在词字上，而要放在对内容的理解上。这样能更好地提高默读的速度。默读时还要注意减少眼停的时间与次数，尽量不出现回视，逐步扩大扫视。读得快而又理解得深，才是高水平的默读。

2. 朗读

朗读，是一种出声的阅读方式，是把文字转化为有声语言的一种创造性活动，它是小学生完成阅读教育任务的一项重要的基本功。就语文学习而言，朗读是最重要的。朗读是阅读的起点，是理解课文的重要手段。它有利于发展智力，获得思想熏陶，有助于情感的传递。

发掘特洛伊城遗迹的德国人希泊来，是一位杰出的语言天才。他在短短的时间内，学会了许多国家的语言，用的便是朗读的方法。他即使阅读相同的文章，也一遍一遍地大声朗读，一直念到深夜。听说，希泊来数次被房东赶出门，就是出于这个原因。结果，每一种外语，他仅用了三到六个月的时间就都学会了。

3. 阅读积累

书分为上、中、下三品，上品书使人受益，如橄榄，越咀越有味；中品书使人无害，如鸡肋，弃之可惜，食之无味；下品书使人无益，如白粉，只要染上，危害越来越严重。"入芝兰之室，久而不闻其香；入鲍肆之屋，久而不闻其臭。"阅读积累内容的选择对于塑造人格也有着同样的效应。要让学生读高品位的书，做高品位的人。

（二）作文

1. 命题

在平时的作文练习里，作文练习的题型不外乎下列三种："全命题"，即作文题目是规定的，只须按题目要求去定中心、选材、安排材料即可，绝对不能改变题目中的一字一词。"半命题"，即先要将题目补充完整才能作文。比如题目中的"××"，可换作人，定题目为《我和爸爸》；也可以把"××"换作物，定题目为《我和课本》《我和闹钟》。"命范围"，即只给作文范围，提出要求，需要自己定题目，然后作文。根据这道题目要求，可写自己熟悉的人，如《我的同桌》；也可以写自己不熟悉的人，如《一个见义勇为的叔叔》。

2. 审题

在作文时，首先要仔细审查、分析、研究作文题目，切实弄清题目的意思，全面分析题目的要求、范围，切实掌握题目的重点，这就叫作"审清题目"。如果见到题目，不假思索，或囫囵吞枣，动笔就写，写出来的文章往往就会"走题"，结果是"下笔千言，离题万丈"。

3. 立意

立意，就是确立文章的中心思想。确立了中心思想，才能根据表达中心的需要选择写作的具体材料。确立中心思想，从低到高的要求分别是：

①正确：思想健康，观点正确，能够表达出作者积极向上精神面貌和真诚美好的心灵，能够运用正确的观点去分析事物，认识事物；

②集中：一篇文章要集中表明一个中心思想，讲清一件事情，确立的中心思想要贯通全文的首尾；

③深刻：确立的中心思想能给读者有较深刻的启发和教育。

4. 构思

首先是选材，就是从与作文题目有关的种种材料中，选择符合题目要求，能表现中心思想的材料。文章的中心思想就是通过具体的材料（具体事例）

来表达的。无论是叙述事情，描绘人物，或者抒发感情，每写一句话都要与中心息息相关。凡是与中心有关的就要着重写，而且要写具体；关系不够密切的则少写，一笔带过；与中心无关的干脆不写。因此，选择文章的材料必须经过筛选、取舍后决定采用，才能突出中心，避免平淡、无味。

其次是编写作文提纲是作文布局谋篇的总设计，是写好作文的一个重要基础环节。编写作文提纲实际上就是根据作文题目的要求和表现中心思想的需要，将作文材料条理化、具体化，将作文材料进行加工整理，把文章的开头、结尾、段落层次、主次详略、材料的先后顺序做统筹安排。

三、课堂环节学习的内容

学生听课时注意凝神、动笔、思索、质疑。凝神是捕捉知识信息的原动力，凝神能深思，凝神出智慧，当老师讲明重点、难点或精心设计板书时，学生应适当记一记。记录速度应当快，不必讲究字写得好坏，课下可以再整理。另外，课文中关键的词语、精彩的句子也应该划一划，简要做出眉批。质疑是听讲的重要环节。老师应当每堂课都要留一些时间供学生质疑，学生可以利用这些时间提出问题。当堂提问既可以趁热打铁，得到及时解决，又可以昭示其他同学。"凝神——动笔——思索——质疑"构成了听课互相联系的四个环节。

接下来就是作业。做作业是为了加深理解、巩固运用知识。做作业时应注意：做作业和考试一样，考试与做作业一样；干净；准确；速度快；做后检查。

四、能力培养的内容

（一）观察能力培养

首先小学生不善于主动提出观察的目的和任务，教师要做细致具体的引导，在观察活动中，让学生明确观察的目的和任务，使学生的注意指向观察的对象，进行细致全面的观察，才能获得预期的效果。

其次，要使学生提前初步了解观察事物和现象的必备知识。了解的东西才能更好地感知它，观察它。

（二）记忆能力培养

锻炼记忆力时，要注意以下几点：

1. 培养记忆力，技巧不可少

培养记忆力，不仅仅是让学生记住一些东西，而是将知识进行融会贯通达到运用的过程。我们知道，只有发挥更高层次的理解记忆和逻辑记忆的特长，一个人的记忆中才能储存大量的信息。孩子记忆能力的高低固然与先天的禀赋有关，但后天的培养、训练也是至关重要的。恰当的训练有助于提高孩子的记忆能力。

2. 让孩子学会观察

观察好比是孩子摄取知识经验的大门，记忆则是储存知识经验的库房。多让孩子观察，在观察中记忆具体的形象事物。例如，组织春游活动时，事先提出要求，让孩子规划出行路线，记住行走的路线、方向，注意观察周围及拐弯处有什么特点，乘坐哪一路电车、汽车等，请他带路。

（三）思维能力培养

思维能力包括理解力、分析力、综合力、比较力、概括力、抽象力、推理力、论证力、判断力等能力。它是整个智慧的核心，参与、支配着一切智力活动。思维并非神秘之物，尽管看不见，摸不着，来无影，去无踪，但它却是实实在在、有特点、有品质的普遍心理现象。课堂教学的进程就其本质来说是师生思维共同活动的过程，也是培养学生思维能力的过程。思维能力训练的主要目的是改善思维品质，提高学生的思维能力。

学生的思维能力培养要注意以下几方面：

（1）学生思维培养要以科学规律为指导；

（2）培养思维能力要注意社会实践运用；

（3）思维创新能力的培养和提高应着眼于促进社会的进步和人类的文明发展；

（4）要努力改变传统思想的误区，比如习惯于顺境思维、趋同思维、经验思维、局部思维等，发展批判性思维、建设性思维、求异思维等。

（四）想象能力培养

想象力就是在记忆的基础上，通过思维活动把对客观事物的描述构成形象或独立构思出新形象的能力，简言之，就是人的形象思维能力。歌德母亲教育孩子的经验就很值得我们借鉴。她讲故事的方法很独特，总是讲到一半的时候停下来，余下的故事让小歌德发挥。心理学家认为，这种自由发挥就是发散思维，就是想象力。不同想象有不同特征，把握其特征才能展开想象的双翅。

1. 再造想象

再造想象是指根据语言文字的表达和图表、符号的描绘在头脑中形成表象创造新形象。这是我们接受科学知识不可少的条件，借助栩栩如生的再造想象，理解相应的新概念、相应的抽象原理。

2. 创造想象

创造想象是指在头脑中独立地创造出新形象的过程，需要对已有的感性材料进行深入分析，综合。小发明，小制作，解题，写文章都需要创造想象参与。

3. 幻想

幻想是一种与生活愿望相联系的并指向未来的特殊想象。幻想中的形象总是体现个人的愿望与追求。列宁把幻想誉为"可贵的品质"，我们应该培养积极的幻想，以便将来在事业上有所革新、有所创造。

第三节　学法积累的方法

一、拼音方法

汉语拼音是识字、学习普通话的有效工具，是提高学生阅读能力的重要前提，是第一学段语文教学的重要内容，

（一）字母发音方法

1. 玩游戏

教育家洛克说过："教育儿童的主要技巧是把儿童应做的事，也都变成游戏似的。"游戏可以把汉语拼音教学变成一个学生非常喜爱的活动，使他们快快乐乐地学，轻轻松松地记。例如，在教学"ai""ei""ui"时，做"a""e""u""i"四个头饰，分别戴在四位同学的头上，然后开始叫"小 a 小 a 快点来"，小 a 跑了上来，又开始喊"小 e 小 e 快点来"，小 e 又跑了上来，把它们依次叫了上来，让小 a 和小 i 站在一起，用一只手扶着他们其中个子矮一些的同学，另一只手把两个字母连起来读"ai"，学生一下就记住了这个读音，而且记住了"ai"是由"a"和"i"组成。又用相同的方法教学了 ei 和 ui，通过游戏，学生加强了记忆，取得了良好的效果。

2. 编儿歌

品读过程是抽象的、枯燥的，而朗朗上口的儿歌很容易让学生产生浓厚的兴趣，还可以让学生自己动脑、动手来编儿歌，学生学得更容易，记得非常牢固。在优美韵律的儿歌中，学生学起来感觉特别轻松。如在学习"j""q""x"和"ü"相拼时，这是一个难点，学生看不出"ü"的变化，教师可以利用儿歌："小 ü 小 ü 有礼貌，见了 j、q、x 就摘帽"，边唱儿歌边板书，激发了学生学习的兴趣，进一步训练了学生的思维。在学习"ai"，我们一边拍手一边编好儿歌"好朋友，排排坐，你挨着我来我挨着你。a 在前边，i 在后，挨在一起 ai、ai、ai，好朋友啊不分离"。这样轻松的学习，既孩子们练习了发音，又联系孩子们的实际生活，让韵母富有了实际的含义。

3. 顺口溜辅助

它可使枯燥的字母趣味化。例如，在教学时，"张大嘴巴 aaa，嘴巴圆圆

ooo，嘴巴扁扁 eee，牙齿对齐 iii，嘴巴突出 uuu，嘴巴拢圆 üüü。""一个门洞 nnn，两个门洞 mmm，右下半圆 bbb，左下半圆 ddd，一根小棍 lll，一挺机枪 kkk，一把椅子 hhh，竖弯加点 jjj，左上半圆 qqq，一个大叉 xxx，树杈树杈 yyy，波浪波浪 www。"借助顺口溜辅助教学，既有趣，又加深了学生记忆。

4. 童话故事

要想让学生有兴趣地学习汉语拼音，语文教师就要充分利用教材，努力钻研教材，联系生活实际，编有趣的故事讲给学生听。

在教学拼音四声调时，给孩子们编了一个故事：森林里只有小熊开了家商店，东西非常好卖，这不，小熊今天又该去城里进货了。开车行驶在平坦的大道上，想着商店红火的生意，小熊高兴地唱起了歌："ā、ā、ā"。不一会，前方出现了一个斜坡，为了爬上这道坡，小熊加大了油门，汽车在坡上吃力地行驶着，小熊嘴里哼的歌也变成了"á、á、á"。好不容易爬完了这道斜坡，低头一看，眼前的路又让小熊吃了一惊：路面凹凸不平，坑坑洼洼。唉，又是一段难走的路！小熊是乐观的，尽管眼前的路不好走，汽车上下颠簸着前进，但它仍然没有忘记唱歌，不过此时的歌已变成了"ǎ、ǎ、ǎ"。走完了这段难走的路后，前方又出现了一大段向下的斜坡，站在坡顶，已能看见城里了。小熊高兴得不得了，大声叫着"à、à、à，进城啦！"汽车飞快地下了坡，小熊为森林里的小动物们又进了很多货物。同学们在听上述故事的同时也学会了"a"的四个声调的读法及四种声调符号，不仅可以促使学生注意力集中，还可以充分地使学生们的语言得到发展。

把握学生爱听故事这一天性，通过讲故事的方式来激活学生的语言智慧，使其得到充分的发展。

（二）字母形状记忆方法

1. 肢体语言

儿童思想比较单纯，模仿力强，巧妙地运用肢体语言，可以活跃课堂气氛，增强学习兴趣。比如，在学习 h 时，做了一个喝水的动作，告诉他们：喝水的 h。有的同学情不自禁地笑了，更多的同学学起了我的样子，一边做动作一边读。在学习三拼音节 guān 时，我走过去，做了一个关门的动作。又如 b 和 d 的比较课时，我指导学生利用自己的小拳头，伸出大拇指和食指圈成一个圆，再伸出中指，左边 b、b、b，右边 d、d、d，这些肢体动作能随时随地使用，没有时间、地方的限制，每一个人都能欣喜地、怀揣激情地感兴趣地去做。做到乐中学，学中乐。

2. 图形记忆

教育家叶圣陶说："图画不是简单的文字说明，且可拓展儿童的想象，涵养儿童的美感。"所有低年级的学生都喜欢色彩鲜明、生动形象的图画。在教学准备中把拼音符号转化为绚丽多姿的图案，绘声绘色的汉语拼音字母，在学生脑海中一定会留下难以磨灭的印象。因此在教学中，利用课文中的彩色插图或形象直观的课件，引导学生仔细观察，从而让学生从图中明白字母的音和形，并鼓励学生大胆地把字母画出来，可以形成字母形状积累的有效回环。

3."读写结合"

学拼音是为了用，只会读不会写，只会写不会读，都不能使用自如，只有读写并进，才能相得益彰。学完声母、韵母、整体认读音节后，应经常抽几分钟时间让学生进行读写训练，以达到巩固汉语拼音的目的。比如可以先出示图画或实物，让学生写出相应的音节，再让学生把手中卡片上的音节和图画或实物对号入座，然后进行拼读。这样，大家就在潜移默化中记住拼音。

（三）拼读方法

1.表演法

现在的孩子喜欢表现，喜欢张扬自己的个性。课堂上可以适当地运用表演形式为孩子们创设情景。如在教学"j、q、x"和"ü"相拼时，可以给孩子们戴上头饰，配上儿歌："小ü小ü，懂礼貌，见了j、q、x，脱去帽子敬个礼。"带着头饰的孩子们通过表演，学习儿歌，懂得了学会准重别人，学会做人的道理，并在富有童趣的表演中掌握了"j、q、x"和"ü"相拼的规则。

2.分步训练

教拼读方法，可先指导学生看拼读方法图。如"b"的拼读，图上的小朋友在推卡片，告诉学生在拼读时，声母b要读得轻短些，单韵母要读得响亮些，把"b"快速读成音节。可利用"前音轻短后音重，两音相连猛一碰"的口诀，配合演示操作，帮助学生掌握拼音方法，通过反复的训练，使学生能熟练拼读，积累拼读方法。

二、识字方法

（一）字形读法

1.形象感知

小学生的思维以形象思维为主，他们在认识、理解事物时，常常需要借助实物。教师可以利用汉字音形义结合的特点，借助简笔画、实物、图画、多媒体等教学手段，调动学生的形象思维，唤起他们的联想、想象，帮助学生记忆和理解字形、字义，减少他们的识字困难，提高他们的识字效率。比如，教学"鸟"字，可以利用简笔画，一笔画出一只鸟，让学生学画，然后启发学生"鸟"字的形变过程：鸟的嘴变成了撇，眼睛变成了点，爪子变成了横。再如，教学"羊"字，先出示甲骨文的"羊"字，再用彩色粉笔画羊的简笔画，先画羊的两个角，再画躯干，最后画尾巴，这样"羊"字就以形象生动的方式呈现在学生面前，激发了他们学习汉字的兴趣。

2. 多媒体展示

学习"牛"字，借助多媒体展示"牛"的身体，看"牛"字从甲骨文到楷书的演化过程，看字的每一笔都代表"牛"身体的哪一部分，进而使学生突破了对字形认识、记忆的难度。学生通过观察、联想将抽象的汉字与形象的实物联系起来，汉字变得形象，易记，识字过程变得有趣了。

3. 实物联系

如学习"果"字，我们可以借助实物苹果，启发学生苹果是长在树上的，树是木质的，"果"字与木有关，一棵苹果树长很多苹果，"口"相当树冠，"十"字相当树上的树枝，树冠上的很多点就是苹果，后来人们对"果"做了简单处理，把那些表示苹果的点去掉了，这样，对字形、字义的理解更深刻。再如，学习"口"字，教师可以利用图片的形式，出示人的嘴，再看"口"字的演化，让学生体会"口"字与我们身体器官的联系，激发他们学习汉字的积极性。

4. 游戏助学

在识字教学中，开展游戏活动，不但能提高学生的识字量和识字的准确度，而且能寓教于乐。如卡片拼图游戏，将"片""文""尺""电"字写在苹果型的卡片上，将能和其中一个字组词的"卡""视""茶""几""沙""发""相""台""具""盒""子"等写在两片树叶上，两片树叶托起一张带有字的苹果卡片，拼成一幅树枝与苹果的图画，看哪个学生拼得又快又对。

小学生好奇心强，对猜谜语特别感兴趣，教师可以根据汉字的构字特点，对汉字进行深层剖析，创编字谜能引导学生认识汉字音、形、义之间的内在联系，增强学生的记忆效果。如教学"全"字时，可以让学生猜字谜"一人胆子大，敢把王子踩脚下"，学生在愉快之中既学会了新字"全"，又巩固了旧字"人"和"王"，做到了温故知新。再如，"牛"在桥上走，打一字（生）；两个月亮爬上来（朋）等。这种游戏，既能扩展学生的思维，又能调动学生识字的积极性，可谓是一举两得！教师还可以编一些物谜让学生猜，使有形的文字与事物结合起来。此外，教师要鼓励学生自编谜语请同学和老师猜，培养学生学习生字的兴趣。

5. 加减笔画

中国汉字有些字形相近，只有一笔的区别，教师可以教给学生加一加，减一减的识字方法，以减轻他们学习汉字的难度。如"十"加一笔，"土"，加两笔，"王"，加三笔，"玉"。"一"加一笔，"二"，加两笔，"干"，加三笔，"王"等。再如，加偏旁，"去"加三滴水"法"，"羊"加木字旁"样"，"午"加言字旁"许"等。同样，字减一笔仍是字，如"太"减一笔为"大"，再减一笔为"人"，"课"减偏旁为"果"等。

6. 生活识字

学校、家庭、社会都是学生学习的好场所，电视节目、电脑网络、商标、春联、宣传栏、广告、路标等都是很好的学习渠道，凡是有汉字的地方都是学生识字的场所。教师也需要强化家校合作，让家长也可以运用家中的物件启发学生多识字，激发他们的学习兴趣，使他们在生活中识字，生活中用字，启发学生树立"汉字学习无处不在，无处不用"的观念，激发学生学习汉字的主动性。

（二）字义解法

1. 随文识字

认知汉字不完全是识字的目标，其主要目的在于知道、利用、描述、理解。因此，在识字的过程中，不能缺少对词语、句子以及文章等的讲解，这就要求教师引导学生在相应环境中分析、牢记字。

小学生的模仿力强，记忆力好，识字教学要从整体入手，让学生多阅读，在具体的语言环境中认字、识字，因为字离不开词，词离不开句，句离不开篇。教师应鼓励学生多阅读，在阅读中识字，阅读量增加了，识字数量也就增加了。

2. 查字典的方法

（1）熟能生巧。学习新课或阅读课外读物时，要求学生把字典置于身边，自读课文遇到生字、新词等障碍自查字典解决。教师抽查，学生互查，逐步形成习惯。除课文里出现的练习，平日的学习中，应当让学生们努力做到主动每天闲看字典。在写作时遇到不会写的字或同音字定夺不了时，教师要鼓励督促学生查字典解决，并就结果给予肯定和表扬。

（2）竞赛提升。查字典竞赛形式有总分赛、对战赛、随机赛。竞赛环节设置一些障碍规则，会令竞赛更为激烈，效果更佳。要点在于新奇有趣，让同学们乐此不疲。通过这样的竞赛，学生争着抢着赛，开开心心赛，同时也增长了查字典的技能。

（3）理解运用。指导学生查字典的根本目的，在于帮助他们解决疑难，扫除障碍，提高自学能力。因此，在指导过程中，要始终注意培养学生查字典的能力，尤其是解释字义的能力，在理解和运用上下功夫。也就是说，对于字典中的注解，要力求理解，在理解的基础上灵活运用，切忌不求甚解，死记硬背。

例如，我在教古诗《江上渔者》时，渔者的"者"在《新华字典》第573

页义项②注解"相当于的（三）②，使形容词，动词成为指人或事物的名词"。这样的注解过于抽象，显然难以为儿童所理解。我在教学时，稍加做了一番指点。说明"江上，是指长江上，而江上渔者就是指在长江上打鱼的人"。这样学生就容易理解了。如果一味地死背字典中的注解条文，而不理解其真正含义，今后学习时，遇到如"作者、革命者，胜利者"等词语时，学生将仍然不知做何解释，反之，学生就真正懂得了"者"的含义。

三、学词方法

（一）解词方法

1. 结合上下文

小学生知识积累较少，理解能力较差，对词语的理解过程具有递时性，要经历"模糊→清晰→模糊"三个步骤，并经过多次反复才能完成。小学语文教材中有很多词语，学生只要意会，基本上知道其意思，能运用就可以了，不一定要求他们理解得很透彻。教师教学时采用意会法，有利于培养学生的理解能力和激发他们自我探求的兴趣。随着对文章的深入阅读和阅读量的增大，学生经历一个自我模糊、不断理解的过程，并由模糊趋向清晰。把词语的理解方法教给学生，有利于促使学生在认真阅读中领悟词义，提高品词解句的水平，也有利于学生深入理解课文，提高阅读的速度。

2. 演示实验

小学生的形象思维较强，所以最让学生感兴趣也最易理解词语的方法是演示实验法。例如，教学《乌鸦喝水》时，写水"渐渐地升高"一句中的"渐渐地"，教师可通过演示实验使学生理解词义。指名让学生把事先准备好的小石子往装有半瓶水（稍带红色或蓝色）的瓶子里一粒一粒地扔下去，其他学生仔细观察水面的变化。当学生看到瓶子里水面逐渐升高的情景时，教师稍加点拨，学生马上就会领悟到"渐渐地"就是"慢慢地"的意思。

3. 多媒体展现

利用多媒体技术将词语的意思直观地展现出来，可帮助学生准确理解。如《赵州桥》这样描写桥上的雕刻艺术："栏板上雕刻着精美的图案：有的刻着相互缠绕的龙，嘴里吐出美丽的水花；有的刻着两条飞龙，前爪相互抵着，各自回首遥望；还有的刻着双龙戏珠。"句中生词较多，教学时，教师可用投影把千姿百态的龙活灵活现地展现在学生眼前，使他们更好地理解"互相缠绕""互相抵着""遥望"等词语的意思。

4. 词语比较

中国是有着五千年历史的文明古国，其文化博大精深。在小学语文教材中，有些词语虽然含义并不深奥，却用得准确、传神。教学这类词，教师可指导学生运用比较、品味的方法增强语感，意会词义。以下是王崧舟《一夜的工作》的教学片段：

师：一起读这几句话，体会体会，为什么作者在"简单"前面还要加"极其"，而且加的不是"十分"，不是"非常"，不是"很"，而是"极其"，再读。

生：（齐读）"这是高大的宫殿式的房子，室内陈设极其简单。一个不大的写字台，两张小转椅，一盏台灯，如此而已。"

师：说说，你肯定有话想说，为什么在"简单"前面要加"极其"。

生：因为它实在太简单，只有一个不大的写字台，两张小转椅，一盏台灯，其他什么都没有。（生一边说，一边还一五一十地扳着手指。）

师：（感动地）你们有没有注意到，他在发言的时候，加了手势，一起看看，我觉得他的那个手势，不仅从语言上理解了，而从身体上也理解了"极其简单"的"极其"，来，你再说一遍。

生：因为它实在太简单，只有不大的写字台，两张小转椅，一盏台灯，其他什么都没有了。（生边说边做手势。）

师：看到了吗？看到了他的手势了吗？我们一起来读，我们一起来看一看总理极其简单的办公室，简单到不能再简单的办公室。

王老师通过引导学生品味一个"极其"，使学生的认知水平从对词义的理解升华到对句子的理解、对中心的把握上来。

在阅读时，可以用学生已理解的词语对文中意思相近的重点词语进行更换。换词不但能联系旧的知识，启迪新的知识，还可以学到作者运用语言的独到功夫。例如，《美丽的小兴安岭》中"落叶在林间飞舞"一句的"飞舞"，教学时，教师可指导学生进行换词训练。学生把"飞舞"换成"飘落"，然后通过比较，并联系上下文深究词义，知道"飞舞"的落叶除了有"飘落"的意思外，还有忽上忽下、忽左忽右、飘飘悠悠的姿态，从中体会作者用"飞舞"的特别含义，知道有些词既有近义的特点，更有程度深浅之分。通过这种换词练习，可以让学生感受到作者准确用词的高明之处和独特的写作技巧，体会到文章显得生动、具有美感的原因所在。

比较法理解词义，是小学语文词语教学中一种常用的方法，学生比较容易掌握。

（二）确定词性的方法

1. 编顺口溜

词性对于学生来说，还是比较难的。可以尝试编编顺口溜：名动形首先记，数量代不忘记。拟声词是模仿音，助词的地得，叹词句首用。顺口溜做简单的理解，不要求记忆背诵。

2. 依次学习

先学名词。如果这个词能够回答"什么"，如"黑板""讲台"是名词。我们把句子换成：这是什么？答：这是"黑板"，那么"黑板"就是名词。把"讲台"代进"这是什么"这个句中，答："这是讲台"，那么"讲台"就是名词。以此类推，名词都有这个特点。把名词中的方位名词、抽象名词提出来进行讲解。名词就能判断了。数词量词容易懂，把序数词讲清楚，表示顺序的词就是序数词。例如，第一、初二等。量词不要用错就行，如"一只鸡"不能写成"一支鸡""一头牛"不能写成"一匹牛"。形容词的教学，也有一个规律，就是形容词后面都可以加"的"字，例如"高大""漂亮"后面可以写成"高大的……"，"漂亮的……"这也是比较简单的，不用累赘讲解。代词的教学，学生明确知道"你、我、他、这、那"。

3. 动作释义法

让学生观察教师演示或通过自己做动作理解词语。在小学语文教材中有许多描写动作的句子，教学时，教师可通过比动作让学生领会动词的意思。例如，《凡卡》一文，在描写凡卡受欺凌的情景时，作者运用了一连串动词：揪、拖、揍、戳。这些动词把老板丑恶的嘴脸描写得十分生动形象。教学时，教师让学生通过做动作，就不难体会到他们的狠毒与凡卡的可怜。

（三）组词的方法

1. 根据儿童思维发展的水平和特点

组词的目的是为了学生能够更好地掌握字义词义，为运用打基础，而教小学生掌握字义词义，必须根据儿童思维发展的水平和特点进行。小学低年级学生以具体形象思维为主导，抽象逻辑思维还在发展中。他们所认识的事物常常是直观的、形象的外部特征或属性，他们所认识的概念往往是具体的，可直接感知的，对词概念的抽象性思维能力不强。特别是低年级学生主要依靠感性表象来理解词的概念。因此，我们在进行小学语文教学中的组词时，组的词要贴近学生生活，是他们能够理解的、直观的。

如小学低年级学生用"树"进行组词时，组出"树木、树林、果树、松树"等直观的、贴近他们的生活的词是切合实际的，符合他们对词概念理解的具体形象性，如果此时我们引入诸如"树立、建树、树新风"等抽象的、不易理解的概念，就不符合他们的这种思维的发展。尽管我们用直观生动的语言进行描述，帮助他们理解，但是让他们自己组词时，他们就没有这种条件，还不具备这种思维方式。因为儿童认识客观事物是由具体到抽象，由感性到理性，由事物的外表到事物的本质。

2. 结合生活体验

有研究资料表明，小学阶段最初书面言语的词汇量少于口头言语的词汇量。初入学儿童已在生活经验中掌握了大量口头词汇和语言，他们有着把口头语言转换为书面语言的冲动，但是一、二年级学生特别是初入学儿童，他们的识字量少，很难进行书面组词。在这个阶段应尽量让他们进行口头组词或者直接用课本中的词语进行书面组词，再逐步转向以书面组词为主，让学生把书面形式的词汇和语言与已有的熟悉事物联系起来，让他们在生活中体会组词的乐趣，积累词汇，发展他们的语言和思维。

3. 联系具体实物

低年级学生的理解大多是与生活中的实物联系起来的，教学帮助低年级学生接通所学生字与口头语言中已掌握的词语的联系。如教学"红"字时，教师可先让学生认识"红领巾"，并根据他们对生活中实物的认识，如说说衣服颜色有深红、淡红、粉红、橘红、火红等，了解红的色彩种类："深红、淡红、粉红、橘红、火红"等。学生就豁然明白，啊，原来这么多词语中的"红"就是"红领巾"的"红"，这样不但明白了词义，而且接通了生字与口语中已掌握词语的联系。

四、学句方法

（一）理解句意

语文课程的学习，要使学生熟练地运用语言工具，并能顺利地参与交际活动。语文是交际的工具，是表达思想感情、交流思想感情、传递文化的工具。从这个意义上说，句子教学的重点是理解句意。事实上，认识句型、感知句序的最终目的还是归宿到对句子的理解能力和遣词造句能力的培养上。

1. 分析句子结构理解句意

句子训练，比较好的方法是从句式入手去理解句意，把对句式的认识和对句意的理解有机地结合起来。这种方法应用于简单句子的理解，可由学生独立完成。如《燕子》一文"才下过几阵蒙蒙的细雨，微风吹拂着千万条才展开带黄色的嫩叶的柳丝。青的草，绿的叶，各色鲜艳的花，都像赶集似的聚拢过来，形成了光彩夺目的春天。小燕子从南方赶来，为春光增添了许多生机"。文中"青的草，绿的叶，各色鲜艳的花"各分句结构相同，可以用相同的方法来理解感知。

2. 抓住重点词理解句意

一句话中作者所表达的意思和感情，往往蕴含在一些关键性词语之中。在讲解句子时，抓住这些词语认真品读，对正确深入理解句子的含义是有好处的。如《燕子》一文，指导学生抓住"斜着身子""掠过"来理解。"斜着身子"是写燕子的飞行姿势，突出了飞行时的轻快灵活；"掠过"突出了燕子飞行之快，体会燕子在早春的阳光中迎着拂面的微风飞行的情景。

3. 联系上下文理解句意

"句不离文"是学习语文的规律，所以句子教学不能孤立进行，应该联系上下文结合段或篇去引导学生理解句义。如《小白兔和小灰兔》一文中，小白兔说："是我自己种的。只有自己种，才有吃不完的菜。"联系上下文，从小白兔和小灰兔的不同表现感悟出小白兔所说的话的含义"不种菜，就不会有菜吃。只有靠双手辛勤地劳动，才会有吃不完的菜"。

（二）句子积累的方法

句子是由词按一定顺序构成的。

在构成句子的词中比较而言有的是主要的，有的是非主要的。把一个句子的主要词语留下，去掉修饰限制性的非主要词语，变成表达意思相对完整的新句子就是缩句，反过来就是扩句。改句指修改病句。换句指句子的变换。上述是小学阶段句子训练的几种主要类型。

1. 造句

根据课文中的要求，利用给出的词语，穿插在句子里，自己编织出表达一个完整意思的句子叫造句。造句要注意四个方面的问题：第一步要求学生熟读概念，找出概念的几个关键要素。第二步针对不同的要素进行解释，可以采用比喻、拟人、游戏等多种方式，也可以采用生活中常见的实例进行解释。第三步让学生口述概念，或者让学生举例说出几个属于概念范畴的例子，尤其是特殊的例子，加深对概念的理解。第四步课后反思，巩固，通过学生的课后练习，加深对概念的理解和应用。

2. 陈述句与把字句、被字句的变换

陈述句与"被""把"字句所表达的意思基本相同，但句式变了，使用的场合和效果也有差别。

一大滴松脂整个儿包住了苍蝇和蜘蛛。（陈述句）

一大滴松脂把苍蝇和蜘蛛整个儿包住了。（把字句）

苍蝇和蜘蛛被一大滴松脂整个儿包住了。（被字句）

由上例可知，把字句的主语是动作的执行者，被字句的主语是动作的被执行者。变换的具体方法是找出陈述句中的两个称谓（谁或什么），并确定它们之间的执行者与被执行者关系。

3. 肯定句与否定句的变换

把肯定句改为否定句非常简单，直接在表示肯定的词语前加否定词即可。双重否定句不仅可以表达肯定的意思，而且其肯定的语气较原来更加强。

许多国外的科学家都惊叹秦俑无与伦比的高超艺术。（肯定句）

许多国外的科学家都不得不惊叹秦俑无与伦比的高超艺术。（双重否定句）

4. 陈述句与反问句的变换

陈述句就是把要表达的思想内容平铺直叙地表达出来，不带有任何感情色彩。而反问句则是通过反问的语气，把原来陈述的意思进一步强调。虽然反问句是用疑问句的形式表达出来，但其句子本身就包含着答案，是不需要回答的。反问句的感情色彩比较强烈，朗读时语调较高。

面对任何灾难，中华民族不会望而却步。（陈述句）

面对任何灾难，中华民族难道会望而却步吗？（反问句）

陈述句改为反问句的方法：把陈述句中表示肯定或否定的词改成表示否定或肯定的词，加上语气助词"呢""吗"，将原句中的句号改为问号。为了加强语气，一般都要加上"难道""怎么"等语气助词。

把反问句改为陈述句，其改法与陈述句改为反问句正相反，需要把反问句中表示肯定或否定的词改成否定或肯定的词，并去掉语气助词"呢""吗"等，再将问号改为句号。

5. 直接叙述与间接叙述的变换

把某个人的话直接描写出来，叫直接叙述，把某人说的话改为第三者的转述，叫间接转述。

老汉从队伍里揪出一个小伙子，吼道："你还是个党员吗？"（直接叙述）

老汉从队伍里揪出一个小伙子，吼道他还是个党员吗？（间接叙述）

两种句式相比较，可以看出直接叙述和间接叙述所表达的内容完全相同。只是用直接叙述的方式表达，更能彰显说话人当时的语感、情态，使人物形象更具体生动，用间接叙述的方式来写，虽然表达的意思相同，但只能是一种理性的表达，读来不带有任何的感情色彩。

一般地说来，直接叙述改间接叙述要注意三点变化：

① 标点变化。要将表示直接叙述的冒号改为逗号。

② 人称变化。要将直接叙述句中的第一人称改为第三人称，（即"我"改为"他""我们"改为"他们"）第二人称一般改为人名。

③ 文字变化。直接叙述改为间接叙述的原则：不改变原句的意思；句子通顺，无语病。如果想把说话人的语气、感情充分表达出来，写得有声有色，就用直接叙述；如果只需要表达说话的内容，就用间接叙述。

五、学段方法

（一）分段的方法

1. 从文章的题目入手

小学课本里所选的课文一般说来都比较典型，而课题又与文章的主要内容有着密切的联系，提示了文章的重点、人物、事情、时间、地点。对文章进行分段的时候，不可忽视题目提供给我们的这些信息。

2. 从课文后的问题入手

课文后问题编者并非只是简单的罗列，而是由浅入深的安排，抓住课文的各个主要部分提出的，目的是让学生通过阅读课文能抓住主要内容，同时也加深了对主要内容的理解。这些问题同时也显示了文章的结构和内容的发展顺序，提供了分段的信息。

3. 注意段与段之间的联系

文章的各段总是有机地联系在一起，形成一个整体。这种联系为我们提供了分段的信息，因此，我们要掌握一些技巧。

（1）起始段。有些文章的开始段是全文的总起，结束段是全文的总结，文章表现为"总—分—总"的结构，如《颐和园》《富饶的西沙群岛》等课文。

（2）过渡语。文章在安排几个内容的时候，当作者思路从一个问题转向另一问题时，往往需要过渡段、过渡句来连接。例如，《猫》中的第四小节"满月的小猫更可爱，腿脚还站不稳，可是已经学会淘气"。这是一个过渡句，连接了上下文，使第一段与第二段成为一个有机体，并点出了文章的中心，使读者一下就可以把握住猫的性格特点。

（二）概括段意的方法

1. 抓中心句归纳段意

有些文章的段落在开头或结尾或中间会出现能概括全段大意的句子，这就叫中心句，这样的句子可以用来概括段意。

2. 抓过渡句归纳段意

过渡句在文章中是起承上启下的作用，但在归纳段意时，也可以凭借它承上或启下的意思概括上段或下段的段意。

3. 抓要点归纳段意

有些文章的段落的内容较多、较复杂，我们则可以先抓住段落内容各层的要点，再将这些要点合并，归纳成段意。

二、基本技能训练的方法

（一）阅读方法

1. 默读方法

（1）指导方法，提高效率

默读并不只是不出声地读，还要有默读的特殊要求。默读为的就是快速获取文章信息，无声的环境有利于学生更集中精力思考问题。既然是默读，学生首先要做到不动唇、不指读，眼到、心到、手到，最大限度地提高阅读的速度。不动笔墨不读书，手到的目的是遇到不理解的地方及时圈点勾画而不是指读。默读时重点是对文本内容的理解，一边读一边筛选信息，把主要内容概括出来。

（2）提出任务，达成目标

默读方法有浏览勾画法、审阅批注法、重读品析法等。在默读进行之前，要明确默读的任务，交代清楚默读速度，结合"任务驱动法"，让学生围绕核心问题进行默读思考。教师要根据教学内容，设计能够贯穿整个课堂的问题，让学生在默读时围绕核心问题，从核心问题再辐射出更多的细节问题。设计主观开放的题目，鼓励学生从多角度解读文本，教师要尊重学生的阅读感悟，有利于学生在默读中打开思维，形成自己的认知感悟。学生在默读中还可以进入角色，与文中的人物交流，遇到"心有灵犀"的地方可有"心有戚戚"的领悟，能够体会"无声胜有声"的美丽。在这样的心境下，学生的感悟会更加深刻，对文章的理解也更透彻。所以，默读任务需要教师精心设计，让学生爱上阅读。

2. 朗读方法

（1）范读法

在小学语文教材中，有很多充满趣味的小故事、小童话，而且都非常短小精美，适合小学生来朗读。在教学中，通过教师的示范朗读，可以更好地培养学生的语感，让学生明白什么地方该重读、什么地方该轻读。教师在示范朗读中，融入一定的情感，这样可以更好地让学生感受到文字中所包含的情感，从而引起学生对文本的共鸣。在教师示范朗读的基础上，让学生进行反复朗读，学生就可以形成一定的语感，从而可以更好地把语句的逻辑停顿和情感通过朗读表达出来。

全国特级教师于永正老师在教学《第一次抱母亲》一课中对"煮书"有精辟的论述。范读完课文，于老师说："同学们，古人把'读书'称为'煮书'。（板书：煮书）饭可以煮，肉可以煮，书怎么煮呢？煮书就是把书读熟，反复读。'好书不厌百回读'嘛！要读一遍有一遍的收获，读出味道来，用心去体会，把文章读懂，把文章的思想感情读出来。"解释完"煮书"，于老师接着说："刚才我听你们朗读，对我有一层打击。我觉得你们真了不起，读了两遍课文就能把课文读正确、流利。我想，你们听了于老师朗读课文，也一定有打击，一定会想到自己，于老师哪些地方比我读得好。我想都是这样的，互相学习，相信大家有这样的感受。因此，请大家再一次把书拿起来，好好地读，读懂，读出味道来，读出作者的思想感情来。这才是真正的读书。"

正如杨再隋教授说的那样："要让学生在反复诵读中，读出形——在头脑中唤起语言所描绘的形象；读出情——读出语言文字中所蕴含的情感；读出神——读出语言文字所包含的寓意、精髓以及言外之意。"于老师就是通过在反复的范读中帮助学生形成一定的朗读语感。

（2）轮读法

每个学生轮流读，这种读法有比赛的性质。低年级的课文短，可以一个小朋友读完全文后，再请另一个读。这种方法适用于低年级同学，他们识字量小，朗读能力较弱，轮流读，可以减轻他们的心理负担，还可以互听互评，共同进步。

（3）自由读

全班同学每人同时自由地低声朗读。由于不必与别人配合，因此速度不拘，可边读边思考。这种方法在中高年级的朗读过程中，可以较多使，在培养学生的朗读速度，培养共同合作精神中都可以起到很大的作用，并且对课文的理解更加深入。

3. 阅读积累的方法

（1）批注笔记法

批注笔记法就是在阅读时将自己对文本内容的见解、质疑和心得体会等写在书中的空白处。其形式有三种：一是"眉批"，即批在文章开头；二是"旁批"，即批注在句子或一段话的旁边；三是"尾批"，即批注在一段话或整篇文章之后。

批注的内容主要有三方面：一是批语，将阅读过程中产生的各种感想、见解、疑问等写在书的空白处；二是注释，读书时遇到不认识的字、不理解的词和不懂的概念，立刻查字典、翻资料将其弄清楚，并且注释在旁边，既能帮助理解，又有助于记忆，同时也为下次阅读扫清了障碍；三是警语，对于文本中十分重要或再读时需要注意的地方，用红笔标注上"注意""重要"等字样，为今后再次学习提供指示。

（2）符号标记法

用各种符号在书中重要的地方做标记，以便于运用时查阅和再阅读时注意的一种阅读方法。其要点是：在重要的句子下画波浪线，在重要的段落旁画竖线，将关键性的词或短语圈出来，在有疑惑处画问号，在有感悟的地方画感叹号。此外三角块、五角星、着重点等也可根据需要使用。

（3）强记阅读法

这是一种侧重记忆的阅读方法。其要点是：读完文章后，立即回忆一遍主要内容，力求记住。重复阅读同一文本时，每次间隔的时间应尽可能地长一些。记忆应尽可能准确。如果内容不太多，要尽力一次记住；如果内容较多，可以采取分段记忆法。

（4）"咬碎骨头法"

咬碎骨头法就是对文本的内容进行反复地琢磨、咀嚼，直到烂熟于心。数学家张广厚有一次看到一篇关于亏值的论文，觉得对自己的研究工作有好处，就一遍又一遍地读。他说："这篇论文一共二十多面，我反反复复地念了半年多。因为老用手摸这几页，白白的书边上留下了一条明显的黑印。这样的反复学习对研究工作有很大的促进作用。"

（5）探究阅读法

数学家华罗庚在《学·思·锲而不舍》中说道："应该怎样学会读书呢？我觉得，在学习书本上的每一个问题，每一章节的时候，首先应该不只看到书面上，而且还要看到书背后的东西。这就是说，对书本的某些原理、定律、公式，我们在学习的时候，不仅应该记住它的结论，懂得它的道理，而且还应该设想一下人家是怎样想出来的，经过多少曲折，攻破多少关键，才得出这个结论的。"书中的真理大多不是通过文字的解读就能获得的，而必须通过深入而细致的钻研与思考。语文阅读积累也是如此。

（二）作文方法

写作是运用语言文字符号反映客观事物、表达思想感情、传递知识信息的创造性脑力劳动过程。如此复杂的创造性脑力劳动的过程是有法可循的。

1. 命题的方法

作文命题，确切是前提，新颖是关键，简洁是核心。比较常用的命题方法有以人、物为题，以地点为题，以事件为题，还有以立意为题，点出文章的主旨，发人深思的。此外还有：

（1）添加法

在我们的写作话题的前后添加几个字，将作文话题范围缩小，却紧扣主题。比如说人教版四年级学过的《迷人的张家界》《飞向蓝天的恐龙》《呼风唤雨的世纪》《给予是快乐的》都是在话题前面加字。

（2）修辞法

我们在写作文题目的时候，能够运用修辞手法。我们最常用的修辞有比喻、比拟（拟人或拟物）、设问、引用、对偶等等。

2. 审题的方法

（1）读懂题目与要求

"题目"与"要求"是一个作文试题的整体，同时其分工不同，要求是对题目所没有明确之处做的提示，包括写作文体、范围、字数等。

（2）抓住关键性词语

审题时，分析题目的关键词语，扣住"题眼"，确定中心。题目的关键词语，就是作文题目的"题眼"。"题眼"往往表明了文章的中心思想，揭示了题目的意义。扣住了"题眼"也就是抓住了作文的写作重点。

（3）清楚写作的范围

题目是文章的材料和中心思想最精练的概括。仔细分析和反复考究题目文字，是确定范围的最好技巧。审题的成功与否，对范围确定准确性怎样，关系到文章中心思想的确立，材料的选择，将影响全篇内容是否符合题目要求，决定着构思能否按正确的方向展开。

3. 立意的方法

（1）观点要明确

观点就是指在文章中的情感指向，该批判的批判，该歌颂的歌颂，做到态度明确，并且语言中要饱含感情，激发读者的阅读兴趣。立意明确是写好作文的基本要求，也是评价文章的重要标准。

（2）思考要深刻

深刻的思考就是通过事物的现象去挖掘其内在的本质，思考出对人生，对社会有意义和价值的东西，能发现别人没有发现的那一点，能在一般人认识上再进一步，表达出自己的认识，给人以启示。

（3）内容要健康

学生的习作，受时代环境、社会环境、网络、影视剧等影响，部分作品思想境界不高，明显表现出一些不适合的观点，或看法偏激，或情绪偏激，体现在作文中，便是观点错误或态度消极或思想悲观。这些问题反映了学生的思想水平和道德修养。习作立意要符合客观事物的本质和规律，表达出来的思想观点和感情要健康、积极向上。

4. 构思的方法

（1）设置悬念法

设置悬念法即在开头设问，在作文开头给读者提一个问题，形式可以是问句，也可以仅仅是一个叙述，但在开头时的设定可以显得匪夷所思，不符常规，这样能在读者心中产生一个疑问，引其兴趣，让其对下文产生期待心理。

（2）抑扬法

抑扬法，包括先抑后扬或者先扬后抑。这个方法指当真正要表达某种褒贬情感的时候，不要一开始就表现出来，而是将相反的方面表现出来，接着才开始表现所想表现的那个方面。"抑扬法"实际上是对比思维的一种，写作时要注意。"抑"的目的是"扬"，"抑"的内容是为了更好地"扬"，最终要把最想要表达的那个意思抒发出来。

（3）误会法

所谓"人贵直，文贵曲"，平铺直叙是作文大忌，而要让文章起伏跌宕，扣人心弦，巧设误会不失为一种好方法。误会源于人与人之间或人对事物的错误理解。这种方法文学作品中较多使用，目的是引发矛盾，推动情节发展，从而使人物情感的波澜层层递进，多姿多彩。

三、课堂环节学习的方法

课堂环节的学习方法是学生需要掌握、积累的一项重要的学习方法。课堂环节从听课到提问，从思考、质疑到课堂作业都需要培养学生养成良好的方法，提高课堂学习效率，进而提升语文学习力。

（一）听课方法

听课，是学生学习的中心环节。听课的质量，直接影响学习质量，而听课质量，又取决于会不会听课，或者说是否善于听课。

1. 要善于听难点

知识中不容易理解的知识点为难点。每一课都会有一个或几个难点，这是学习中的拦路虎、绊脚石，老师在上课时往往先突破难点，引导学生化难为易，攻克难关。学生要善于抓住机会，认真听讲，突破难关。除全班共同的难点之外，每个同学，还会因人而异，各有一定的难点，学生更应该注意听讲，若稍一疏忽，就会造成学习上的困难。这就要求在预习时做到心中有数，听时要专心、听仔细、听明白。

2. 要善于听重点

重点是学生必须掌握的基础知识与基本技能，是基本概念、基本规律及由内容所反映的思想方法，也可以称之为语文课的核心知识。涉及这方面内容时学生不容许有半点松懈，应扎实掌握、理解的。

（二）提问方法

1. 从课题中提出问题

课题是学习的重要资源，同时也是许多问题的隐藏之处。让学生从课题中提出一些问题，不仅能培养学生提出问题的勇气和能力，还能养成爱提问题的良好习惯，成为激活学生学习的内驱力，变"要我学"为"我要学"。

2. 从主要内容中提出问题

学习一篇文章，通常要遵循从整体到部分再到整体的规律。所谓整体指了解课文的主要内容。因此，可以让学生从主要内容入手提出问题。

3. 从中心句中提出问题

中心句是集中反映文章中心思想的词句、段落，围绕中心句提问，可以从一点突破，提纲挈领全文，保证阅读的高效。

4. 从疑难点中提出问题

疑难点是学生不容易搞懂而又必须搞懂的地方。因此，在阅读教学中，引导学生从疑难点中提出问题，可以化难为易，帮助学生突破难点，更好地理解课文。

（三）思考方法

古人云，"疑是思之始，学之端"。爱因斯坦说过，提出一个问题比解决一个问题更重要。能够发现问题是学习深入的标志，不能发现问题则是学习肤浅的表现。

综观学生提出的"问题"，大概分三类。

刚开始时所提的问题比较简单，可能就是课文中直接找到答案，或者就是某一问题的另一说法，甚至可能是很可笑的问题。最好的做法应该先表扬其不懂就问的品质，然后做适当引导，让其自己分析问题，解决问题，再委婉指出其今后的努力方向。这样学生就会渐渐养成认真听讲，用心思考的习惯。

经过一段时间的训练，学生所提的问题比较深刻，老师当场无法解答或讲不透彻。这时最好引导学生和自己共同探究解决，一定要实事求是地向学生讲明白，什么时候能够给学生解答或通过什么途径可以解决问题。这样不仅可以提升学生的自信心，更为重要的是能让学生养成独立思考，自己分析问题的习惯，并提高学生的自学能力。

当学生所提的问题具有"独创""发现"的特征时，这是最有质量的一类问题，我们一定要抓住时机，让学生尝到成功的喜悦，并以此为范例，教给学生提出问题的思维方法，从中强化学生的问题意识，引领学生自己分析、解决问题，这样才能使学生的创新思维不断发展。

（四）质疑方法

学生质疑问难是他们积极寻根究底探求真知的具体表现。新课改摒弃了教师讲、学生听，教师问、学生答，教师抄、学生记的接受式教学模式，语文教师应千方百计地培养学生的质疑能力，教给学生质疑方法。

1. 课前质疑

有一部分课文，如《白杨》《古井》等，从题目上很难看出文章写的是什么内容。这时，在学习课文前质疑就显得很有必要了。学生在初读课文中的质疑，一般分为两个层次：第一层次：简单的，可以自问自答；第二层次：深入一些的，可以在理解课文的过程中逐步理解。实践证明，以学生课前学习的质疑来确定教路，以学定教使学生有准备地学习，能取得事半功倍的效果。

2. 课中质疑

在课中质疑是在初读质疑的基础上进行的。它直接深入文章内容及中心，对突出重点、突破难点有很大的作用。而重点词句在全篇课文中起着"牵一发动全身"的作用，因此，抓重点词句质疑是课中质疑的重要方法。如学习《林海》一课，"亲切与舒服"在文中一共出现了三次，学生问：为什么这儿要写三次？它们有什么不同？《凡卡》中，学生读了凡卡写的信封"乡下，爷爷收""康司坦丁·玛卡里奇"问：信封这样写，爷爷能收到信来接他回乡下吗？……这些问题，都是学生在阅读的基础上根据自己的认知经验产生的疑问，对理解文章具有举足轻重的作用。学生提出后，探究的兴趣高涨，积极思考讨论，很快就能更深入理解这些内容。

3. 课后质疑

好的文章总是余味无穷。如《穷人》一文，学完课文后，学生被桑娜善良的品格深深感动，同时桑娜一家人未来的生活又牵动着他们的心：桑娜丈夫回来后有什么反应？桑娜一家人以后怎样生活？结果会怎样？都是学生质疑的目标。学生根据个人的理解和感受，写下了各种结局的续篇，这些续篇都是学生创新精神的结晶。学完课文后质疑，有利于求异思维、想象能力和创新能力的发展。

（五）作业方法

不管是课堂作业还是家庭作业，都一直让老师、学生和家长苦恼着。积累掌握正确、科学的作业方法，减少学生作业负担，是语文教学应有之义。

1. 作业前的准备

做作业不是一项孤立的学习活动。从做作业的角度看，预习、上课和课后复习，就是做作业的准备工作。通过预习、上课和课后复习，领会并巩固了知识，这才有条件在做作业时，独立地应用所学知识分析和解决问题。

2. 审题

学生审题时应该具备三种能力：

（1）要看得准确

因为看错题而做错题的现象十分普遍。所以读题时培养要集中注意力的习惯，每一句话，每一个要求都应该在头脑里过滤一遍。

（2）要分清要求

什么叫分清要求呢？就是要善于"解剖"一道题，尤其是比较复杂的综合性问题。要善于把一道习题分解成各个部分，各种因素，各个方面，各种已知、未知和潜在的已知条件等等，应答更加有针对性。如果学生不耐心地对习题进行"解剖分析"，就会因无从下手而一筹莫展。

（3）要联得起来

联得起来是什么意思呢？就是在分析题目的基础上，能把题目的各个部分有机地联系起来，能将有关的旧知识联系起来，也能与过去解题时用过的有关思路和方法联系起来。联系有关的旧知识，运用有关的概念和原理，就可以发掘出很多潜在的条件，为解决新问题打开了通道。

3. 做题

做题是做作业的第三步，也就是审题后把解题思路表达出来的过程，这是个既动脑又动手的过程。做题的关键是要保质保量，简单说，就是不仅要把题做对，还要尽量快速完成，以提高做题的效率。

现在老师普遍重视批改出对错，舍得花力气进行个别辅导，而完成作业花了多少时间却很少有人过问，如果教师在做学生作业时，提出效率上的要求，指出做作业速度慢，错误率高，那么，在将来定时、独立完成习题的考试中，就容易遭到挫折，学生就会有更好的效率意识。

4. 独立检查

独立检查就是在做完作业之后，自己想办法来判断作业做得是否正确。这是保证作业质量的不可缺少的一步，就像产品出厂前要检验是否合格一样。独立检查作业，可以培养独立思考问题的能力。

四、能力培养的方法

学生除了语文方法、技巧方面的自我培养，更为重要的是各种学习能力的养成积累，这里侧重从观察力、记忆力、思维力和想象力四个能力养成积累的方法展开叙述。

（一）观察能力培养方法

观察是一个人认识事物的重要途径，是智力活动的基础，是完成学习任务的必备能力。观察是聪明的眼睛，没有敏锐的观察力，就谈不上聪明，更谈不上成才。观察是思维的触角，对于孩子来说，良好的观察能力能获得更多的知识和经验。所以培养学生的观察能力，对于学生的发展是非常重要的，那么在教育教学活动中又该怎么培养学生的观察力呢？

首先，使学生掌握一定的观察方法。在观察中，要把指导学生视觉、听觉、嗅觉和运动觉等多种感觉器官结合起来，运用比较的方法，可以发现细微差别，抓住事物的本质特征。

其次，要做好观察记录和观察后的归纳和总结。这样做使观察更仔细、认真，观察更真实、可靠，还有利于巩固观察结果，便于学生观察后在对观察结果的反复思考中不断发现新问题，促进学生观察力的发展。

此外教师还应努力培养学生的观察兴趣，培养如学习的坚韧性、独立性等优良品格；培养学生的观察力还应教会他们养成自觉观察的习惯。

（二）记忆能力培养方法

常用的记忆方法主要有直观形象记忆法、歌诀记忆法、特征记忆法、谐音记忆法、归类记忆法、重点记忆法、联想记忆法、推导记忆法、图表记忆法等。教师要教会小学生一些常用的记忆方法来发展他们的记忆力。具体介绍以下几种。

1. 奇特联想记忆法

奇特联想记忆法可以把生活中容易遗忘的事物联系起来，便于记住。例如，在听写"气球、天空、导弹、苹果、小狗、闪电、街道、柳树"八个词时，可以用编讲故事方法把它们联系在一起：我被气球吊上天空，骑在一颗飞来的导弹上，导弹射出了一个苹果掉在小狗的头上，小狗受惊后像一道闪电似的奔跑，蹿过街道，撞在柳树上。这样把八个毫不相干的词就记住了。

2. 口诀记忆法法

我们对一些字形相近、容易混淆的字也可以编成口诀，帮助分辨："已、己、巳"几个字容易混淆，可以编成这样的口诀："张口'己'，闭口'巳'，半张不张是个'已'"。

3. 直观形象记忆法

例如，"明"字，教师说："太阳和月亮放在一起多么明亮呀！"

4. 重复印象法

为使要记住的事物在孩子头脑里形成深刻、清晰的印象，让他一遍又一遍反复地听或诵读，这是一种简便易行、行之有效的记忆方法。如反复听同一个故事，在活动过程中加以必要的引导，如让他跟讲故事等，可以强化记忆。

5. 多感官参与法

在认识事物时，让学生尽可能动用多个感官共同参与，可以使他的头脑中留下的印象更全面、更清晰，有助于记忆内容准确、保持时间延长。比如背唐诗，让他能边听边说、边看着图、还能用手指一指。

6. 应用巩固法

获得任何知识技能后，如果没有练习的机会，都会被逐渐忘掉。让学生记忆知识、经验，一定要给他机会，创设相关的口语交际情境或者相关的书面交流情境，鼓励他应用到生活活动中，以求"熟能生巧"；结果孩子会加深有关知识经验的印象和理解，提高记忆的准确度，延长记忆时间，需要时能迅速轻松地提取，提高记忆效果。

（三）思维能力培养方法

1. 培养好奇心

"好奇是研究之父，成功之母。"好奇是求知的萌芽，创造的起点。由于小学生的好奇心特别强，许多问题都想打破砂锅问到底，教学中应有意识地结合教学内容故意设下悬念，鼓励他们去探索，激起好奇心和求知欲，从而使学生学习思维处于主动状态，学生学习兴致高，乐于思考，培养了思维能力。

2. 注重发散性

为了培养思维的灵活性，在教学中，教师要多多花费精力。首先要尊重学生的多元解读，还要鼓励学生多思考，在理解上不拘一格，并注意从多元解读中对比分析，尽可能采用灵活的、简单的方法去分析解决问题。还可以围绕同一主题，开展群文阅读让学生不断变换角度去思维，拓宽思路，并让学生对比分析，达到培养学生思维灵活性的目的。而且还可以在教学中适时地引导学生发散思维，多角度、多方面地思考，不断培养学生思维的灵活性。

3. 创设情境性

学习的思维活动总是从问题开始的。因此，教师要根据学生学习的认识基础，思维发展规律，精心设计问题情境，巧妙设疑，在教学内容和学生求知的心理之间创设一种"不协调"，激发学生思维。教师要充分调动他们学习的积极性，巧妙地抓住时机，创设情境，把学生的情绪引进与学习内容有关的情境中，并激发学生探求知识的迫切愿望，让他们主动思考、主动表达、主动地获取知识。通过创设问题情境，形成悬念，启动学生主动思维。

4. 及时评价化

在以往的教学中，教师往往陷入一个误区，就是不自觉地扮演着课堂管理者的角色，使学生处于被动、单向接受的状态。久而久之，很多学生都失去了自己的个性，总是习惯等答案、靠答案。怎么办？如何调动学生主动思维的积极性？教师要转变自己的教学观念，对学生在学习过程中的缺点和错误，都给予足够的宽容，耐心地引导，坚持表扬鼓励为主，特别是对不善于表达的、难得举一次手的学生更是如此，有一点点值得肯定的地方就给予鼓励。

（四）想象能力培养方法

想象力是创造力中最活跃的因素，是创造的火种，它是学生进行创造性学习和创造性活动的必要条件，是人们改造世界的创造性活动的必要条件，必须从小培养和发展学生的想象力。

1. 图文结合，启发想象

想象力是一个创造性的认识功能。对小学生来说，图片是最为直观的学习手段，教师在教学中可以通过图片启发学生进行联想，培养他们的想象力。在《雪地里的小画家》这一课中，教师可通过提前准备好的小动物在雪地里玩耍的图片引入本课的学习，引导学生根据图文联想小动物用什么作画，画的又是什么，有效培养学生的想象力。

2. 情境设置，激发想象

情境设置，不仅能吸引学生的注意力，提高学生的学习兴趣，还能有效激发学生的想象力。

如教学《要下雨了》时，教师可事先用课件模拟情境，即将小白兔如何在草地上、池塘边分别与其他小动物对话的情境创设出来，引导小学生想象整个过程，激发学生的学习兴趣。通过情境设置的方式，以真实的案例引导学生去想象，让学生融入教学情境中去，激发学生的想象力和学习兴趣，使学生的学习效果达到最佳。

3. 情感朗读，延伸想象

朗读是一个能够帮助学生更好地理解作者心情的方法，尤其是情感投入后的朗读能够延伸作者的想象，为学生更好地理解文章内容提供了帮助。

如学习古诗《游子吟》时，教师可以先让学生根据诗词内容进行反复的朗读，一边朗读一边体会作者想要表达的思想感情，通过朗读想象：诗人要外出时，他的母亲在微弱的灯光下，为他缝制衣服的情景，从中体会母亲对于孩子的无私的爱。同时，还可以借助多媒体教学手段将情感进行升华，并在此基础之上，联系学生生活实际，让学生自由表达父母对自己的爱是什么样子的。

4. 利用留白，丰富想象

很多作者在文本中没有将感情明确地表达出来，或者故意不将故事的结局写出来，而留下了"空白"。小学语文课本中经常有"空白"之处，这就给了学生揣摩作者感情发展或者表达的机会。在小学语文教学中遇到这些问题的时候，教师必须巧妙地激发学生动脑思考，展开想象，为作者的"空白"填补上丰满的色彩。

如《凡卡》一文的结尾处，凡卡满怀希望地将信件寄出去之后，做了一个美梦，文章就结束了，那么关于这个美梦的内容是什么呢？爷爷能否收到这封信呢？收到信后爷爷有什么反应呢？或者说信的地址会不会写错了？爷爷会不会搬家了？这些问题都可以让学生通过想象得到结果。每个学生可以有不同的想象，教师应尊重学生的想象与理解。在想象力的世界里是没有标准的，只要学生敢于动脑去想象，就能获得不一样的世界。

第十一章　语文习惯的积累

习惯是人们后天经过反复练习而形成的较为固定的行为模式。叶圣陶曾说过："什么是教育？简单一句话，就是养成习惯。"好的习惯一旦养成终身难忘，如果没有按着习惯模式去做，反而会产生某种不适之感。语文习惯是学生为达到良好的语文学习效果而形成的一种学习上的自动化的自我需要的行为倾向。

第一节　习惯积累的意义

我们认为，良好的语文学习习惯，包括预习、复习、查阅、笔记、修改等方面的好习惯。先说说预习的意义。

预习能够提高自学能力。预习绝非一般意义上的通读和浏览，而是学生在教师指导下有目的的自学活动，是一种复杂的智力活动，它需要学生调动已有的知识储备和能力，去感知新的课文，去开展观察、识记、联想、想象、辨析、比较、综合等一系列智力活动，去锻炼自己分析问题、解决问题的能力。因此可以说，预习的过程，实际上就是学生在已有知识能力的基础上，在科学的思维方法和学习方法指导下，利用各种学习条件和途径，有目的、有计划地主动学习新知识的过程。在这一过程中，学生始终要"运用自己的心力，去尝试了解"新的学习对象，并在多次的预习过程中，逐步养成自学能力。

预习能够提高课堂效率。学生通过预习，初步进行了探索，什么地方已学懂，什么地方还不会，心中有数，会促使学生把注意力集中在难于理解的知识上，从而使他们听课的指向性更加明确。这样，在学习中对不懂的地方，他们会听得更专心。从心理学的角度来讲，为上课创造了有利的心理状态，打好了注意定向的基础；用教育学的理论说，带着问题上课，求知欲更强，变被动为主动。特别是预习中没有弄清的问题，经过了一番思考，听课时豁然贯通，会使学生产生强烈的印象，经久不忘，可以提高听课的质量。

预习可以深入课堂探究。自主、合作、探究是新课标倡导的学习方式。合作探究学习首先要有个体充分的自主学习时间，才能充分发挥学生的主动性。有了课前充分的预习，学生课堂上的思考会更深入，会提出更多有价值的问题，在课堂上形成更多的"生成性"内容，让探究学习更深入、更有效。

再谈复习的意义。

德国工人哲学家狄慈根说："重复是学习之母。"我们所说的知识主要是间接的书本知识，不是自己实践得来的，往往印象不深，加之每天学的知识很多，也不易记住。如果不重复学习，很快就会忘掉，这就没有达到掌握知识的目的。因此，必须通过重复学习来巩固已学过的知识技能。巩固知识是复习的最主要的作用。

课堂上由于时间比较紧，进度比较快，加上每个人基础不一样，能力有大小，所以在对知识的理解上会出现不同的情况，有的理解深一些，有的理解浅一些，有时甚至不理解。进行复习，多思考，多琢磨，会使我们对知识理解得更深入一些，会有许多新的收获和启发，这就是"温故而知新"的道理。

系统复习还能使知识系统化。我们知道，任何一门学科，都是一个系统，是由许多的概念、原理组成的。我们平时分成章、节、问题，一点一点地学习。但这些知识本身都是相互联系的，如果我们不把平时一点一点所学的知识连贯起来、组织起来，就不能掌握系统的知识，知识就是零散的、缺乏组装的。

再说说修改的意义。修改包括日常作业的修改和作文的修改。这里重点谈谈作文的修改。

写作是主体自己实践性很强的思维与精神活动。学生自己写作，自己修改，自己感受作文的写法、写作的酸甜苦辣。在语文教师的指导下投身写作实践，逐渐感悟，螺旋上升，从而形成写作经验。如果教师长期代替学生修改作文，也助长了学生的懒惰心理，写作不负责任敷衍塞责，这也是写作教学效果不好的一个主要原因。福建师范大学教授、语文教育专家潘新和指出教师的"精批细改""容易产生误导"，束缚了学生的思想，而且"损害了学习能动性""减轻了学生学习责任心""培养了学生的依赖和盲从、懒惰和唯命是听"。

加强以写作者个人为主的作文修改训练，是为了培养学生的修改意识与习惯，让学生能最大限度地投入写作实践之中，培养对写作全过程进行监控的能力和习惯，增强他们的表达意识，同时也可以改变学生作文长期以来主要由教师评改的种种不足。从实践来说，教师修改学生作文，学生自己没有修改作文的体验与感悟，不知道自己的作文到底存在什么问题，写作应该注意些什么，所以教师批改作文，实际上对学生的写作指导与能力提升帮助不大。

教育心理学告诉我们，对于学习者而言，大脑对所学知识的精细加工是属于理解性记忆的认知策略，而记笔记是阅读和听讲时常用的一种大脑进行精细加工的策略，它的作用不容忽视。记笔记有以下作用：其一，有助于提高学生的课堂专注力，增强听课效果；其二，有助于培养学生分析综合、提炼重点的能力；其三，有助于学生加深印象，巩固新知，便于复习整理；其四，能提高学生的速写能力，为进入初中奠定良好的基础。小学生毕业后到了初中、高中，那些在小学就会记笔记的孩子，跟那些在小学不会记笔记的孩子相比，能更快适应中学快节奏大容量的学习生活。

第二节　习惯积累的内容

一、预习的习惯

著名教育家魏书生曾经说过："学生通过资料能弄懂教材的百分之九十九，教师只起到了百分之一的作用。"让我们知道学生是有能力自己解决遇见的大部分难题的。因此，教师要注重学生自学能力的培养，让学生自己预习课文，是对学生自学能力培养的最重要途径。那么预习有哪些方法呢？

（1）读：反复读课文，了解课文大致内容，体会语言美，品味句式美，把优美的词句储备在自己的摘抄本上，丰富自己的词汇。

（2）圈：课前预习课文时，找出不认识的字，不理解的词句，用醒目的符号圈出来，以备老师讲课时认真听，仔细记，做到难点突出。

（3）查：运用字典、词典等工具书，弄清圈出字、词的音、形、义，并将注释写在该词的附近，便于在阅读中理解词语，加深印象。还可以查阅相关的背景资料，加深对课文的理解。

（4）画：画出课文的重点词、重点句、重点段，做到重点突出，在理清课文思路之后，可以用"//"试着给课文分段、分层。

（5）批：预习课文时，在感触深的地方，把自己的体会，看法写在旁边，这些体会、看法究竟对不对，好不好，可以在听课中得到验证。

（6）联：要求预习新课文时要与学过的旧课文联系起来，做到"温故知新"，联系旧知，学习新知，使知识系统化。这样，能培养学生的联想力和综合力。

（7）议：预习虽然主要是独立进行的，但有些问题与看法也需要与同学互相讨论才能明确。这里的议，就是要求把预习时遇到的疑难问题，对课文某些问题的看法，提出来与同学讨论，以求解决。

（8）比：有比较才有鉴别，有鉴别才突出特点，分清优劣。要求在预习时把所阅读的这篇课文同本单元几篇课文或不同单元的其他课文进行比较，找出它们在内容（题材、人称、主题）、形式（文体结构、表现手法、语言特色）等方面的异同点，从而正确掌握预习课文的特点。

（9）记：徐特立说："不动笔墨不读书。"预习同样要动笔墨，才能取得好的效果，在预习中发现的精彩语句，哲理性强的成语典故、警句，所理解的重要内容，都可摘录，笔记下来，为进一步研讨、听课和积累资料做好准备。

二、复习的习惯

俗话说："温故而知新。"这就是说，对我们以前学过的知识和技能要经常复习，但这种复习不是机械地、简单地反复，而是要加深对已学知识的了解，以达到更好地学习新知识的目的。课后及时复习能加深和巩固对新学知识的理解和记忆，系统地掌握新知识，并且达到灵活应用的目的。

要使语言知识和技能经常得以巩固强化，教师就需要鼓励学生勇敢克服学习当中的困难，战胜遗忘，引导他们进行有效复习、记忆和操练。因此，教师应该针对各学习环节的不同特点引导学生进行科学、有效的复习。复习有许多种，根据复习的时间和内容，我们可以把复习分两种，一种叫课后复习，即每次上课后的复习，一般在当天进行，复习的内容主要是当天所学的知识；另一种叫系统复习，是在较长时间后，集中一段时间对较多的整体性的内容所进行的复习。系统的复习又包括单元复习、阶段复习、考前总复习等。

三、修改的习惯

俄国作家列夫·托尔斯泰写《战争与和平》这部长篇巨著时，就曾先后修改过多遍。美国著名作家海明威，他通常都是站着写作，因为这样能够更加集中精神。为了便于修改，他喜欢用铅笔写作。他的每一部书稿完成前，都要经过3次以上大的修改。他认为修改是写好一本书的必要条件。海明威主张"删掉废话"，把一切华而不实的词句删去。曹雪芹能诗会画，擅长写作，以坚韧不拔的毅力专心致志地从事小说《红楼梦》的写作和修订，披阅10载，增删5次，写出了这部把中国古典小说创作推向巅峰的文学巨著。

2011 版《义务教育语文课程标准》把培养学生"养成修改自己文章的习惯"作为作文教学中的一项重要任务，力求通过培养学生修改作文的习惯来提高他们的写作水平。

文章的修改，从某种意义上说，贯穿于整个写作过程中。如材料的选择、中心的提炼、语言文字的运用等，从"打腹稿"直到最终完成，都是在不断的修改中来完成的。而要写成一篇好文章，只有经过反复修改，反复推敲，才能精益求精，不断提高。修改不仅是写好初稿的一个重要组成部分，本身就是写好文章的一个不可缺少的重要步骤。

四、做笔记的习惯

摘抄是读书笔记的一种。它是积累语言材料的重要方式，是提高写作能力的有效方法。笔记的内容和形式有很多，以记录而言，可以记录知识要点，可以记录知识难点，可以记录相关辅助资料等。但是，如果仅仅停留在"摘抄"，不体味评点，那么，这些摘抄无异于放在仓库里的破铜烂铁，即使是名贵的宝石，最终也不能成为有价值的珍品，对写作起不到应有的作用，因此，教学中我们应该提倡写评注式的笔记，引导学生有效地利用摘抄，将这些材料变成自己的潜在能量，需要时就能得到有效开发，从而提高写作水平，使自己的文章"活"起来。

第三节　习惯积累的方法

一、预习的方法

（一）规范步骤

在培养学生认真预习课文习惯时，要与学生一起探讨、实践、总结出有利于课文学习的预习方法，让学生在平时预习课文时，按要求完成。预习一篇阅读课文，字词句篇是基础，课前的预习可以从"读""圈""查""划""批""联""议""比""记"九字入手，循序渐进，也称"九字预习法"。（具体内容见前文）

（二）循序渐进

有人认为小学生年龄小，不会预习，常常会半途而废。确实在初期阶段，小学生不懂得预习，但教师可以通过引导，帮助他们完成预习。可以先从小范围的内容预习做起，小学生年龄小，注意力集中时间短，所以预习的时间不用太长，以免让学生产生倦怠情绪。经过一段时间，让学生感知预习的效果，然后扩大指导预习的范围，提高预习的要求。久而久之，学生就养成了预习的习惯。特别值得注意的是，教师布置的预习作业还应该体现梯度。比如，人教版小学语文二年级下册《画风》一课，预习单可以这样设计。

15.《画风》预习单

一、我会读：《画风》这篇课文有 7 个生字宝宝，它们是：

sòng　tāo　chén　dān　zhào　yì　xiǎn

　宋　　涛　　陈　　丹　　赵　　艺　　显

经过拼读，我发现这个字最容易读错。

二、积累与"风"有关的成语

我会记：风和日丽　风吹雨打　春风化雨　满面春风　风调雨顺

我还知道：_____、_____、_____。

三、我会说：

课文讲了_____、_____、_____三位同学的事。

四、我能找：

课文中三位小朋友把风藏在了哪些句子里？用波浪线画出来，并用下面的句式完成填空。

（1）起风了，风把_____吹了，风藏在_____里。

（2）起风了，风把_____吹了，风藏在_____里。

（3）起风了，风把_____吹了，风藏在_____里。

（4）起风了，风把_____吹了，风藏在_____里。

这样的句子我还能说：起风了，风把_____吹了，风藏在_____里。

这四道题就是这样，有一个梯度，由简入难。从基本的生字、词语再到课文内容的把握，最后按照一种固定的句式概括风。这个预习的过程就是一个不断深入文本的过程，预习下来比较扎实又有挑战。这样的预习作业的设计就是合理的。

（三）丰富形式

把朗读、思考、质疑、记录、交流、查阅等多种形式加以运用，自主、合作、探究等多种学习方法得以体现，充分激发学生预习的积极性，并整合已有的学习资源，减轻学生负担，突出学生的主体性。根据教材内容，教师应做出灵活的处理。预习之后的批改、反馈、展示，也可以有更多的形式，比如同学互批、家长检查、作业展示、口头汇报、集体交流等都可以运用，以提高学生的预习兴趣。比如人教版五年级上册的《小桥流水人家》的预习作业可以设计这样一个题目：

背诵下面这首元曲，并能够默写。

天净沙·秋思

元．马致远

枯藤老树昏鸦，

小桥流水人家，

古道西风瘦马。

夕阳西下，

断肠人在天涯。

要默写了，请遮住左边！

（背诵，督查家长签名：）（默写，批改同学签名：）

这个设计，背诵元曲，实现了拓展和积累；默写的提示，很有趣味；背诵与默写分别让家长和同学检查，形式多样，更有实效。

再如人教版小学语文第十册第六组综合性学习《信息传递改变着我们的生活》，为了让孩子们更好地认识电视或网络等媒体带给我们的利和弊，教师设计了这样的辩论会活动的预习单：

电视、网络等媒体的利与弊，对于电视、网络等媒体的看法，你更赞同哪个观点？请选择一个观点说明理由。

学生预习兴趣浓厚。因此教师要善于抓住教材特点，布置多样化、有个性的预习作业，促进学生兴趣盎然地主动预习。

（四）加强整合

学生对预习作业完成不上心，一个重要的原因，就是老师布置的预习形式上雷同，内容上单一，徒增负担，缺乏效益。这需要老师加强整合。这个整合，第一是指将已有学习资源如《作业本》《每课一练》等进行分类整合，提取组合出适合在预习阶段完成的作业；第二是指树立大语文的观念，加强语文学科与其他学科间的整合，比如人教版五年级上册第三单元第九课《鲸》，可以设计这样一个预习题目。

通过查找课外资料，我知道了还有很多种鲸，如（　　　）、（　　　）、（　　　）等等，其中我最感兴趣的是（　　　），它的最大特点是（　　　），下面是我画的它的样子。

这个设计要查找资料、筛选信息，画出草图，实现科学、美术与语文学习的整合，学生的兴奋点自然来了。

二、复习的方法

（一）一节课的知识复习

在每节课下课前5分钟，先让学生闭上眼睛静静地回忆本节课所学习的内容，特别要注意重点难点，再在四人小组内交流自己学习的收获，整理并完善听课笔记。

（二）一天的知识复习

每天做作业之前要求学生先回忆当天学习过的内容，阅读课本再次理解知识的重点和难点，最后进行作业。起始阶段学生为了应付完成作业，会草草地看看课本，或敷衍了事说已经复习了，所以在最初的一段时间，我们可以把这一步先放在课堂上进行，在老师的指导下回忆当天学过的知识，指导翻看书本及笔记，复述知识的重点、难点，最后才让学生做作业。

（三）一段时间或一个知识体系的复习

我们可以要求学生准备一个复习本，指导画知识结构网络图，也可以画自己喜欢的图，只要能体现知识之间的联系即可。其次引导学生二度、三度复习所学内容，依据知识的内在联系整理成知识的结构图，最后引导学生不定期地进行修改和完善知识体系并不定期地复习。

1. 围绕中心，及时复习

复习的首要任务是巩固和加深对所学知识的理解和记忆。首先，要根据教材体系确定好一个中心内容，把主要精力集中在重点上，不真正掌握，决不放松。其次要及时巩固，防止遗忘。科学实验表明，人们记忆学习材料后，在 3～＝7 天内遗忘最快。一般来说，在 9 小时以内，趁着头脑里还有一些记忆痕迹时，花 10 分钟复习的效果比在每天或 10 天以后花几小时复习的效果还要好。

2. 先回忆后看书

每次复习时，先不忙看书，而是把学习的内容（包括思路）回想一遍，然后再和课本、笔记想法对照，哪些对了，哪些错了，哪些忘了，想一想，为什么会错、会忘。针对存在的问题，再看书弄明白，必然留下深刻的印象，经久不忘。这种回忆，既可检验课堂听课的效果，增强记忆，又使随后看书复习、重点明确，有的放矢。对于课后复习来说，既能深化理解，又能强化记忆。

3. 查缺补漏

我们平时学习中难免出现理解或记忆上的知识缺漏，通过复习， 且发现，要及时弥补，加强薄弱环节，学得更扎实，事实证明，凡是抓紧复习的同学，经常对所学查漏补缺，很少在学习上欠"债"，总能获得比较完整的知识体系。

三、查阅的方法

（一）查工具书

首先，我们必须清楚学会查工具书也是一种重要的学习能力，在教学中有的学生不会查字典或词典，有的学生看不懂书目和资料索引时，既影响了他们学习的质量，又影响了他们的学习速度，借此，教师可让学生认识到学习使用工具书的好处，让学生认识到学会使用工具书的重要性，进而引导学生购买适合自己的工具书，并要求他们把工具书装进书包里，带到学校里，在需要的时候能够使用它。只有学生有了这种意识，使用的习惯才能逐步培养起来。

其次，我觉得我们应该从强化学生使用字词典做起，逐步培养他们使用工具书的习惯和能力，让工具书和其他书一样成为课堂学习的一种必需品。课堂上教师要求学生必须带上字词典，从学生学会查字词典做起，培养他们使用工具书的习惯和能力。

再者，教师在指导学生使用工具书时，要让学生清楚使用工具书不是处处依赖工具书，要着眼于为学生终身发展的角度去培养他们使用工具书的能力。古语说："尽信书不如无书。"工具书也一样，学生一遇到问题或不懂的字词，不要立即就去查阅工具书，而要想一想这个问题在以往接触过没有，前面的内容里出现过没有，这样反而有助于理解和巩固。我们应从学生终身发展着眼，从现在教交给他们正确的使用工具书的习惯和方法，这对学生成为一个终生学习者有极大的帮助。

一种习惯的形成往往是通过反复的训练和强化而形成的，不是一朝一夕的工夫。我们在平时的教学中，我们可以通过开展一些很有趣味性的活动，诸如"查阅接力赛""看谁查得准而快"等一些竞赛类的活动，有意识地强化学生使用工具书的意识和能力。

学中不可能无惑。随着现代信息化时代的到来、网络的普及，使我们师生解惑的手段不再是仅靠工具书这些传统的方式了，在搜索栏输入不解的问题，只需鼠标轻轻一点，答案便可一目了然。但无论时代怎样发展，正如书籍不可能消失一样，工具书的作用也不可能被网络完全代替，培养学生使用工具书的习惯和能力，就是培养学生自主学习的一种途径和手段，需要教师重视和培养。

（二）查资料

1. 培养查找资料、运用资料的习惯

学生的学习不应单单是语文课本的知识的学习，而是应该在更广阔的天地中学习。语文教学要充分利用学校、家庭、社会等教学资源，拓展学生的学习空间，要充分利用现实生活中的语文教育资源，优化语文学习环境，努力构建课内外联系、校内外沟通、学科间融合的语文教育体系，拓宽语文学习的内容、形式和渠道，引导学生开展丰富多彩的语文实践活动，使他们在广阔的空间里学语文、用语文，拓宽视野，丰富知识，砥砺能力。

2. 带着兴趣去搜集资料

苏霍姆林斯基说过"教师应当努力使学生自己去发现兴趣的源泉，让他们在这个发现过程中体验到自己的劳动和成就，这件事本身就是兴趣的重要的源泉之一"。学生有兴趣去探究，去发现，是学生搜集和处理信息的前提。陶行知认为"好的先生不是教书，不是教学生，乃是教学生学""'学'字的意义，是要自己去学，不是坐而受教"，要引导学生学会随时随地自动地学习活知识。在搜集资料的活动中注意培养学生参与合作的意识。把知识加以运用，使学生体验到一种成功的乐趣，使学生有成就感。

3. 在搜集中拓展课堂容量

语文教学要将语文向课外、向其他学科拓展，融知识性、趣味性、针对性于一体，运用合作、探究等学习方式。如在学习《太阳》一课时，引导学生查找、运用资料，可以让学生结合搜集的资料感受我国航天科技事业的蓬勃发展，关注我国的"人造太阳"的进展，激发学生的爱国热情和探索宇宙奥秘的兴趣。

要使学生在搜集、处理信息中体验成功的喜悦；在搜集资料中感受大自然的美丽、祖国文化的悠久；在搜集资料中丰富知识、拓宽思维；在搜集和整理资料中体验创新、体验合作。这样不仅让学生学习了教材内容，还了解了古今中外灿烂辉煌的人类文化，尤其了解了当今飞速发长的经济、科技和日益繁荣的文化，关注社会，关注人生。

4. 利用网络信息平台

现代社会已经进入网络时代。网络具有开放性、自主性、共享性等优势，是一个偌大的虚拟世界，是不可多得的学习资源。我们要利用好这个优势，突破课本的局限，拓宽教师和学生、学生和学生的交流渠道，拓展学生的学习空间，引领学生在互联网这个广阔的天地里获取更多的资源和信息。例如，学习《月球之谜》时，课前让学生在网上查找并下载有关月球的资料，并用简练的话概括整理信息。课上首先交流资料，初读课文，鼓励学生质疑，引导学生浏览教学网站《月球之谜》，让学生根据学习要求，浏览并结合课文自主学习。最后组织学生交流，引导学生探索，到相关网站浏览欣赏，让学生在网络活动中收集资料、讨论合作、制作网页、交流欣赏等，学生的视野得到开阔，对课文的内容也深入地理解。

四、修改的方法

如前文所说，修改包括作文的修改和作业的修改，这里讲讲作文修改的方法问题。

如何帮助学生养成修改作文的习惯呢？

第一步，教师示范。教师先对学生的习作进行书面批阅，将文中的主要错误或其他不妥之处用规范的修改符号标出，并加上一定的眉批和总批。

第二步，个别指导。在对学生作文中一些主要的、共性的问题进行集体评讲之后，再进行面评面改。教师将作文本发下去，让学生仔细体会批语，然后将他们逐一请到面前，让他们一边读自己的作文，一边对标出的错误之处说说自己的修改意见。有的学生看不懂批语，或提不出自己的修改意见，教师就当面说明具体的修改指导意见。如对内容不合题意，或随意编造而不合情理的，帮助他们分析，指导他重写；对因文句不通、条理不清无法下笔修改的，就让他们边说边改，逐段改好；对基本功较好，文句通顺，结构合理，但不够具体生动的，引导他们丰富内容，再提高一步。

第三步，自主修改。在面批面改之后，让学生动脑动手，按照一定的要求和步骤，对自己的作文"删、补、调、换"，进行认真细致的修改。

第四步，二度修改。教师一边对照查看他们的修改情况，一边对誊清后的作文再次进行批阅，然后批上成绩，这对学生认真修改作文是一种肯定和鼓励。

第五步，二度讲评。教师进行第二次集中评讲，着重表扬能对作文进行认真修改的学生，推荐改得好的篇章和片断，鼓励他们再做适当的修改。

经过师生双方这样反复多次的修改，学生明白了自己的作文好在哪里，差在何处，懂得了该怎样写，不该怎样写，自己再修改时，也就不会感到困难了。

当学生初步具备修改作文的意识和能力之后，教师就要及时地引导学生独立修改自己的作文。每次初稿完成之后，教师先进行集体讲评，然后让学生自评和互评；同时也由人人面批面改为按需要进行面批，重点帮助有困难的学生；对学生已写好的作文，允许保留几天后再上交，鼓励他们隔几天再改；最后，教师再根据学生修改作文的修改效果，综合评定成绩。学生通过每次修改前后的对比，实实在在领悟到了认真修改的好处，提高了他们对修改的认识和兴趣，逐渐积累了一定的修改方法，内化为自觉的行为。多次练习之后，他们不仅能百分之百地按照教师批阅的要求进行认真修改，还会有许多学生在完成初稿交给教师之前就已经做了多处的修改。

"教是为了不教。"学生修改作文的习惯一旦形成，便会在"落笔"之前勤于思考，"成文"之后反复推敲，长此以往，写作水平也必将大有提高。

五、做笔记的方法

做笔记做摘抄是存储语言资源，我们还要引导学生灵活运用笔记资料，"盘活资源"。

（一）搭建桥梁

造桥这一件大事，是为子孙后代谋福利的，老百姓会拍手欢迎。在摘抄中，我们也要让学生学会为词语搭桥。众所周知，从低年级开始，小学生就开始摘抄好词语了。但因为词是比较孤立的，有的学生不能把它灵活运用到习作中去。而摘抄的目的，就是让它发挥作用，如何让它发挥作用呢？这就要求我们老师平时多引导。如学生把摘抄的词语连缀成段，就像让几个相同的桥墩共同撑起的一座大桥。

举例如下：

摘抄：欣喜若狂，载歌载舞，灯火辉煌，四面八方。

造段：2001 年 7 月 13 日晚上，国际奥委会主席萨马兰奇在莫斯科宣布北京获得 2008 年奥运会主办权，当申奥成功的喜讯刚刚传到，北京就沸腾了。首都市民从四面八方涌向天安门广场，他们不停地挥动手中的彩旗、鲜花，载歌载舞，欣喜若狂，这一天夜晚，北京城灯火辉煌，绚丽的烟花在空中不停地绽放着……

（二）"克隆产品"

让学生对摘抄的优美的词语句子、片断进行分析，按其特征进行"克隆"仿写，取得良好的积累效果。例：

摘抄：我家附近有一座公园，一年四季，季季开花。夏天，一朵朵小太阳花像小蝴蝶似的开在枝头上；秋天的时候，菊花盛开着；冬天，寒风袭来，梅花怒放；到了明媚的春天，百花怒放，满园春色，尤其是大朵大朵的牡丹花，散发出甜郁郁的花香，令人喜爱。

仿写：我家屋前有一个菜园，一年四季，季季有菜。夏天，一串串辣椒犹如一团团火球结在枝上；秋天的时候，豆荚胀得鼓鼓的；冬天，沃土硬邦邦的，卷心菜傲霜斗雪；到了明媚的春天，菜园碧绿，充满生机，尤其是那一簇簇嫩黄的菜花，散发出甜郁郁的花香，惹人喜欢。

以上的例子，学生从词、修辞、结构三个特征上进行了模仿。古人云："模仿者，用功者法也"，也有人说："模仿既是创造的开端，又是创造的锁链"。古今中外写作史上从"模"到"创"写出新意的作品的例子不胜枚举。学生在小学阶段，正是打基础的阶段，通过摘抄，模仿各种片断的写作方法和表达方式，进行多样化的仿写练习，对于发展思维、增强语感、强化积累、丰富表达内容、促进写作能力的提高大有裨益。

（三）积极评论

在摘抄记录的基础上，可以进行自评和互相评议。评议是较高的要求，采用"分层要求，分类辅导，逐步提高"的方法，把学生按读写能力分成 A、B、C 三组，A 组的学生摘抄，要有评价型、创造型的读书笔记；B 组的学生，摘抄笔记时不做硬性要求；C组的学生重点写摘抄型的读书笔记，在感触很深的时候，写一写感想型读书笔记。

随着时间的推移，学生渐渐对摘抄产生了浓厚的兴趣，也会涌现出许多"评论家"。请看几例作品：

妈妈生病了，我摘片花瓣送给她，花瓣摸上去像绒布一样，闻起来有淡淡的花香，妈妈会高兴的。

评：这是一个多么懂事的孩子呀！我跟她年龄相仿，可有时还在爸妈面前耍"公主"脾气，我真惭愧！

那张小嘴巴蕴藏着丰富的表情，高兴时，撇撇嘴，扮个鬼脸；生气时，噘起小嘴能挂住一把小油壶。从这张嘴巴蹦出的话，有时能气得人火冒三丈，抽泣不止，有时却能让人忍俊不禁，大笑不已……

评：那张小嘴的表情多丰富呀！我的面前仿佛出现了一张既让人喜欢又让人愤恨的小嘴。

这样的训练，既拓展了学生思维空间，提高了阅读质量，又巩固了语言积累。虽然他们的评论还略显稚嫩，但这却是孩子们发自内心的语言，是智慧的闪光，个性的展现。

（四）推广交流

每一个摘抄，都凝聚着学生的心血。很多同学表示每次在做新的摘抄时，都会把已有的作品一页一页地翻过去，其实，这就是一个"阅读"——摘抄——（瞬间）记忆——摘抄——（长效）"记忆"的反复积累的完整过程。

定期在班上开展摘抄交流会。学生在朗读自己的摘抄，提出自己的观点的同时，从书写、语言、结构、内容等方面去评析别人的作品，没有约束，各抒己见，达到"奇文共欣赏，疑义相与析"。这样，每位参与者在付出智慧的汗水后，可以读到很多好文章，积累很多好词好句；可以在分享与互动中提高自己的分析能力和概括能力，也可以留下一些重要资料，以备日后使用，提高叙述和说明的技巧等，感受到成功的喜悦，从而使摘抄大显威力。

语言积累的途径

第十二章　课堂教学中的积累

　　语文教学中"有丰富的语言积累"是重要的目标之一，是全面提高学生语文素养的基础。课堂上，引导学生在优美的篇章中体味、品赏，在激情中背诵、感悟，积累大量的语言资料，更能促进学生对课文内容的理解。

第一节　课堂教学积累的意义

　　重视语言积累是对我国语文学习优秀传统的继承和发展。在过去相当长的一段时间里，小学语文课堂上充斥着乏味的提问，烦琐的内容情节分析，一节课表面上热热闹闹，但是学生在语文素养方面的增量不多。当我们走进每篇课文的思考练习时，便会发现教材中对语言积累这一要求是体现得相当明确的，对词语的积累，对句子的积累，对段落的积累，还有对相关内容课外知识的积累无一不涉及，但是积累的方式又各不相同，如说中积累、读中积累、学中积累、课外阅读中的积累等。

　　重视学生的语言积累，让学生乐于积累，学会积累，应该成为当前语文教学中的一个重要内容。小学阶段，学生在课堂上学习的文质兼美的课文有几百篇，这些课文既是语言的范例，又包含着大量的语言规则和语言知识。认真地学好这些课文，会是学生语言积累的坚实基础。在课堂上，必须摒弃乏味的提问、烦琐的内容分析、机械的练习，应该凭借默读、朗读和诵读让学生去充分感知课文，运用生动的语言和电化媒体等手段去创设教学情境，激发学生感知和感悟课文，要凭借深入的思索和认真的议论去深刻感悟课文，使学生心情激动和心灵震撼，那么，学生将对语言留下终身难忘的深刻印象，语言的积累就会落实到实处。它会使学生在今后语言运用方面得心应手，游刃有余。

　　语言是一种由语音、词汇、语法构成的复杂系统，学生要掌握语言，必须将这些因素"内化"。只有积累丰富的语言素材，才能"厚积薄发"，"下笔如有神"。朗读是语文教学的基本方法，是阅读教学的重要环节，是把语言文字转化为有声语言的一种出声的阅读方式，也是语言积累的重要途径。教学应以读为本，让学生充分地读，在读中理解，在理解中读，反复诵读，熟读成诵，读出滋味，读出情趣，从而读有所值，读有所得，在读中自然而然地积累丰富的语文材料。

语文教材中选编的文章，大多是文质兼美的名家名篇，为学生学习语言文字提供了丰富隽永的材料。在课堂教学中，教师如能充分利用教材，指导学生朗读，对学生理解语言文字，掌握规范的语言文字大有裨益。

一个人的聪明才智从某种意义上讲取决于头脑中记住的知识的数量和质量。因为储存在头脑中的知识是人们进行思考和表达的依据。"储存"就是将输入的知识信息最大限度保留在人们的记忆里而不是本本上。不断的储存，逐渐积累，就是语文学的基本形式。而储存积累过程中尤为重要的方式，便是背诵。现代语言学认为，不管语言如何复杂，它只是一种操纵的习惯。学习者完全可以通过强化、塑造、模仿而成。小学生头脑中没有多少有关书面语言的认知结构供其作为学习和记忆的参照物。背诵的所有范文，都将成为学习者整理语言编码系统的参照物而发挥积极规范的导向作用，可以为他们提供典范的遣词造句的样本和参照物，进而构建一个合乎规范的语言运用参照体系。

新课程中的小学语文把"朗读课文""背诵课文"放在每篇文章的课后练习之首，每一单元的练习中也都安排了"读读背背""日积月累"，内容有四字成语、歇后语、优秀诗文等。由此可见编者的意图就是要多增加学生的语言积累。所背诵的内容一旦记牢，其词句、章法、思想内涵就会内化为学生自己的东西，从而使其语言能力大大提高。

有位著名语文教育家说过："学习语文没有多少捷径好走，就是要花一点笨功夫。词语要一个一个地积累，文章要一篇一篇地熟读背诵。这个功夫是省不得的"。这"笨功夫"就是在背诵中积累好词佳句。李白"五岁诵六甲，十岁观百家"，为后来成为杰出的浪漫主义诗人奠定了坚实的基础；鲁迅写文章不用查资料就能准确地旁征博引，得心应手，这与他青少年时期大量背诵文章分不开。我国的教育自古以来就重视熟读成诵、博闻强记。所以我们应鼓励学生趁精力充沛、记忆力超强的时候，多读多背，不但要背诵课本上的名篇名段，还应注意积累课外书中的精彩段落，充分占有典范的语言材料，这对以后的学习都是大有好处的。不断地背诵，开发了大脑，开发了智力。

作为一名语文教师，应特别重视背诵并加强背功的培养训练，对学生导之以法，助之以力，鞭之以策，达到语言积累的目的。

再说说复述。

（1）复述不是消极地、被动地背课文，也不是简单地介绍课文大意。它是按照一定的要求，一定的形式把文本的情节，课文的精神实质，作者的爱憎，人物的形象等生动地再现出来。它要求学生在记忆的基础上用自己的口对课文内容进行综合提炼，清楚流畅地说出来。因此，要复述得好，首先需要记忆，要记住一些重要的词语，记住文章的结构层次和它的具体内容，这需要学生必须一字一句地看，口诵心记地读，促使语言积累。

（2）复述课文是以课文为基本依据的，理解课文中的字、词、句就成了起码的要求。字、词、句读不通，课文就读不懂，更谈不上复述了，而且由于当众讲述这一特殊要求，驱使学生自觉去掌握生字的读音，正确理解词的含义。同时学生为复述时生动、流畅，就必须注意用词准确、语句通顺，并能运用一定的修辞手法。因而复述课文就要求学生对字、词、句、修辞等语文知识不能只停留在理解上，还必须能正确地运用；不仅能运用新学的语文知识，还必须调动以往所学的语文知识。从这个意义上说，复述课文使学生在课堂上对语文的积累更有效。

第二节　课堂教学积累的类型

一、朗读

（一）诵读

诵，就是读，并且有音节，适宜于读散文。例如，诸子、四书，以及专家文集中的议、论、说辨、序、跋、传记等等。像读《学弈》就该这样读：舒缓不迫，字字分明，注重意义，注重清楚，吐字干净利落，语速平缓，音量适中，语调郑重，每个字都该给予相当分量，不宜滑过去或拉长腔声。语文课本中初次通读课文，也适合使用这样的方法。

（二）吟读

吟，呻也，哦也。《学记》中记载"今之教者，呻其占毕"而言。呻，就是"吟诵"，是"长咏"，是拖长音调，类似唱歌。宜于读绝句、律诗、词曲和其他短篇抒情的韵文等。

（三）咏读

咏，歌也。适合读长篇韵文，如骈文、古体诗。像《木兰诗》《春江花月夜》就该用这种方法。

（四）讲读

讲，就是说话、对话。我们的语文书中的课文多数白话文讲得明白、有条理、有文采，适合用这种方法。实际上，语文课文就是在教我们讲话。大多数语文课文都可以看作是口语的提炼，适合用来说。因此，读书就该像讲话一样。

二、背诵

背诵是指不看原文凭记忆而念出读过的文字的读书方法。它是读书的基本功之一，能提高语音技能，有效地学习词汇，有效积累语言等功效。

三、复述

复述是进行口语表达训练的一种重要途径和方法，是提高学生说话能力，积累语言的一种必要手段。在语文教学中，要不断为学生创造有效复述训练的平台，这样除了可以激发学习兴趣，加深对课文的理解外，还能有效培养学生的概括能力，不断丰富学生的口头表达能力，提高他们的语文素养。

（一）简单复述

简要复述又叫概括性复述。简要复述抓住原文的中心思想和重点内容，进行简明、扼要、提纲挈领地讲述。要求学生在理解课文的基础上，按课文的顺序，把课文中的重要词句组织起来，抓住课文的主要内容，删去次要的、解释性、描述性部分。简要复述的目的主要是培养学生的概括能力和口头表达能力。

（二）详细复述

详细复述要求学生基本忠实于原文风貌，用接近原文的语言，按照原文的顺序，详细、清楚、连贯地讲述出文章的内容。其目的主要是锻炼学生的记忆能力、口头表达能力，并促进学生进一步理解课文。详细复述要求学生对所复述的课文有较深的理解，能运用课文中的词语和句子。

（三）创造性复述

创造性复述要求较高。它不是对课文内容进行简单的重复，而是要在充分理解课文的基础上，通过联想和想象，进一步充实内容，发展情节，更具体生动地刻画人物的形象，使原文更加形象、生动、具体。

第三节　课堂教学积累的方法

一、朗读积累的方法

在教学实践中，我们应该如何落实"朗读"的各项要求，让学生因扎实地朗读积累语言呢？

（一）目标准确，读出层次

课堂中，老师要把握好读的"度"，就是本课读的目标，即应读到何种程度。如第一学段读有三个层次：读准（要达到朱熹说的要求"读得字字响亮，不可误一字，不可少一字，不可多一字，不可倒一字"）——读通——读懂；第二、三段的读也有三个层次：读通——读懂——品读（诵读）。品读（诵读）层次要求能读出思想，读出情感，读出形象，读出韵味来。

对于一篇新课文要把握好四个朗读阶梯：第一，认读——读正确，扫清朗读的基本障碍；第二，连读——读流利，感知语言的基本意思；第三，精读——有情感，培养有感情朗读的能力；第四，熟读——记于心，丰富学生语言积累。

作为一名语文教师对自己学生的朗读基础要做到心中有数，课文中哪些生字字音学生读不准；哪些词语句子学生读不好，哪一段课文学生最感到困难，这一切都应该了如指掌，并且要舍得在这些方面花时间下功夫，学生读才会进步，才能进行语言的积累。

（二）形式多样，读出乐趣

1. 全文范读，激发学生兴趣

教师精彩的范读，能激发学生的学习兴趣，调动他们朗读训练的积极性，激发起他们要向老师学习的愿望，主动纠正自己朗读中的错误和不足，从而对课文朗读水平的审美标准有了个感性的体会。

2. 逐句领读，培养学生语感

德国哲学家黑格尔有句名言："教师是孩子们心目中最完美的偶像。"当老师声情并茂地读完一篇比较难读的文章后，学生早已跃跃欲试了。这时可采用逐句领读的方式，进一步强化学生的语感训练。通过领读，就可以引导学生读准字音，了解重音的确定、停顿的时机、节奏的掌握、语气的舒缓、感情的处理等，只需"转轴拨弦三两声"，便已"未成曲调先有情"了。这种"授之以法"的、形象直观的朗读指导，更能对学生起到引导、启发、激励、帮助和感染的作用。

3. 巧用齐读，提高学生水平

针对学生朗读的水平和特点，在初步读通读顺课文后，可充分利用齐读的功效来提高整班学生朗读的能力。齐读时，有利于教师发现问题，集中指导，也有利于学生之间在读中互相纠正，互相体会。特别是对那些朗读水平较低的学生，这就避免了个别朗读时的胆怯和尴尬，更有利于他们在一种轻松、愉快的心情下，在和谐、活泼的氛围中，积极参与朗读，有利于找到朗读感觉，发现朗读规律，掌握朗读方法，增强对语言文字的感受能力，树立朗读的信心，从而体验到一种成功的乐趣。长此以往，他们的朗读能力便会在齐读中得到提高。

当然，读的形式还有很多，选择什么样的方式要根据教学的需要和学生的实际，恰到好处地运用。例如，在学生初读课文阶段，放声读、自由读、选读、赛读不失为是比较理想的朗读方式，又如在指导学生"有感情读"时，不妨就选择赏读、仿读、分角色读等方式。最后，朗读还要回到整体。

（三）情感激发，读出个性

朗读是情感体验的表现、心灵碰撞的薄发。不同的学生因为知识水平、理解能力、感悟能力等因素的千差万别，他对文章的情感和意境的体会是不同的，朗读的处理方式也各有特色，有感情朗读是一种个性化行为。

在朗读实践中，我们应该充分发挥学生的主观能动性，自读自悟，从而产生有个性、有价值、多元并存的感悟效果。因此，在教学中教师要用心体验作品情境，珍视每一位学生的独特情感体验，鼓励学生进行个性化地朗读，读出自己对文本的感受。如《揠苗助长》中"那个人把禾苗一棵一棵往上拔。"应该如何读时，学生就发表意见了，一位小男孩认为，语速要快点，音要高点，因为看到禾苗长高了，这个人是很开心的；第二位孩子认为，从早上干到太阳落山很累了，都没力气了，应该读得慢一点，表现出有气无力；可是第三个孩子又认为，这个种田人认为只有这种方法才能促使禾苗快快长，只有读得坚定些方显示出决心。学生的每一种朗读处理都是不同的个性气质与生活经验的体现。老师分别用"你真会观察生活，理解农夫的心情"，"你真能感受农夫的劳动的艰辛，很有思想"，"老师为有你这样的独特见解的学生而自豪"一一做出评价。

（四）评价精准，读得更棒

教育心理学研究告诉我们：及时反馈能提高课堂教学效率。对于阅读教学而言，有效的朗读是不可缺少的一个环节。有效地朗读评价不仅是给一个评价问题，更是一个激励的过程，是一个攀登朗读新高峰的扬鞭跃马。通过评价的调节功能，可以不断地推动朗读训练一步一步前进，使其向预定的教学目标逼近。一个优秀的朗读评价语，它不但是朗读水平的鉴定语，也是教学过渡语，还是朗读的指导语，有助于学生感悟课文，促进朗读能力的提高。

听过支玉恒老师《第一场雪》的老师都会难忘它的美丽。特别是他对学生的朗读指导，真的是"不着一字，尽得风流"。

案例：《第一场雪》

师：第二天清早，天放晴了。我们看看雪景好不好？大家闭眼来听，看看这位同学能不能把你带到那么美丽的雪景中去。

一名学生朗读。

师：你们听他读完这段，是不是感到走进雪野中了？

学生反应不一。"好像刚走到雪野的边上。"（满场笑声）

师：那谁能带着大家进去？

另一学生读，但读得更不好。

师：进去了吗？

学生齐说"没有"，又是大笑。

师：啊，是没有。刚才已经到边上了，现在她又领着我们出来了。（笑声）现在请她读读，她一定能把大家带进去。

在这一环节的朗读指导中，支老师一改往日以技法指导朗读的程式（哪里要读重，哪里要读快之类），而创设了以情境启发朗读情感之举，朗读评价风趣幽默。这样感性而富有趣味的评价，既包含了鼓励性评价的意思，又有一种善意的提醒，得当的指引，切中了朗读指导的"要害"，学生循序渐进，水到渠成。

一位老师上《卢沟桥的狮子》，她那循循善诱的评价语令人折服。

师：咱们展示一下，把你最喜欢的那尊狮子的语句有声有色地读给大家听。

（生大声读："有的小狮子偎依在母狮子的怀里，好像正在熟睡。"）师：你读得很流利，不过小狮子在熟睡，你这样大声可要吵醒它。（该生意识到了，马上轻轻地读。）

师：多么香甜呀！大家一起来。

师：还有别的语句，读吧！

（生读："还有的小狮子大概太淘气了，被大狮子用爪子按在地上。"但没有轻重之分。）

师：老师给你提个建议，你能不能按得再重一点，不然淘气的小狮子还会再逃走的，再读一次吧。

（生笑读，强调出"按"。）

这样的朗读评价语，是教师深入地解读文本，感悟文本的精神，置身于文本的多种情境中的结果，而且因地制宜，因人而异，看似随手拈来，实则匠心独运，不得不让人拍案叫绝。教师应该积极寻求评价内容与知识点的融合，拭去刻意评价的痕迹，减少理性与机械，增加感性与灵动；减少程序与呆板，增加想象和意境，激发读的欲望，在读中感悟作品语言内涵，自然而然地把别人的语言内化积累为自己的语言，这样的评价才真叫好，真叫妙！

二、背诵积累的方法

（一）助理解促背诵

对于背诵来说，最忌讳的就是死记硬背，这样背下来的文章过后容易忘记，特别是对于小学生来说，理性思维不是很强，对于背诵的东西，自己没有技巧和方法，容易出现死记硬背的状态，背后也易忘记，因此只有帮助学生理解之后再背诵才会起到事半功倍的效果。介绍作者的写作背景，教师的范读，情境的创设，相似文本的比较，重难点的点拨等形式，都可以促进学生对文本的理解。

于永正老师所教的毛泽东《卜算子·咏梅》就是很好的范例。课始，于位老师就说："学习古诗文，第一要凭借注释，好多古文古诗都有注释，它能帮助我们学习古诗文，请大家借助注释，先自己读，看能读懂多少。先自己学，不要急着讨论。先自己读，自己思考。"学生通过注释等理解了词意后，再请学生说说，从词中你读出了怎样的梅花。学生都能说"梅花的坚强""梅花的谦虚"等。在此基础上，引导学生读背景材料：1961年，我国连续三年遭到严重自然灾害，国家很困难。美国大肆反华，苏联也背信弃义，撤走援助中国的专家，逼中国还债，并攻击中国共产党要当国际共产主义的领袖，毛主席写这首词来鼓励全党同志。学生很快就说，毛泽东想鼓励全党同志，不要害怕，要像梅花一样坚强无畏。老师又接下来问：仅仅是不怕困难吗？仅仅是敢于斗争吗？你看，当时的苏联攻击中国共产党想当国际共产主义的领袖。那毛泽东写这首词是什么意思呢？学生马上领悟到是大度。老师总结道：对了，我们中国共产党人不是为了争当国际共产主义的领袖，我们一切为了人民，就像刚才这个同学说的，当自己的国家繁荣昌盛的时候，当我们的人民生活富裕了，我们就感到无比欣慰。这就是毛泽东要表达的思想感情。特别是："俏也不争春，只把春来报，待到山花烂漫时，它在丛中笑。"多么宽广的胸怀，这就是中国人民的胸怀！然后请学生把词背下。

这种理解式背诵是很有效的，也加深了学生的记忆力，同时还也能达到鉴赏的目的。

（二）找"支点"促背诵

儿童在背诵的过程中，最初记忆形态表现为原始的、直接的自然记忆，以后随着知识的增长、智力的发展，转变为利用某些媒介的文化性记忆。这种媒介是记忆的支撑点，它们有的是每一段话中的中心句，句段中的重点词，有的是一连串的动词，有的是一连串的形容词，先记住这些"支撑点"，然后再扩展成一个句子或一段话。

比如指导学生背诵《爬山虎的脚》的第四自然段时，就让学生抓住连续的几个动词："触着、变成、巴住、拉、紧贴、爬"，学生很容易地掌握了爬山虎向上爬的过程，再背诵这段内容就轻而易举了。背《为人民服务》第三自然段时，在充分读的基础上，找出本段写作上的特点，含有很多关联词，引导学生抓住"因为……所以……；如果……就……；不管……都……；只要……就……就……"这些词，休会毛泽东演讲时的严密，再借助这些"支点"很快就能把本段话背下来。背《威尼斯的小艇》第五段时，请学生先找出本段主要写了"商人、青年妇女和孩子"，"他们分别干什么"，通过这样的梳理，学生抓住点很容易就把这段背下来了。

（三）唱课文促背诵

小学生由于年龄小，爱唱爱跳，我们可以利用唱歌的形式来进行背诵，也是一件乐事。这种方法尤其适合背诵古诗词，如《咏鹅》《悯农》《相思》《游子吟》《江南》等。在教学时，可让学生跟着录音学唱，自然而然地就背会了，而且记忆深刻。有些儿歌、童谣、现代诗都能够如此操作，如《小小的船》。我们也可引导学生打破思维定式，鼓励他们用自己喜欢的乐曲为这些课文配乐，用自己喜欢的方式边唱边背，甚至还可以加上动作，背诵就会简单、有趣。

（四）看插图促背诵

教材中很多文章都配有插图。我们知道，小学生的思维水平大多处于形象思维阶段。插图的有效利用，可以促进学生对文本的理解。对于要求背诵的篇目，教师可以带着学生边学习课文边观察，也可以先看图，接着学习文本，然后再看图，结合文本对插图进行想象补充。通过图片信息的刺激，学生的语言就会有所寄托。

如《卢沟桥的狮子》一课，课文要求学生背诵描写狮子形态的第二自然段。由于狮子的形态一共有五种，学生很容易混淆。文中配了三幅插图，把狮子的形态栩栩如生地展现了出来，凭借这一优势，我们可以先让学生熟读课文，大略记清狮子形态的顺序，再多次引导学生观察插图，并让学生配以相应的动作，接着抛开文字内容，让学生看插图进行记忆背诵，结果平时难以背出来的学生也能很快背出来了。

当然，教师在课堂上要求学生背诵，还应该给孩子一个具体的、可操作性的、细化了的要求。我们可在教学中明确提出"会背诵要五心"，即背诵时做到：一要专心，无论是在教室和同学们一起背诵，还是在家独自背诵，都要一心一意，脑子里不想其他事；二要细心，背诵时不丢字，加字，保证原文再现；三要有恒心，背诵时控制自己在有限时间内完成背诵，没效果"不停工"，锻炼自己的意志力；四要有信心，要知道背诵是长久的记忆，不在于一时的效果，当别人的背诵比自己快时，充满信心不灰心，不放弃；五要入心，背诵强调不看原文，凭记忆念出读过的文字。背诵的过程是让所学知识线索清楚，法理融通，内化于心。由此背诵必须要入心，做到"背、思"并重，相互促进，才能有效。背诵是语言积累的好方法，在实行素质教育和新课改的今天，背诵不但不应该受到轻视，而且应该得到进一步的加强。

三、复述积累的方法

（一）简要复述

1. 读懂课文，理清思路，简要复述

可先用抓中心句的方法概括自然段的主要意思，再把概括出的意思连缀起来。如果没有明显中心句的段落则先用"抓关键词语"的方法，明确每一段的段意，然后将段意连贯起来。如《与象共舞》这课就可抓这些句子来复述：象是泰国的国宝；在泰国，人和象没有距离；象是一种聪明而有灵气的动物；与象共舞，令我难忘。复述时告诉学生把这几部分的意思合在一起就是简单的复述，这是概括能力的训练之一。

2. 分清主次，留主删次，注意衔接

分清主次的标准是看课文各部分内容与中心的关系。《我应该感到自豪才对》，课文依次安排了"小红马嘲笑小骆驼—小骆驼委屈地找妈妈—妈妈带小骆驼走进沙漠—小骆驼感到自豪"的故事情节，其中骆驼妈妈、小骆驼沙漠之旅是全文的重点。在指导复述时，学生抓住这个部分详细说说，其余部分简单概括。这样的简单复述，从内容上留梗概，删细节，但应特别注意删减后的衔接过渡，使复述内容连贯。

（二）详细复述

1. 看图复述

语文课本中，特别是低年级课本文中的插图比较多，基本上是一幅图就是课文一个自然段的内容，依据图就可以较为详细地复述课文内容了。如《我要的是葫芦》一课中共有四幅图，依据这四幅图的顺序和内容就可以进行复述了。

2. 抓关键词组织复述

如《凡卡》第八自然段复述时，可引导学生抓住"揪、拖、揍、捞、直戳"等词复述凡卡挨打的过程。在复述的实践过程中，学生对情节有了更深刻的感受，让学生再次体会到凡卡受到非人的待遇。

3. 利用板书复述

板书，是教师根据教学的需要提纲挈领地在黑板上写的文字或画的图表。它是"知识的浓缩"，能明文路，揭重点，显联系，示内涵，同时又是课文的缩影。在教学接近尾声时，学生对文章内容已经有了较为深入的了解和记忆。此时让学生按照板书的引领复述，降低了复述的难度，学生不至于丢东忘西。

4. 运用提纲复述

为了让学生在复述课文时做到说话连贯，有条理，有顺序，引导学生编写提纲，然后让学生按照编写的提纲复述课文。如复述《草船借箭》，指导学

生列出提纲：起因就是周瑜妒忌诸葛亮，用计让诸葛亮造箭，诸葛亮接受了任务；经过是诸葛亮用计借箭；结果是诸葛亮如期交箭。用计借箭又包括了鲁肃的帮忙和四更到曹营借箭，并简单列出每一点内容中的关键词。在这一编写过程中，学生无疑加深了对课文内容的理解，更主要的是理清了课文的纹路，分清了主次，把握了重点。而编写的提纲则成了学生复述的"谱"，心中有了"谱"，说起来就"八九不离十"了。

（三）创造性复述

1. 抓住"空白"，进行扩展式复述

某些课文在内容和情节上存有"空白"，具有广阔的扩展想象空间。教师在指导学生复述时，应引导学生抓住这些空白，放飞想象的翅膀，填补这些空白。

（1）补充故事情节

为了使文章内容更为丰富、生动，在复述课文时可以根据课文的主要情节或课文的结构，扩充一些情节，补充的情节应与课文的中心紧密联系。如教学《清平乐·村居》，根据"醉里吴音相媚好"这一句让学生充分进行想象：这对老夫妻会说些什么呢？学生根据词意充分想象，说孩子们可真乖呀，一点儿也不让自己发愁；回忆和孩子一般大时到小溪内捉鱼，大家可开心了；说今年的收成肯定好……通过补充，让学生感受到农村生活的宁静闲适。

（2）丰富人物形象

对于描写人物的文章来说，对人物外貌、神态、动作、语言、心理活动的刻画不一定面面俱到。有时我们可以让学生根据自己对课文内容的理解，对人物描写进行进一步加工。如《草船借箭》"接受任务"这一部分作者只写了人物的语言，教学复述时，可让学生把这人当时的动作、神态、心理活动加进去，这样就更能体会到周瑜的心胸狭窄，诸葛亮的神机妙算，以大局为重。

2. 变换角度，进行多样化复述

教学过程中，要启迪思维，激发创造潜能，进行创造性复述，必须进行多角度的尝试和探索。

（1）改变体裁

小学阶段语文文体主要有记叙文、诗歌、童话、说明文等，只要稍微变换一下角度，许多文体可以相互转换。如诗歌体可改为记叙体复述，说明体可改为童话体复述等。

（2）改变人称

语文课文有很多是以第三人称写的，对其中有些课文可以指导学生用第一人称"我"来复述。上完《电脑住宅》之后，请学生以第一人称向大家介绍电脑住宅的那些特点，使学生对这种新型住宅有更深的了解。《将相和》一文，可让学生以"蔺相如"的身份，用第一人称说说完璧归赵的故事，加强对蔺相如机智勇敢、爱国的感受。

（3）改变结构

语文课本里入选的课文大多数是按照事情发生、发展和结果的顺序叙述的，教师可以指导学生将顺叙的课文结构改为倒叙结构，或者把倒叙结构改为顺叙结构。

通过改变体裁、人称、结构等多种形式的复述，让学生明白了学习是一种创造性的活动，只有融会贯通，才能更好地积累内化，自己的智慧会让文本变得更有价值。

3. 发展延伸，进行接续式复述

（1）添加结尾

有些课文本身有发展的余地，可以指导学生通过想象延伸课文内容。

（2）改编故事

有些课文的故事结局是既定的，可是为了培养学生的发散思维能力，可以"借题发挥"，重设情境。这样的训练，在满足学生创造欲望的同时，使他们的思维变得更活跃，想象力更丰富。

当然，创造性复述不仅仅是以上几种形式。教师只有深入钻研教材，根据课文特点，选择合适的复述形式，才能调动学生的学习积极性、主动性，才会使学生会复述、爱复述，从而提高复述的效益。

第十三章　课外阅读中的积累

　　课外阅读的概念是基于阅读这一概念基础之上的。而课堂内阅读就是在课堂上以教材为读物，由老师组织和引导而展开的阅读活动。由此，我们可将课外阅读的含义理解为：学生开展一切课堂、教科书以外的有助于提高学生人文素养和语文素养的各种阅读活动。

　　课外阅读是课内阅读的继续和延伸，也是语文教学的有机组成部分。它起着课堂教学和学科活动所不能取代的重要作用，它能扩展和深化课内知识，加强求知内驱力，丰富精神生活，培育高尚情操，还能提高学生的自主学习能力，形成良好的学习习惯。

第一节　课外阅读积累的意义

　　积累是学生形成语文素养的一条重要途径。在学生的课外阅读中，引导学生进行有意识的积累，对学生语文能力的提高和阅读习惯的形成所起的作用是不可低估的。

一、学生语言表达能力的整体提升

　　语文学科不像自然学科那样严密，它始终离不开由量变到质变的过程，正所谓"读书破万卷，下笔如有神"，也就是这个道理。现代著名作家巴金对于阅读积累作用谈得更为直接，他说："现在有 200 多篇文章储蓄在我的脑海里了。虽然我对其中任何一篇都没有很好地研究过，但这么多的具体东西最少可以使我明白所谓'文章'究竟是怎么回事。"这便是积累的很好体现，学生的阅读积累也是同样的道理：读得多了，积累丰富了，他的表达就会如溪流一样，源源不尽。

二、提高学生习作能力

诗人陆游曾告诫儿子："汝果欲学诗，工夫在诗外"。写诗作文道理相通，要想写出好的作文，除了课堂内，还得在作文之外、课堂之外下功夫。生活素材是作文的关键，但是，学生生活的主阵地是学校，他们还不是社会的主人，不能长期投入到社会生活中的海洋去直接获得丰富的生活素材，而间接的生活经验却能通过课外阅读积累得到，而且这种积累得到的材料是一种更广阔的生活概括，是经过很多人加工后形成的材料，可以直接为学生所用。

三、提高课堂教学效率

学生的知识体系是通过课内外的自主学习而逐渐建立起来的。课内阅读是培养阅读兴趣，获得阅读方法的必由之路。广泛的课外阅读是学生搜集和汲取知识的一条重要途径。课外阅读是课内阅读的继续和延伸，能扩展和深化课内知识。学生可将自己从课内学到的知识融会到他从课外书籍中所获取的知识渠道中去，相得益彰，形成"立体"的牢固的知识体系。它们之间的关系是相辅相成的。

譬如五年级上册《草原》是一篇叙事散文，课内教师重点引导学生把握主要内容，通过阅读感受和体会草原的美景和蒙古人民的热情好客。课后，推荐类似的文章或者书籍，进行阅读训练和积累，学生掌握了阅读的方法和技巧，掌握阅读技巧也是一种积累。久而久之，学生的学习效率也会提高许多。

四、提高学生自身的思想意识和道德素质

课外阅读积累的不仅对学生的学习有着重要帮助，对学生的道德素质和思想意识也有重大影响。"一本好书可以影响人的一生。"这句话是有道理的，学生更应"多读书、读好书"。几乎每位学生都有自己心中的英雄或学习的榜样，如军人、科学家、老师、英雄人物，哪怕是身边的同学或者自己的父母等。这些令他们崇拜或学习和模仿的楷模相当一部分是学生通过阅读各类书籍时所认识的。当学生进行阅读时便会潜意识地将自己的思想和行为与书中所描述的人物形象进行比较，无形中就提高了自身的思想意识和道德素质。

第二节　课外阅读积累的类型

一、精读

在课堂上教师就已经调动学生的多种感官，做到口到、眼到、心到、手

到，边读、边想、边批注，谈感受。对于课外阅读，教师可鼓励学生将课上所学的方法加以运用，养成认真有效阅读的好习惯。就是说在每句阅读时，先理解每字的意思，然后通解一句之意，又通解一章之意，相接连作去，明理演文，一举两得，这是传统的三步精读法。它是培养学生阅读能力最主要最基本的手段。

二、默读

默读是不出声地目视。文字符号通过视觉直映大脑，为大脑提供思维材料。默读的视觉广度大，阅读速度快，可以重复看，反复看，有助于理解。由于阅读时默默无声，更利于思考。除诗歌以外一般阅读多用此法；在查阅资料，阅读报刊，以及在理解性阅读、研究性阅读中也广泛使用默读法。学生在默读时，如果经常伴有标划、批注、摘录、做笔记、列提纲、画图表等笔头活动，会更有助于提高阅读效率。

三、速读

在现代社会当中，对信息的筛选能力和筛选速度尤其重要。我们应指导学生根据自身所需选择读物进行速读，当然在速读的同时也不能忽略对内容的理解，这样学生们就能在最短的时间获取尽量多的信息。

四、写读书笔记

文章中富有教育意义的句格言、精彩生动的词句、段落，可以摘录下来，积存进自己设立的"词库"中，丰富语言的积累。课外阅读笔记可以做得更鲜活一些，比如做成贺卡、书签等，这样阅读就会变得更精彩，更有实效。

第三节 提升课外阅读积累的方法

一、创设氛围诱发阅读的兴趣

良好的读书环境对人的影响是非常巨大的，我们首先要在班级中积极创设一种浓厚的阅读氛围。

（一）以讲故事诱发兴趣

故事人人爱听，尤其是第一学段小学生，一听老师要讲一个故事，个个都会挺直身子，竖起耳朵，两眼闪烁着欣喜的目光，嘴角露出甜蜜的微笑。平时，老师若有空，就拿着书，和学生坐在一起，给他们讲或有趣，或惊险，或奇特，或令人感动等故事，把孩子带进一个美妙精彩的世界里，在享受故事带来的奇妙世界里感受到课外阅读的诱惑。

接下来可让学生自己讲，在班上每周举行一节"故事会"，故事会上，学生轮流上台讲，或同桌互讲，做到人人必讲。学生为了准备故事，必须搜集素材，要看一些童话、寓言方面的书，在成功的喜悦中体会到课外阅读的乐趣。这极大地调动了学生的读书积极性，每一个故事都是一服培养学生课外阅读兴趣的催化剂。

（二）设奖激发兴趣

在班级中建立图书角，有专人管理做好记录，并定期对借阅记录进行检查，对借阅次数多的同学给予适当的奖励，如把学校的图书优先借阅获奖的学生，评比"阅读章"时优先考虑等。这样，唤醒学生的阅读意识，激发了学生的课外阅读兴趣，引导他们开始漫步书林，引发阅读热情。

（三）榜样激励，激发阅读兴趣

"榜样的力量是无穷"。青少年喜欢模仿，而且年龄越小模仿性越强，这是人类的共有的天性。因此，我们在培养学生良好的课外阅读习惯，不失时机地通过榜样示范来激发阅读兴趣，首先教师经常向学生讲述自己阅读读物后的收获与体会，用"现身说法"激起学生情感上的共鸣，使之产生强烈的阅读欲望。其次向学生介绍古今中外热爱读书的一些名人名家，如文学家高尔基、伟大领袖毛泽东、大作家老舍、叶圣陶、冰心等，进行对比教育，从而激起学生对读书人的崇拜，对书的渴望，这样学生就会在课余时间主动地进行广泛的阅读尝试。

（四）开展活动，激发阅读兴趣

开展与课外阅读有关的活动，在丰富多彩的活动中，让学生感受自信，体验成功，体会课外阅读的乐趣。

（1）开展与课内阅读有关的收集活动，如写《我敬佩的一个人》，课前让学生大量阅读写人文章，摘录好词好句，揣摩作者谋篇布局的方法，来帮助学生减轻作文的压力，以课外促课内，相得益彰，体验收获的喜悦。

（2）定期举办了各类主题竞赛，如故事大王赛、诗歌竞赛、手抄报赛等，以此来激发学生课外阅读的兴趣。

（五）加强指导，保持阅读的兴趣

由于年龄小，注意力不够集中，维持对某件事的热情的时间短，许多孩子都只具有"三分钟热度"。要使孩子们保持对课外阅读的兴趣，这需要一个长期的过程。

1. 指导学生选择读物

小学生年龄小，阅历浅，选择读物时往往带有盲目性、随意性，这样就不能提高阅读的质量，因此，教师在对学生进行课外阅读指导的过程中既有尊重和注意激发学生的阅读兴趣，但又要注意避免放任自流，克服"偏食"现象，有意识地引导学生选择阅读读物。

2. 根据学生学习需要推荐读物

课外阅读作为课堂教学的延续和补充，必须与课堂教学相结合。在教学中应根据课文的内容进一步激发学生的课外阅读兴趣，在课堂教学的基础上，给学生指定一些阅读的范围，促进他们的课外阅读兴趣。如教完《毛主席在花山》《七律·长征》《青山处处埋忠骨》等课文后，指定学生阅读有关毛主席的文章、书籍，使学生对课文的理解得到深化，领略到伟人的伟大和平凡。

（六）展示成果，巩固阅读的兴趣

只有尽量为学生提供展示他们的阅读成果的舞台，定期对他们的阅读情况加以检查评定，才能进一步巩固学生课外阅读的兴趣。

1. 阅读比赛

每周的课外阅读课时间，在组长带领下开展阅读和交流，并定时展开评比。例如，每读完一本书，便加一颗五角星；每背完三首古诗也加一颗五角星……这种以小组为单位开展的比赛，不仅引发了学生个人间的良性竞争，还利于学生互相鼓励，维持对课外阅读的长久兴趣。

2. 成果展评

在班级中定期展评学生的读书笔记、剪贴、手抄报等。学生在展评过程中，互相交流，取长补短，对课外阅读的兴趣又进一步得到巩固。

3. 游艺实践

尽量多举行学生喜欢的课外阅读实践活动。在班中开展"课本剧表演""童话故事演讲""走进歇后语王国"等实践活动，为学生创设表现自我的舞台，让学生在活动中体会读书的成功喜悦，从而进一步巩固他们的读书热情。

采用上述多种的方式，使学生的阅读兴趣得到不断巩固，阅读量大大增加，学生就越会读书，越喜欢读书，形成一种良性循环，最终养成良好的课外阅读习惯。

二、传授读书积累方法，让学生学会阅读

在有针对性地进行阅读，有意识地进行积累、感悟和运用中，学生的欣赏品位和审美情趣都会得到相应提高。这样做，也有利于学生"多读书，好读书，读好书，读整本的书"，尤其有利于提升学生对读物的综合理解能力，有利于强化学生的情感体验和创造性的理解能力。

（一）明确目标，把握主旨

1. 有目的地开展阅读

如果语文课外阅读缺乏目的性，小学生阅读过程中只是为了凑热闹，甚

至有很大一部分学生在参与课外阅读时只是走马观花地看故事、看内容，至于书籍材料中所提及的知识、词句等，他们很少去关注。笔者认为，这种漫无目的的阅读方式不但缺乏有效性，而且会浪费宝贵的阅读时间。所以，帮助学生明确阅读目标，把握阅读主旨，这恰恰是语文教师所要面对的重点课题。那么，具体该如何操作这一环节呢？以《乌鸦喝水》为例，假如将这篇课文当作小学生参与课外阅读的材料，我们可以这样帮助他们制定阅读目标：① 寻出文章中出现的生字和生词，如"鸦""瓶""叼""渐渐""乌鸦"等，尝试将这些生字和生词读一读、写一写、记一记；② 纵观全文，探析一下文中的乌鸦到底要做什么，它是怎么做的，哪些句子可以体现出乌鸦的聪明；③ 通过这则故事可以悟出哪些道理，假如同学们在解决一件事情时陷入了瓶颈之中，你们会如何借助周边的事物和环境去解决问题。通过上述阅读目标的导入，可以有效增强小学生课外阅读质量，并让他们明确"读"的方向。

2. 探寻阅读材料重点

课外阅读重在认知文章涉及的生字生词，把握主旨，剖析精髓，了解其中蕴含的中心思想。但是我国小学生在参与课外阅读活动时很难顺利完成这些内容，有时还会顾此失彼，难以发现重点。所以，在日常教学中，教师有必要渗透培养机制，增强小学生探寻课外阅读的质量和能力。以《狐狸和乌鸦》为例，小学生在阅读这篇课文时往往会将重点放在他们感兴趣的内容上，比如有的学生惋惜"乌鸦失去了那块肉"，有的学生感叹"狐狸太过聪明"，更有学生认为"乌鸦太不自知"。但是，这篇文章具体交代了哪些道理和思想，学生们却很难总结出来，这是缺乏压力和思考积极性的体现。所以，教师有必要培养小学生在课外阅读中剖析重点、挖掘知识的习惯，从而让课外阅读的时效性和功能性得以体现，让小学生在这个过程中增强自身的文化素养，提高他们的阅读素养。

（二）关注质量，把握技巧

1. 浏览阅读中积累

阅读的方法有很多种，不是所有文章都适合通过精读的方式积累。对大部分浅显易懂的书或阅读价值不高的书籍报刊，可采取浏览性阅读，即随便翻翻。浏览性阅读求知识的广泛，在阅读的数量上，多多益善；在阅读的质量上，整体感知，大局把握；在阅读的方法上以跳读为主，一目十行，理解为辅，只要略观大意，抓住文章的重点即可，不平均使用力量，这种浏览性阅读积累方式，以求在有限的时间内获取最大的信息量和更多有价值的信息。

2. 品味性阅读中积累

品味性的阅读即精读，精读是对读物内容和形式做全面深刻的理解和把握的一种基本的阅读方法。精读一本经典著作，可起到举一反三，触类旁通的作用。毛泽东说过："读书是学习，使用也是学习，而且是更重要的学习。"指导学生灵活运用文章中的好词佳句，成功片段，是深化语言积累的有效方法，在语文教学中，教师要善于捕捉运用迁移的练习点，指导学生有机积累语言，沉淀语言素材。教师要教学生对名篇和其他文质兼美的优秀作品进行精读，需要经过至少三次通读，复读，静心细读，体会立意构思，布局谋篇，欣赏妙词佳句。如此精细的对文章通读之后，积累到的知识、素材也是全方位的，对学生提高写作水平，益处颇丰。

3. 批注法阅读中积累

在指导学生使用批注法进行课外阅读时，首先要帮助他们确定批注所用的格式和符号，比如圆圈、正方形等，然后鼓励他们边读边批注，并在正方形框中写出自己的阅读心得，他们对某个精彩句子的感悟，或者是对某个生字生词的注释等。这种阅读方法不但需要学生手脑并用，还能促进他们良好阅读习惯的生成。当然，有时书籍的空白区域面积不够学生书写或批注之用，可以引导学生利用特制的卡片和笔记本将这些值得采摘的句子和观点存储起来，同时也可以引导学生将脑海中灵光一现的火花记录下来，从而形成有价值的心得体会。

4. 拓展性阅读中积累

所谓拓展性阅读，就是教师在课堂教学中向学生传授阅读法，然后有目的、有计划地向学生推荐与课文内容密切相关的读物，为学生架起从课内走向课外阅读的桥梁。小学语文课本里写了众多的人物，其中有不少古今中外的名人。如鲁迅、毛泽东、爱迪生等等。课后去阅读这些名人的书，进一步了解这些名人故事。古今中外凡是为人类进步事业做出贡献的伟人、名人，无一例外都是有远大志向的人，所以阅读名人的故事，不但有助于学生理解课文内容，还能潜移默化地使学生的思想受到熏陶，树立远大的目标，做个有理想有抱负的人。还可以读与课文内容有联系的作品，让学生在课外阅读中拓展知识。如学习《太阳》前，让学生阅读《后羿射日》的神话故事；学完《草船借箭》向学生推荐《三国演义》；学了《寓言二则》等寓言，可向学生推荐《中国古代寓言故事》等。

（三）资源整合，把握实效

1. 说话中沉淀积累

在教学中，教师要根据实际情况，把握合理时机，设计灵活形式，让学生练习说话，使学生把课外阅读中学到的语言材料内化为自己的语言材料，并沉淀积累。如在学习《草原》后，让学生完成课外同步阅读《草原八月末》，又让他们找出自己喜欢的词语或句子摘录到摘抄本上，然后让学生反复默读文章，在理解文章内容的基础上，把自己的理解和文章中的语言组织在一起，向同学介绍内蒙古风光和风情。口语交际前让学生把说的内容列成提纲，介绍时尽量用上自己摘录到的课文中的好词佳句，使学生在说中积累。另外，复述是将语言内化为自己语言的有效方式。在教学中，教师可用故事描述、导游介绍和即兴表演等形式，让学生用自己在课外阅读中积累的语言进行复述，在说话中沉淀积累。

2. 写中深化积累

俗话说"不动笔墨，不读书"，积累能真正的运用到自己的写作中，才能称得上是自己的东西。在课外阅读中积累和掌握方法，写读后心得非常重要。可以是引述原文部分内容加以联想发挥；可以列举同类事物，做出综合结论；可以逐层分析原文，透彻了解内容，编写写作提纲……如一学生在读《我自豪，我是自强不息的人》一文后，写下了这样的感言：生活是作文之源，人生是作文之本。本文作者从自己不平凡的生活着笔，写得真实具体，因此获得了成功。从这一成功中，我们有哪些启示呢？启示一：抒写真情才会有好作文……启示二：构思巧作文才有结构美……启示三：语言质朴才最感人……

在课外阅读中，学生经常会遇到自己觉得十分吸引自己的词句，会忍不住将它们摘录到积累本上。只看不练是无法发挥课外阅读真正价值的，所以语文教师有必要在指导学生正确阅读、正确积累的基础上开展锤炼活动，以此增强学生的动手能力，引导他们灵活运用。

3. 背诵中丰厚积累

古人读书，非常重视背诵。著名文艺理论家、美学家、教育家朱光潜先生在《从我怎样学国文说起》中说："私塾的读书程序是先背诵后理解，"背诵过的，当时虽不甚了了，回忆起来，总会不断地有新领悟，其中意味，确是深长。背诵是学生们学习过程中的一种高效积累的方法，在任何的学科当中都得到了很好的运用，可以帮助学生们记住知识点，同时也能提高学生们的记忆力，对于学习和知识点的掌握都有很大的好处。

小学低年级阶段是人生中记忆力最好的期，课外读物中的儿歌、短文朗朗上口，语言浅显易懂，通过背诵，让学生不断充实语言库存。这样，学生极大地丰富了学生的语言积累，学习语文的积极性就更高了，最终形成能力。在指导学生背诵课外读物的时候，老师告诉学生，读到能背下来时不要停下来，应再读几遍，这样才能记得牢，背诵后忘得最快的是开头十几天，因此，在熟读成诵后隔三岔五就要复习一下。平时，也经常进行情境训练，以便对背诵的内容进行运用巩固。

4. 报告交流中积累

"读书报告会"是指在教师定期指导下，学生预先在课外阅读书目，并提交一篇读书笔记，继而由语文教师遴选择优在课堂上进行阅读心得交流的一种读书形式。"读书报告会"的主要特点是：教师有效指导，学生定时阅读，心得及时反馈，读写有效结合。

"读书报告会"的操作流程：框定可利用的节假日——教师开列阅读书目——学生在定时间阅读——完成一篇有心得体会的读书笔记——学生间相互交流——学习小组推荐——教师审阅遴选——确定读书报告会"课堂交流人选（6到8名同学，每人5分钟交流时间）——拟写交流发言提纲——课代表拟写主题、创设交流情境——课代表主持"读书报告会"——课堂交流代表展示自己的读书成果——学生记录、提问——老师点评、总结。

"读书报告会"这一课外阅读形式将课外自由阅读与课内定时反馈相结合，将阅读与写作相结合，将书面表达与口语交际相结合。"读书报告会"所具有的课堂定时和规范作业等硬性要求使课外阅读这块最软的软作业得以贯彻落实，从而增强了课外阅读的时效性和实效性。

三、创设有利的课外阅读环境，为学生提供广阔的课外阅读平台

建立良好的读书环境，能够让学生较好地专注于阅读。

（一）设立制度

现在，不少学校拥有种类丰富的图书，但学生的有效阅读时间却很少，课外阅读量并不大，只有这两个条件的满足，才能进行有效地阅读积累。

学校首先要为学生制定科学合理的课外阅读制度。比如学校应该针对不同年级，不同年龄段的学生，科学合理地安排其阅读时间和阅读书籍。如在星期一、星期三安排低年级的学生借阅一些通俗易懂并附有图片的课外书籍，培养低年级学生的课外阅读兴趣；在星期二、四、五安排中高年级学生进行课外阅读，根据他们的阅读年龄，可以开展一些深度阅读，阅读的书籍可以有古今中外的名著，也可以有启人心智、开阔学生视野的好书籍、好文章，为学生提供广阔的阅读平台和空间。

教师在学生进行课外阅读的同时，建立课外阅读的评价体系不可或缺。评价方式力求多样化，不拘一格，使学生乐于接受评价。比如定期组织师生交流学生读完一定的课外书后，可以以班为单位举行读书交流活动，使师生一起针对课外读物的内容、特点等做深入的交流讨论，从总体上评价学生的课外阅读进行情况。交流讨论不仅能强化学生对书籍内容的理解，而且能培养学生持续的阅读兴趣。其次，举办展示课外阅读积累成果，可以是手抄报设计活动、组织课外阅读创作活动、课堂检验课外阅读情况、考试检验课外阅读情况等。学校还应该努力建立起校级层面的小学生课外阅读评价体系。

（二）亲子阅读

陈鹤琴说过"要孩子学会阅读，我们的家庭、社会，必然要先有阅读的

环境"。家庭环境对孩子阅读习惯的养成起着耳濡目染的作用，创造"书香家庭"的氛围有助于孩子养成爱读书的好习惯。因此应该着手建立家校联系的长效机制，家长应有意识地建立家庭书库，和孩子一同阅读，营造浓厚的家庭阅读氛围。

1. 布置书香家庭环境

书香家庭环境主要包括阅读空间、图书摆设与珍藏、图书数目与种类、阅读灯光等硬环境。总之，环境的布置就是要营造开放、宽松、愉快、舒适的阅读空间。

2. 提倡互动式阅读

互动式阅读主要表现在家庭成员之间围绕阅读内容进行交流和讨论。比如家长对孩子课外阅读的指导与期望，家庭成员之间在阅读方面的互相影响等。

3. 建立家庭阅读档案

教师平时也要不断学习，抽出一些时间与学生一起坐在教室看书，交流学习心得。还要通过家长会、家访的形式向家长宣传课外阅读对丰富学生知识、开发其智力、陶冶其情操及提高语文教学质量的重要意义。要求家长多带孩子去书店、图书馆，并帮助孩子选择合适的图书，并告诉他们增加课外阅读量会让孩子受益匪浅，让他们经常抽时间，和孩子一起看书学习。这样在潜移默化中，学生就会受到书籍的熏陶，就能自然而然地养成课外阅读的好习惯。

家庭阅读过程中，可以建立家庭阅读档案，即家长和孩子每阅读完一本读物，就填写一张阅读记录卡，将阅读书目、阅读时间、阅读收获简单记录下来，并长期坚持、定期回顾，留下全家共同学习、共同成长的足迹。建立家庭阅读档案能够充分调动全家人阅读的积极性，尤其是孩子。孩子看着一份份自己亲手制作完成的阅读档案，看到自己读过的书越来越多，就能够感受到在持续阅读与建立阅读档案中的成就感，就会更加兴致勃勃地进行阅读与记录，这必然会给孩子带来更大的收获。

（三）网络阅读

利用多媒体平台进行辅助阅读，让学生进入到了一个内容丰富、形式多彩的信息世界。如上《桂林山水》一课后，学生通过上网查找优美的桂林山水的风景图和描写桂林山水的优美语句，关于桂林山水游玩的视频，有诗情画意般的美好感受，而且激发了学习兴趣，增强了学习主动性。

四、建立督查机制，养成阅读习惯

课外阅读兴趣的养成，不是一蹴而就的，需要长期的持之以恒并保证不出现相反方向的反复，因此必须要建立激励、评价与监督机制，不断强化以养成习惯。

（一）家长监督

家长的支持，对提高学生阅读的兴趣，激励他们不断探索有着十分明显的作用。为此，可以成立了家长学校，着重在取得家长对学生课外阅读的理解和支持的基础上，更重视对家长的指导。希望家长在家里起到学生课外阅读的指导者和监督者的作用。为此，还可专门不定期地和家长进行交流，聆听他们在这方面的成功经验，并在潜移默化中转变了家长对学生课外阅读的错误观念。

（二）落实检查制度，使课外阅读持之以恒

（1）读书报告制度，每天抽 10 分钟，安排一个同学讲述自己阅读中的收获，其余同学评议。此举一举两得，不但能矫正学生阅读中的不足之处，还能借同学的口，开拓其余学生的视野。

（2）检查读书笔记。通过检查读书笔记，能让老师了解学生阅读书籍的内容、种类、数量，并指出笔记的优缺点，明确努力的方向。

第十四章　生活中的积累

语文定义很多,有的专家认为是语言和文化,有的专家认为即语言和文学的简称。语言在人类的生产和生活中产生并发展;文学是对生活的集中反映,虽高于生活却源于生活,所以生活是学习语文的好老师,生活是语言积累的源泉。

第一节　生活积累的意义

生活是一部大书,我们要时时处处做积累的有心人,将积累从课堂走向社会,从书本引向生活,做到处处留心皆学问,处处留心皆学文。古人云:"一切景语皆情语",生活中如果能注重积累,巧妙迁移,调动各种感官功能去感觉,融入阅读体验,倾听自然天籁,可以与大自然进行心灵对话。

法国雕塑家罗丹云:"美是到处都有的,对于我们的眼睛不是缺少美,而是缺少发现。"北宋文学家王安石云:"古人观之于天地、山川、草木、虫鱼、鸟兽,往往有得,以其求思之深而无不在也。"朱自清先生云:"于一言一动之微,一沙一石之细,都不轻轻放过!"作为语文教师,我们要善于引导学生从课内走到课外,让学生走向社会,走向生活,从教室这小课堂走向社会这大课堂,树立大语文观,要善于探索语文生活积累的天地,开展好语文综合性学习实践活动,让自然风光、风俗民情、人文景观都是丰富的学习资源,让学生感悟大自然,体验生活,在生活积累,在生活学习语文。

语言与生活,仿佛鱼和水,二者不可分。生活在时刻变化,生活在奋勇前进,生活在不断丰富,语言得紧跟其后,跑步行进。

语言的积累离不开生活,我们的生活丰富多彩,典型意义的场景、人物和事件,生活中各类物品的名称和性能,尤其是最新的高科技产品,为语言的积累提供了丰富的素材。

作家的成长经历说明生活中积累语言的重要。许多知名作家都善于从生活语言中积累生动的素材。著名作家孙犁，就从他妻子和母亲处学了不少语言，这些语言，既传神又带有浓郁的地方色彩，对他的文学创作起了不少的作用。

"大语文观"也提示我们学习语言不应局限于有限的 40 分钟，不应该局限狭小的教室空间和有限的校园天地，而应把视野拓展到更多广阔天地——丰富的社会生活和广阔的大自然。

学生大部分的时间是在校园中度过的，充分利用校园的语言环境，通过丰富多彩的语言实践活动，将对学生积累和运用语言，促进学生语言的系统化有着极大的帮助。在教学中，应该十分注重建设良好的校园语言环境，帮助学生积累和运用语言，发展学生的语言。比如，利用班级图书角，让学生多看课外书，在广泛阅读的基础上，举行手抄报展，摘录好句子、好段落，写写读书笔记或读后感受等等，并在班级的学习园地栏中进行展评；利用班会活动或少先队活动等，开展讲故事比赛，古诗词朗诵比赛，演讲比赛等；组建、开展兴趣小组活动，像读书读报兴趣小组，写作兴趣小组等；经常组织班级学生开展好语文综合实践活动，如比较好操作，学生又感兴趣的课本剧表演和手抄报展，有时甚至进行问题答辩等；指导参加小记者站和校园红领巾广播站，及时地宣传报道校园和周边的活动信息等。

积累的目的在于运用，教师可通过晨会、班队会等活动引导学生把自己从电视、报纸、生活中看到的、听到的用自己的语言说一说，既丰富了学生的知识，长了见识，又为今后习作中很好的运用语言打下了坚实的基础。比如利用每节语文课的前五分钟开一个"小小消息发布会"，要求学生轮流来说。学生由于需要，自觉地把已有的语言材料进行选择、重组，用活化的语言记录下精彩的镜头，描绘生活的情趣。这同样是掌握和积累语言的重要手段，并且是更高形态的一种积累语言的方法。

学生的语言积累目的在于实践应用。学生在语文课堂上，在校园环境中学习和掌握的语言，要学习在社会和家庭的实践中去运用，去发展。同时，社会和家庭当中丰富的语言也有利于学生语言体系的建立和发展。所以，要想丰富学生的语言积累，提高学生运用语言的水平，就必须把学生引入社会，引入家庭；所以在教学中，应把学生的语言训练引到社会、家庭之中，让学生与社会上各种各样的人，与家庭中的长辈、兄弟姐妹相互交往，进行语言交流，情感沟通，以此来促进学生语言的发展。比如结合少先队活动经常开展社会调查活动，让学生深入到机关、市场、企事业单位当中，调查一些社会发展情况。通过调查活动，使学生有机会与社会上各行各业的人进行语言交流；要求学生把在校学习、生活的情况，把在课堂上学到的故事讲给家长听，并聆听家长对自己的评价与要求；开展"小记者在行动"活动……

语言的积累实际上是一种学习与运用交互作用的过程，是一种由外而内的交互的双向运动过程。在语文的教学过程中，教师应重视语言的积累，从课堂中来，又回到课堂中去；从社会、家庭中来，又回到社会、家庭中去；从生活中来，又回到生活中去。在这样循环反复的不断交替过程中，帮助学生学习语言，积累语言，运用语言，发展语言，从而有效地提高学生语文素养的水平。

第二节　生活积累的类型

一、日常生活

生活处处皆学问，实践活动中老师应让学生多接触社会，因地制宜地开展多样化的课余生活。学生看得多，听得多，就会想得多，记得多。这样就积累了丰富的生活语言。

二、传统节日

传统节日是一项重大的民族文化遗产，是我国人民的劳动创造和智慧结晶，承载着中华民族的情感，留存着民族独特的文化记忆，是历代民众共同创造的精神文明的积淀。它既包括精神文化，也包括物质文化，是集民族文化风情风俗于一体的天然大舞台，反映了长期历史发展中沿袭下来的群体文化，更是学生语言积累的好载体。

三、影视资源

随着新课改如火如荼地进行，"语文课程资源的开发与利用"已成了教学改革的热门话题，随着科技的进步、时代的发展，大众娱乐的方式越来越多，大众媒体已经成为一条颇具影响力的教育渠道。电视电影等媒体占据了学生越来越多的课余时间，看电影、看电视已经成为学生生活中一个平常的娱乐项目。学生们在生活中多多少少受到影视文化潜移默化的影响。影视是一门综合艺术，它融合了音乐、美术、语言等艺术表现形式，集文化与历史、自然与社会、现实与理想、艺术与科学于一体，是生活的一个缩影，是可以被利用的宝贵语文课程资源。

四、旅游文化资源

一群人同去旅游，收获却不大相同，为什么？因为旅游是一种文化活动。

文化积累的深浅，直接决定着旅游者收获的大小。如果学生能在旅游中倾听大自然的悄声细语，感受旅游中的各种文化信息，体察天地人的和谐统一，就能收到积累语言、丰富人生、怡情养性的良好效果。对于人文旅游资源，由于其是人类文明的载体，是人类文化的一个重要组成部分，它的文化内涵是与生俱来的，所以我们更易于、也更应该发掘其中的文化内涵。人文旅游资源的灵魂在文化，文化与人文旅游共存亡。对于人文旅游资源，最为重要的是要挖掘其内涵的史学、文学、艺术和社会学等重要意义。

第三节　生活积累的方法

一、日常生活中积累的方法

（一）用心聆听

要了解生活，不能充耳不闻，而要"风声雨声声声入耳"。要听些什么，怎么听呢？

1. 与人交流、讨论

不同的人，知识水平不同，见闻也有宽窄，有些可以互补，有些可以完善。听一个对民俗极其熟悉的人讲话，可以获取有关民俗的知识；跟一个地理知识丰富的人谈论，可以增长异域风光自然景色；听一个音乐知识丰富的人讲话，可以提升自己的音乐素养……与别人的交流，除了积累对方讲述的内容外，还要有意识的吸收富有个性的生活语言，如民间谚语"月亮生毛，要下雨了；榆木疙瘩；嘴上没长毛，做事不牢靠"等等，还有一些很幽默的语言，也可引导学生有意识的积累。

2. 听他人互相交流

比如商场内每天都有人买进卖出，一位卖主，介绍自己货物时，会把它的优点无限扩大；买主为了压低价钱，会拼命寻找缺点，通过语言进行压价。他们的讨价还价，语言生动，讲求技巧，引导学生聆听，会有意想不到的收获。这样的语言积累多了，学生也能领悟到说话的技巧。

3. 听广播电视

广播电视是一种普遍而又适应的工具。借助广播电视，可以足不出户，尽知天下事。时事、轶闻、故事、辩论，应有尽有。比如《百家讲坛》这个节目，可以从中听到很多历史故事，积累起来，用时可以信手拈来。无论是易中天的《三国》，还是于丹的《论语》，都可以通过他们对经典的解读，听取很多文史精华。同时，一些流行性的"酷语"，都可从这些媒体中获取。

（二）细心观察

生活是一个大课堂，有多姿多彩的大千世界，也有深奥隐秘的自然现象，更有错综复杂的人际关系。如果没有通过观察，要想获取其中的语言，那是不可能的。教给学生正确的观察方法，教给学生有关的观察知识，培养学生一定的观察能力，养成学生良好的观察习惯，是积累生活中语言的根本。

1. 教导学生明白观察的"利器"

观察是人们认识事物的起点，只有认真细致地观察，才能对事物有全面细致的了解，才能做到语言的积累。要想获得充足的材料，说出充满生活气息，富有真情实感的语言，光靠视觉器官——眼睛，那是远远不够的，还要充分调动其他感官。也就是眼睛、耳朵、鼻子、舌头、手指一起工作。认真地观察、了解，研究一切人物、事情和事物（动物、植物、静物），使头脑里同时得到多种获取材料的通道。做到不但观察形态、听音响、辨别味道，而且感觉事物的冷暖，从而将这些体察到的，构成一个完整、统一的画面。因此，让学生充实语言的仓库，就要先让学生学会观察，学会运用自身的"五员大将"——眼、耳、口、鼻、手，来帮助自己感知事物的本质现象。只有握住观察的"利器"，才能积累更精彩的语言。

2. 指导学生留心观察周围事物

（1）细心观察自然现象

大自然是美妙的，充满神奇色彩的。阴晴雨雪、风霜雷电等奇妙多姿的自然景观，不但给我们带来了多姿多彩的生活，也给我们提供了极好的语言素材。比如雪，你有了认真细致的观察——它的大小、形状、光泽，甚至飘落的情况，那么只要我们一提到它，你马上就会想到用怎样的语言形容它。

同时，自然界中的任何事物都有它独特的特点，自然现象也不例外。就气候来说，"温暖"是春天的特点，"炎热"是夏天的特点，"凉爽"是秋天的特点，"寒冷"是冬天的特点；就风来说，春风是和煦的，夏天风是狂烈的，秋风是萧瑟的；冬天是凛冽的。即使是同一种自然现象，在不同的时间不同的区域也会有不同的特点，我们也要引导学生细心观察，就很容易找出它们各自的特点来，语言的库存也就丰富了。最后还要引导学生发现，任何事物都不是一成不变的，它们时时都在发展变化着，自然现象的变化更像娃娃的脸，说变就变，细心观察后，才有丰富的语言进行表述。

（2）细心观察人物

指导学生观察人物的外貌、神情的变化、动作、穿着等。不同的人面对相同的事件，反应是不同的，神情、动作更是不一样的；同时，同一个人，面对不同的事，神情、动作也是不一样的。引导学生去观察，学生的语言也得以充盈。

（3）细心观察事物

对同一事物，或不变立足点，只变换所观察事物的位置、方向的观察，或站在不同的观察点上，对一个事物进行，或正面看看，或侧面看看，或朝上看看，或朝下看看的细致观察，从不同的角度观察，会出现不同的视觉形象。"横看成岭侧成峰，远近高低各不同"的诗句，所说明的就是这个深刻哲理。为了全方位、准确地把握事物的特点，就要求同学们学会多角度地观察身边的事物。通过这样的观察，学生自然会表述，语言积累的目的也就达到了。

（三）专心体验

听也好，看也罢，尽管都有主体参与，但并非身体力行。没有经过切身体验的知识，毕竟肤浅狭窄。积累语言一个更重要的途径，就是亲身经历。在生活中，我们不仅要做善于聆听愿意观察的人，而且还要做一个敢于实践的人。"纸上得来终觉浅，绝知此事要躬行"，说的也是这个道理。学生大部分时光都在课堂度过，对生活缺少实际深入，当然也就不了解生活。没有亲身经历过，缤纷多彩的生活，语言终究是空白的。应引导学生积极参加各种活动，参观、游览、调查、访问、宣传、劳动、比赛，等等，从中体验真伪虚实、优劣美丑，积累语言。

（四）灵活运用，内化语言

不论在课内积累的语言，还是课外积累的语言，如果没有运用，没有消化、吸收，完全内化，那么巩固率是很低的，而且还有学多被遗忘。因此，教师不但指导学生积累语言，还要引导学生运用所积累的语言。如我们常听到"一年之计在于春，一日之计在于晨""三天不练口生，三天不练手生""小葱拌豆腐——一清二白"等一些谚语、歇后语，引导学生灵活运用到作文中，增加文章的生动性。

1. 作文里交朋友，内化语言

作文是语文学习的难点，是学生语文综合素养的全面体现，鼓励学生在作文中用积累的语言，对学生作文中出现的好词好句，教师在批改文章时应用红笔标出并加以评价，并指导学生正确应用积累的语言的方法。

2. 在课外活动中内化语言

在语文活动课上，组织"成语接龙""找反义词、近义词"等游戏让学生运用积累的语言，展现自己的语言能力。在一些辩论、讨论、演讲会上，教师要对学生表达应允的好词好句予以充分的肯定，并进行鼓励。

二、传统节日中积累的方法

（一）调查、搜索节日习俗

喜气洋洋的春节、张灯结彩的元宵节、怀乡祭祖的清明节、团团圆圆的中秋节、纪念屈原的端午节、重阳节……传统节日所承载的文化对于一个民族的精神记忆有着一份独特的价值。中国的传统节日形式多样、内容丰富，我们要引导学生通过调查，上网搜索等方式知道习俗、来源，达到语言积累的目的。如端午节，引导学生了解端午习俗，包粽子、戴香包、插艾草等的习俗，及来源，开展"走进屈原"活动。查阅屈原故事、屈原诗词等活动，重现屈原的故事，从他上下求索、宁愿去死也不愿离开故国半步中体味他那痛苦执着的伟大情感，体验他那崇高忠贞的伟大人格，使学生的语言库得以充实。

（二）实践、体验节日习俗

教育学家苏霍姆林斯基在《给教师的建议》中说过："让学生体验到一种自己在亲身参与掌握知识的感情，乃是唤起少年特有的对知识兴趣的重要条件。当一个人不仅人不仅在认识世界，而且在认识自我的时候，就能形成兴趣。没有这种自我肯定的体验，就不可能有对知识的真正的兴趣。"

1. 做一做

九月初九重阳节有赏菊、登高的习俗，在近年来重阳节又被赋予了新的意义。重阳节也叫老人节，利用这一民俗节庆开展活动，为老人挑选一份节日礼物，在班中还开展了"家中的老人是怎么关心我们的""你知道家中老人的生肖吗？"的谈话活动，和家中老人一起庆祝"敬老节"等活动。再比如"元宵节"制作漂亮的灯笼，"端午节"制作香袋，"中秋节"学做月饼等，通过一系列的活动，感受到浓浓的节日气氛，又充实自己的语言库。

2. 写一写

过年的时候，动手写写对联，并贴到墙上；元宵节，写些灯谜。也可引导学生动动笔，记下他们感触深刻的点点滴滴，内容包罗万象：比如可以写特色小吃糖葫芦、九层糕、猪油糕的；也可写精致而古老的家具木凳、"私家棚"、躺椅等。

3. 拍一拍

如春节摄影，事先提出了一定的要求：要以独特的视角，细微的发现记录下春节里的精彩一幕，最好能够体现春节古老的民风民俗，凸显节日特色。作品的下面还附录了拍摄的地点、时间和拍摄过程的简单描述，整件作品给人以身临其境的感觉。

三、影视资源中积累的方法

（一）影视资源中的直接素材

影视资源中的直接素材指的是我们可以通过观看影片，直接从影视作品中提取出来对学生写作有用的信息与材料，而不需要另外查阅资料。

1. 影视资源的内容经过提炼、加工可以成为作文的素材

应用语言学家克拉什认为："成人获得语言的方法有习得和学习两种：一

种是在自然的语言环境中获得，即潜意识的习得；另一种是通过课堂学习获得，即有意识的学习；习得与学习这两种获得语言知识的方法关系密切，是相辅相成的。"影视资源题材广泛，内容丰富，可以说涉及了现实社会生活中的各个方面，影视资源的语言也可以成为作文的直接素材来源之一。影视作品的语言生动又形象，富有感染力，在观影的过程中，学习者能习得大量的语词与句子，并在逼真的交际环境（影视场景）中学到词的意义、搭配、感情色彩，以及学会在不同场合，面对不同的对象时如何得体地说话，从而真正提升现实交际中语言表达能力。

例如，一些新闻类的节目，央视的《东方时空》《朝闻天下》《焦点访谈》等这些关注社会热点的电视节目都是学生们获得写作素材的渠道。这些影视资源可以帮助学生了解现实世界，从新闻中获取一手的写作材料。影视资源还可以帮助阅历少的学生间接获取生活经验，能从影视作品中直接提炼出对写作有帮助的信息。电影《舞出我青春》中的主人公对舞蹈的执着追求，让我们看到了梦想的力量。看《乔布斯传》可以学习乔布斯身上坚持目标，懂得珍惜的好品质。通过观看文学、语言类专栏节目，学生能在文学和语言文字学习方面有所进步。在观看一些如《诗词大会》《汉字书写大赛》等这类的文学作品分析或语言文字专栏节目时，我们可以得到语言文化与文学方面的熏陶。

很多家长认为看电视看电影会分散学生学习的注意力，其实，很多影视资源蕴藏着丰富的语文宝藏，只要老师和家长能明确观影目的，恰如其分地使用这一课程资源，那学生的作文就不愁没东西写。

2. 影视资源的语言也可以成为作文的直接素材来源之一

（1）经典的台词

经典的台词总是让人印象深刻，经久不忘，让人难忘的总是有它的独特之处，学生们可以参考和借鉴经典台词在情感的表达和结构上连接的方法。我们不妨在写作教学中借鉴影视作品的语言，也能使学生在看影视作品的过程中提高对语言的感悟能力。教师可以引导学生将影视作品中的经典台词引用、活用，改造成与写作主题相关的句子，往往能起到画龙点睛的作用，给人妙语连珠的感觉。

（2）影视资源里的谚语、歇后语等俗语与诗词

每一部影视作品都有属于自己的风格，特别是在语言方面若具有不同的特质，就很容易让人印象深刻。首先教师要善于发现这些影片中的语言特色，点明知识点并举例阐释，学生就能从影片中积累到丰富的诗词、俗语与优美的文学语言，为写作中的流畅的语言表达奠定基础。例如，红遍大江南北的电视剧《甄嬛传》中就涉及了大量的诗词。甄嬛与雍正结缘的除夕夜，甄嬛在倚梅园中念了两句来自唐末诗人崔道融的《梅花》中的句子："朔风如解

意，容易莫摧残"。又如周星驰主演的电影《唐伯虎点秋香》中，与华安的文斗中设计了大量的对联，如"十室九贫，凑得八两七钱六分五毫四厘，尚且三心二意一等下流！"对"一乡二里共三夫子，不识四书五经六义，竟敢教七八九子，十分大胆！"等，虽然有些恶搞，但却幽默诙谐，让人印象深刻，拍案叫绝。教师应教给学生在观看影视作品的过程中巧记语言的方法，及时摘录、积累片中精彩的俗语和歇后语或经典诗词，将之记录到作文素材本上，不但为日后的写作积累了素材，同时也使学生领略了华夏民族语言艺术博大精深的魅力，激发起语文学习的兴趣，可谓一石二鸟。

（3）语言的仿写

除了积累内化，还可以学习外化运用。比如教师可以引入一年一评的"感动中国人物"视频，不仅可将人物事迹作为直接素材，更要引导学生读那些颁奖词，它们语言凝练，富有哲理，力透纸背，不仅可以直接引用，句式上也可作仿写。一位老师在给学生们播放完"感动中国人物"的视频后，要求学生也学着央视颁奖词的写法，选一名课外读物中名人为其写一段颁奖词。有一个学生就写道：一支细长的竹笔，一个艰难的选择，一段坎坷的经历，撑起了那位英雄伟岸的身躯。他为人光明磊落，刚正不阿；他为文笔走龙蛇，笔墨飞扬；他性格傲岸不屈，却又忍辱负重。为了完成目标，他曾在死与生之间做出重要抉择，挥洒笔娄，在纸间书写他的浩然正气。一位忍辱负重的史家楷模用血和泪完成了一部荡气回肠名垂不朽、流传千古的史家巨著《史记》，他就是文学界和史学界绽放的一朵奇葩——司马迁。另外，小品、相声、公益广告等不同形式的语言都可以用来训练学生的仿写，从而使他们的写作语言形式更加多样化、个性化，富有文采，更有感染力。

（二）影视资源的间接素材

影视资源中的间接素材指的是由于观看了某个影视作品，对其中的某个元素，如主题、故事背景、演员、导演等产生了兴趣，自己又查阅了相关的资料所得到的信息与材料。

1. 影视资源背后的故事

例如，导演、演员的经历，拍摄作品背后发生的故事都可以成为素材。其实不用老师引导，学生常常都会自发地去了解导演和演员的背景，教师可以做的是引导学生从正反面去剖析影视作品背后的人和事，看看这些导演和演员的成长经历是怎么样的，如何走到了今天这成功或失败的地步；或者是影视作品成功背后的故事，或是一个成功的广告背后的品牌故事等等。然后根据作文题目或者是自己的感悟，来选择利用材料的有关部分当作作文素材。

电影导演李安的经历就可以成为学生的写作素材。我们现在看到的都是他拍摄的电影在各大国际电影展上摘得殊荣，却不知他考大学曾经两次落榜。他每天只能在家里做饭带孩子，虽然他不停地唉声叹气，却从来没有放弃过写剧本。其间，他仔细研究了好莱坞电影的剧本结构和制作方式，试图将中国文化和美国文化有机地结合起来，创造一些全新的作品。他说："因为我知道，我做电影是很有天分的，我自己晓得，不做电影什么东西也不是。所以如果我要选择的话，我当然是做电影，如果我不去做电影，真的是改行，我想一辈子都悔恨。"李安的经历就可以作为梦想、坚持、选择、等待、战胜挫折等多个话题作文的素材。教师不仅要指导学生怎么从影视资源中收集间接的素材，同时也应该督促指导他们将素材进行归类，教会学生遇到不同的话题该如何使用。

2. 从影视资源背后所折射的文化现象

随着极限挑战、超级女声、中国好声音等栏目以电视传媒的方式，声势浩大地挺进了大众的视线，草根文化成了现代社会的热门话题，学生们在津津乐道于这些草根明星的勇气与自信的同时，也以实际行动表达着他们对偶像们的崇拜，送花、送礼物、机场接机、跟场看演唱会，早已经不是什么新鲜的行为了。"粉丝"群体普遍的低龄化，它形成了一种新的社会文化能量积聚，同时也从侧面显示了青少年的自我表现欲和渴望被认同的欲望。

作为学生灵魂塑造师的语文老师应该随时保持教师的职业敏感，随时跟进学生的生活动态和精神状况，若发现学生出现极端、偏激的追星问题，要及时介入、干预，帮助学生走出狭隘的流行文化，投入到更丰富多彩，更健康的世界文化潮流中去。

比较同一题材的影视作品中的东西方的文化差异，例如对《西游记》中孙悟空的理解，我们中国人视之为敢于挑战权威的英雄，而美国人则认为他代表了离经叛道的霸权主义。再如在电影《刮痧》中出现的中国传统医术刮痧，在美国人眼中就是一种虐待。此时再引导学生从历史、社会等各个方面分析这些文化现象出现的原因，剖析它们的积极或消极影响，指导学生对各类文化现象展开深入调查，撰写调查报告、研究论文或小作文畅谈自己的看法。而这种引导或写作实践都与生活密切相关，学生可以选择自己感兴趣的文化现象进行研究，在研究的过程中不仅积累了素材，也培养了自身的理性思维，调动了他们自主学习的积极性，这样的语文学习效率自然就提高了。

四、旅游文化资源中积累的方法

（一）景点历史文化的积累

黄鹤楼是随着《黄鹤楼送孟浩然之广陵》才名声宏大的，但是一般旅游者仅知道该文与黄鹤楼的渊源，对于作者是在何种心情、何种形势下写该诗，旅游者知道的是很少的。如果引导学生发现，它不同于王勃《送杜少府之任蜀川》那种少年刚肠的离别，也不同于王维《渭城曲》那种深情体贴的离别，这首诗，表现的是一种充满诗意的离别等诸如此类的问题，学生对旅游资源中的语文因素会有更深入的认识。

（二）景点景物的深入探讨

学生到了旅游景点，会被那些独有奇特的建筑物吸引，激发了学生的探求的兴趣。每一个建筑物的形成，都有其特定的历史沉淀，都有一段可供人品味的内容。例如，《长城》这一课，在学习之前，引导学生进行旅游资料收集，深入研讨，学生会发现，春秋战国时期，燕赵国诸侯为了防御别国入侵，修筑烽火台，并用城墙连接起来，形成了最早的长城。以后历代君王几乎都加固增修长城。它因长达几万里，故又称作"万里长城"。其中秦、汉、明3个朝代所修长城的长度都超过了1万里。中国新疆、甘肃、宁夏、陕西、内蒙古、山西、河北、北京、天津、辽宁、吉林、黑龙江、河南、山东、湖北、湖南等省、市、自治区都有古长城、烽火台的遗迹，进而能够激发出对中华文化的敬仰与热爱。

（三）景点民间传说的挖掘

有些景点都流传着许多民间小故事，去了解它，也是一种积累。在衢州，几个著名景点就有这样类似的故事，市区的天王塔，民间素来就有"不见天王塔，眼泪滴滴答"的民谣，意即衢州人见不到天王塔，就意味着已经离开了家乡，乡愁油然而生。柯城有衢州三怪，"衢州三怪"的故事记载于蒲松龄的《聊斋志异》。其实，在蒲松龄写此书之前，如"钟楼大头鬼""县学塘白布怪"之类的传说就已在民间流传。江山江郎山有着这样的传说，古时候，金纯山下住着一家江氏三兄弟，三兄弟为民除了一大害，却得罪了天神托塔李天王，把他们点化为三爿巨石。人们为了纪念这三兄弟，就把金纯山改名为江郎山。这些景点民间小故事都能打动人，有些还有教育意义和很强的启发性。学生对他们做了一定的积累，对自身的全面发展都有重大的意义。

为了更好地引导旅游者去欣赏美，欣赏景观的神韵，促进旅游的进一步、深层次发展，旅游工作者应立足于如何帮助旅游者去理解旅游资源中的灿烂的文化内涵，增强景点对旅游者的吸引力和感染力，使其从中增长知识，得到教益。

总之，旅游资源中的文化内涵是人类文明厚重的历史沉淀，博大精深。而生活中语言，它需要我们在日常生活中多留心，多一个心眼去关注。只有捕捉各种语言，才能厚积薄发，信手拈来，为我所用。

语文积累的方法

第十五章　感受积累

第一节　感受积累的意义

人们认识自然、认识社会，感受的方式是多样的，途径有视觉、听觉、触觉等。人们通过各种感觉器官，在一定空间，对物体的大小远近、状貌变化等方面进行感受，从而准确把握事物的特征，真实反映客观事物。

我国有丰富多彩的抽象艺术作品。追溯到六千年前的彩陶艺术，可谓是原始抽象艺术的典范。彩陶纹样是对自然形象的高度概括、简化和组合，强烈的形式感使具体的鱼、鸟、人、植物组合变形的几何图形更具有感染力，是古人在生活中智慧表现，同时也反映出形式感视觉审美的历史价值。

图案的源泉是自然，这是不能否定的，但图案是自然的提炼，是以其强烈的形式美而高于自然。春秋战国以后，唐、宋以前，工艺品上的图案总是以形式美取胜的。例如，青铜器、彩陶上的图案。在汉代石刻、北魏砖刻和民间图案中的造型，我们都能感受到这种强烈的形式美。如适合纹样，就是在一定的形状中组织画面，采用版、刻、结的手法把构图"凝碍"起来，使其"神"不散。用现代流行的语言就是更具有"视觉艺术审美"。

从我国丰富多彩的陶瓷艺术中，也可感受到抽象形式感的艺术魅力给我们带来的启迪。

一切视觉审美的需要，视觉感知的启发，我们在形式感中享受着美的意蕴。正如李泽厚所言：在审美的身心形式感中，积淀和渗透着社会历史的因素和成果，有着超形式、超感性的东西（审美与形式感）。形式感在"有意味"的形式之中，我们感悟着它的存在，感悟着美，美在于是与不是之间方能领悟美的意蕴与力量。

人的各器官功能是"用进废退"的。

听觉训练，可以刺激儿童意识到声音的存在及其重要性，越来越习惯于使用听觉去感知，认识周围事物，从而促进听觉功能的发展，是儿童形成和发展有声语言的必要基础。听觉训练对丰富和陶冶儿童的情感，全面、正确地认识周围世界具有不可忽视的作用。

听觉训练通过有目的有计划的听觉功能训练，可以让儿童最大限度地开发利用听觉系统，培养儿童良好的聆听习惯，以及其感受、辨别、记忆和理解声音的能力，从而培养他们的言语听觉，进而获得有声语言，并学会利用听觉反馈进一步学习语言。

触觉是神经体系的营养，人类在胚胎期，就有三层结构，最外层日后发展成皮肤及神经系，也就是说人类的触觉和神经体系是相关的，触感便是神经组织最重要的营养，触觉的敏锐度会影响大脑辨识能力、身体的灵活度及情绪的好坏。触觉不佳会影响学生情绪和人格的健全发展，触觉敏锐的学生，通常言语反应较快，情商和智商也比较高，有旺盛精力，较高的自控能力。

第二节　感受积累的类型

当今传播媒介丰富多彩，电视、广播、收录机都是学生喜闻乐见的语言文字传播手段，通过这些媒介学习语言，对学生来说是没有负担的。引导学生收听、收看美文欣赏、新闻报道等各种活动，遇到一些好词佳句随时记忆，这样既丰富学生的生活，也帮助学生积累语言。

一、视觉积累的类型

随着电视、电影、网络等不断扩大，图形图像也成了一种重要的阅读形式，对青少年来说，理解、运用、欣赏和创造图像的能力变得十分重要。小学阶段是启蒙阶段，教育的质量高低对学生今后的发展起了关键性作用，特别是学生"创造性"思维的培养，是学生的视觉素养一个重点区域。视觉素养分为三个层次：

（1）第一种层次是读懂，即正确解释图片信息并欣赏的能力；

（2）第二种层次是能用运用图像图形符号来表达和交流的能力；

（3）第三种层次是创造和再生视觉形象的能力。

由于视觉素养在评判上主观性很强，创造可以不基于读懂的基础上进行。但是，视觉素养的学习过程正常情况下是一个层次一个层次不断递进的。在读懂别人创作的视觉图像上，欣赏领会，融会贯通，透过图像看到本质，然后在交流过程中运用自如，成功地将视觉图像转换成自己的一部分来表达自己的看法、观点，最后，在脑海中积累了一定量的图像素材后，引起了一定的创作欲望，在天时地利人和之时，推陈出新，创造出一种新的视觉形象或图像表达符号，并同时被人们理解、接受、而后广泛运用，这就是视觉素养到了极高的境界。

二、听觉积累的类型

在课堂上，除了常规的倾听语言，听觉积累还有常见的形式是音乐欣赏。音乐是世界上最动听的声音。它具有神奇的力量，穿透人的灵魂，穿越飘摇的时空。它具有神奇的魅力，能诉说故事，传递情感，表达思想。特别是流行歌曲是存在于社会和生活的一种很好的大众文化资源，尤其是其中的歌词，可以从中挖掘出一定的文化底蕴，发现许多语文素材。罗大佑把歌词比作"语言的花朵"。作为语文教师，通过对它们的开发和利用，走近歌词中优秀的作品，关注其语文性，帮助学生认识经典，提高鉴赏审美。

（一）从通俗回归经典

古典诗词浩如烟海，作为宝贵的文化遗产，对现代音乐创作起着影响，很多脍炙人口的流行歌曲都可以在古典文学及当代诗歌中找到源头。让学生通过流行歌词走近原本遥远的诗词歌赋，走近经典，可以激发学习古诗文和诗歌的兴趣。请看教学片段：

王崧舟：《枫桥夜泊》课堂教学实录

一、启：枫桥钟声越千年

师：当代诗人陈小奇写过一首歌，歌名叫《涛声依旧》，大家听过吗？

生：（自由应答）听过。

师：好听吗？

生：（自由应答）好听。

师：看来，这首在上个世纪末非常流行的歌曲，至今还能受到大家的欢迎。这首歌，不但曲子好听，歌词也写得相当出色。大家看，这是其中的两句——

（大屏幕出示）

流连的钟声

还在敲打我的无眠

尘封的日子

始终不会是一片云烟

——陈小奇《涛声依旧》

师：谁来读一读？

生：（朗读歌词）

师：好听！不但声音好听，读得更是好听！大家注意看，歌词中有一个词叫"无眠"，谁知道"无眠"的意思？

生1：睡不着，失眠。

师：说得好！"睡不着"是大白话，"失眠"呢，是近义词。一俗一雅，意思就说得明明白白了。其实，"无眠"还可以找出很多近义词来，比如，不能入眠，合成一个词就是——

生2：不眠。

师：难以入眠，合成一个词就是——

生3：难眠。

师：未曾入眠，合成一个词就是——

生4：未眠。

师：因为发愁而无法入眠，合成一个词就是——

生5：愁眠。

师：一口气，找到了五个近义词。无眠，就是"失眠"，就是"不眠"，就是"难眠"，就是"未眠"，就是"愁眠"。一句话，就是睡不着觉啊！好的，我们再来读一读这两句歌词，感受感受"无眠"的滋味儿。

生：（齐读歌词）

师：那么，是谁在敲打着我的无眠呢？

生1：钟声。

生2：钟声。

生3：钟声。

师：留连的钟声，还在敲打我的无眠。那么，这是从哪里传来的钟声呢？大家看——

（大屏幕出示）

十年旧约江南梦，

独听寒山半夜钟。

（二）自课本走向课外

很多歌词，值得我们细细品味，有的本身就有感人故事，有的流淌着深邃的思想潜流，可引发学生的情感共鸣，恰当引用，一有利于学生对文本的感悟，二能升华主题，帮助学生延伸课外，如教师在引导学生学习《慈母情深》，感受了教材中的母亲形象后，做了如下的设计：

师：文中母亲的形象已经深入我们的内心了，歌手满文军的《懂你》MTV中，也有一位母亲。（欣赏MTV）你看到了一位怎样的母亲？

生：她对孩子管教很严，心里却十分爱他们……

生：她把家里仅有的粮食给孩子吃，自己舔饭碗上剩下的来充饥。

师：是呀，在贫穷的生活里，是母亲给了孩子们一点温暖，一个依靠，尽管是平凡的、琐碎的，但却是朴实感人的。歌曲题目叫"懂你"，你觉得作者想表达什么？

生：表达对母亲的理解，想告诉母亲，他一直都懂她爱她，虽然过去迟迟没有表露，也饱含了对母亲的思念。

师：这样的文字也许勾起了你的一些回忆，现在，你也能用《懂你》做标题，对你身边的亲人说几句话吗？

一首《懂你》MTV的引入，让学生看到了不同母亲关于爱的不同表达，强化了教材的情感教育主题，同时引导学生对歌词中"懂你"的理解，领会"爱"这一情感表达和沟通的重要性，巧妙地过渡到课外作品的学习，最后还是用"懂你"来表达心中的感悟，催发了学生对身边亲人的感情关注，进而尝试表达，可谓一箭三雕。

（三）由欣赏诱发创作

音乐、歌曲往往以独特构思，精巧布局，生动表现见长。很多流行歌词不乏佳作，如《东风破》："一壶漂泊浪迹天涯难入喉，你走之后酒暖回忆思念瘦"，侠骨兼备柔肠，而《还珠格格》插曲："天若有情天亦老。歌不成歌，调不成调，风雨潇潇愁多少。"句式参差错落，艺术水准很高，类似佳作完全可以让学生赏析诵读甚至模仿写作。它能帮助学生学会大中取小，以小见大，努力使学生的作文达到新、奇、精、深。善于利用这些有效教学资源，才能调动学生学习的兴趣。

歌词，那些清新的语言，恰似一朵出水芙蓉，一束含苞欲放的月季，给我们的语文课堂带来了勃勃的生机，给学生以美妙的享受和快乐的情绪，只要我们善于运用，它就能成语文积累鉴赏的活水渠，所以，让我们的课堂也"流行"起来吧。

三、触觉感受的类型

我们每个学生都有一双万能的手，用是真正意义上的触觉器官，那么怎样才能真正成为万能呢？

为什么我们把眼睛、耳朵、鼻子、嘴巴和双手叫作"观察大将"呢？因为这些感官的本领很大，能够得到准确的感觉。比如眼睛能获得视觉，耳朵能获得听觉，嘴巴能获得味觉，鼻子能获得嗅觉，而双手能获得触觉。为五觉一合成，就能把事物观察清楚。

在这中间，触觉可能最为奇妙。盲人能够通过触觉，了解固体、液体和气体的区别，知道各种物体的形状，他们的双手几乎代替了眼睛的功能。所以有人将手比喻成"第二双眼睛"。

用眼睛看，能了解事物的外观，也就能写出事物的外貌，如果再加上手的触摸，就能感到事物是光滑还是粗糙，是冰冷还是滚烫，是柔软还是坚硬，是凸起还是低凹，把这些感觉写进文章，就能比较全面地表现出事物的多样性质。可见，要写好作文，确实需要加入双手的触摸观察。

第三节　感受积累的方法

指导观察时，应调动学生一切感官，充分运用视觉、听觉、触觉、味觉、嗅觉，进行细致的观察。对观察到的现象，要给自己多提几个问题，多问几个为什么，并勇于向别人请教，要进一步分析、综合、比较、判断，以获取更全面更深刻的认识，觉得很有收获的就记下来。

一、视觉积累的方法

（一）家庭视觉

小学生在行为习惯和兴趣爱好的形成上很大一部分是受到家庭因素影响的，父母的教育方式和习性都是孩子模仿的内容，潜移默化地塑造着孩子的性格，在一个艺术气息浓郁的家庭环境下成长的孩子往往也具有艺术天分，在书香气息浓厚的家庭环境下成长的孩子往往对书有与生俱来的天赋，不同的家庭形式培养出的孩子千差万别。

家长应加强与孩子的沟通交流，了解孩子的性格，让孩子尽可能多的接触到各种艺术形式，给孩子营造一个别致的氛围。有条件的情况下，尽可能给孩子参加一项例如绘画、摄影、雕塑、武术、舞蹈等兴趣活动，提高学生的艺术鉴赏能力和鉴别能力，开拓孩子的视野，要让孩子适当接触电影、电视等视觉媒体，适合孩子发展的绘画、雕塑、摄影等兴趣爱好都可以提高孩子的视觉素养。

（二）学校视觉

小学阶段是青少年成长的关键阶段，也是培养学生视觉能力的良好时机。

学校可以开展原创漫画刊。发挥学生特长，发展针对学生喜爱看漫画书的特征，教师可以为孩子们推荐有一定教育意义的漫画书刊，也可鼓励学生发挥兴趣特长，让有这方面天赋的学生用漫画的方式表现出激发学生潜能，征集学生漫画作品，举办漫画展，以提高学生的视觉素养。

举办摄影摄像征集活动，各种题材的摄影展，帮助学生打开眼界，加强摄影摄像的技术能力，通过实践尝试构图、色彩、光线、选题等，提高学生的审美能力和对事物的观察能力，对真伪的辨别能力。

学校还应提升信息技术能力，搭建网络平台。网络是学生学习知识的首选，青少年和互联网之间有着天然的磁场，信息技术可以成为一门基础学科，帮助学生更好地获得知识；可适当提高信息技术的课时量，让学生的实际操作技能得到提升，或将信息技术理念植入其他学科教学中，利用多媒体等技术手段辅助教学，声像结合，多感官共同刺激，潜移默化提高学生对视觉图像的解读和欣赏能力。条件允许的话，可以在学校增设计算机硬件设施，方便学生使用，建设网络平台，促进学生的学习与交流。

（三）社会视觉

《义务教育语文课程标准》讲课程资源的开发和利用，列举的资源达 21 种之多："语文课程资源包括课堂教学资源和课外学习资源，如教科书、相关配套阅读材料、其他图书、报刊、工具书、教学挂图，电影、电视、广播、网络，报告会、演讲会、辩论会、研讨会、戏剧表演，生产劳动与社会实践场所，图书馆、博物馆、纪念馆、展览馆，布告栏、报廊、各种标牌广告，等等。"此外还特别指出："自然风光、文物古迹、风俗民情、国内国外和地方的重要事件，以及日常生活话题等也都可以成为语文课程资源。"

看电视是学生课余活动的重要部分，学生很容易沉浸在电视或网络中。学生接触到的新知识有很大一部分都是从电视或网络媒体中获得。学生的视觉理解能力和欣赏能力在大众媒体的引导下会发生潜移默化的转变，所以，主流大众媒体节目在制作过程中除了考虑能够吸引学生外，还应当注意它的教育意义，提升视频录像的高度。受到了优质节目的熏陶，学生的品位和欣赏能力也会相应提升。

博物馆是征集、典藏、陈列和研究代表自然和人类文化遗产的实物的场所，并对那些有科学性、历史性或者艺术价值的物品进行分类，为公众提供知识、教育和欣赏的文化教育的机构、建筑物、地点或者社会公共机构。由于博物馆对公众开放，为社会提供了服务，博物馆是社会的教育机构，是人类智慧的集合，博物馆包罗了历史、艺术、科学、文化等方面的知识内容，小学生可以常参观博物馆来拓宽视野，从而提升视觉素养。

学校可以组织所在社区人员进行文化交流、开展文艺活动，例如书法展、摄影展、服装秀、布置个性社区等活动既具有人情味儿，学生又可以学习到更多、感悟到更多。从学校和家庭的平台拓宽到社区当中，在真实的情境中发挥创意，在轻松快乐的环境熏陶下施展才华。

二、听觉积累的方法

听觉培养有益于人生，有益于人的发展，它是提高学生言语能力、感知和观察能力、记忆能力和思维想象能力的有效途径，是塑造人格、形成"学力"的基础工程。口语交际是听觉培养的主要教学形式。在口语交际教学中，要充分调动学生的主观性和积极性，给他们留下更多的思维空间和思考时间，说出他们的所见、所闻、所感，引起学生对生活材料的注意和积累，在社会大课堂中得到教益和发展。

三、触觉积累的方法

在课堂上，教师应多进行示范，让学生通过触觉来感受直观的事物。

（一）示范游戏

请一位同学站在讲台前，转过身子面对黑板，请他朝后伸出双手。

游戏第一个环节：教师在这位同学手心里先后放上小物件，如橡皮、铅笔，允许他用五个手指触摸，并猜出这些东西的名称。

第一步：引导做游戏的同学说出自己的触觉，如你是怎么猜出这东西的名称的？

第二步：引导下面的同学说说你看到了什么，听到了什么，想到了什么？

看到做游戏的同学的动作；

看到观众的动作、表情，听到了他们的语言。

在这个过程中，自己心里在怎么想？

游戏第二个环节：不允许用手指触摸，教师把小物件放到这位同学手心里，躺10秒钟后，请他猜猜手心里东西的名称。

第一步：引导做游戏的同学说出自己的触觉，如你是怎么猜出这东西的名称的？

第二步：引导下面的同学说说你看到了什么，听到了什么，想到了什么？

看到做游戏的同学的动作；

看到观众的动作、表情，听到了他们的语言。

在这个过程中，自己心里在怎么想？

游戏第三个环节：教师把小物件分别放在同学的手臂、胳膊、颈窝上，时间10秒，请他猜出这些东西的名称。

第一步：引导做游戏的同学说出自己的触觉，如你是怎么猜出这东西的名称的？

第二步：引导下面的同学说说你看到了什么，听到了什么，想到了什么？

看到做游戏的同学的动作；

看到观众的动作、表情，听到了他们的语言。

在这个过程中，自己心里在怎么想？

师生讨论：为什么用五个手指触摸东西时，能很快地猜对物件，而不用手指触摸东西时，就猜不准确呢？

因为手指尖皮肤的细胞和神经末梢最丰富、最发达，所以它的触觉也就最灵敏。

（二）同桌间开展游戏

同桌之间模仿示范游戏开展"触觉猜谜"比赛。

游戏规则：所猜的物件必须轻巧、安全、无害。

第一次允许用手指触摸物件。第二次放在手心但不允许手指触摸物件。第三次把小物件分别放在同学的手臂、胳膊、颈窝上。

每猜一次物件的时间不得超过 10 秒。

左边的同学给右边的同学猜，猜着了，得 1 分，然后互换。如果猜错，允许猜第二次、第三次，猜测不着，就算输。前后共猜三样东西，每猜对一样得 1 分。

引导说说同桌间比赛的精彩内容。

第十六章　理解积累

第一节　理解积累的意义

语文课程是一门语言文字运用的综合性实践性课程。义务教育阶段的语文课程，应使学生初步学会运用祖国语言文字进行交流沟通，吸收古今中外优秀文化，提高思想文化修养，促进自身精神成长。

语文学习是学好其他一切学科的基础。华罗庚曾经说过："不管学文学理，都要学好语文。因为语文天生重要。不会说话，不会写文章，行之不远，存之不久。"

语文学习帮助我们开阔眼界，陶冶我们的情操，带我们走进历史，走进生活，感受人生的喜怒哀乐，感受生活的酸甜苦辣，没有什么比学习语文更能指引我们怎么去阅读书籍，阅读人生，做个大写的人字。

随着时代的不断发展，人与人之间的沟通与交往日益频繁，运用语言表达已是越来越广泛。儿童是学习语言表达的最佳时期，如果能在这一阶段对他们进行一定的培养、规范，形成良好的语言表达习惯，对他们今后的成长、学习、工作都是极其有益的。

孩子的沟通能力，其实打从娘胎出来就开始了。无论是语言，或是非语言表达，它们相辅相成即是整体性的沟通能力建构。叶圣陶先生曾经说过："儿童时期如果不进行说话的训练，真是遗弃了一个最宝贵的钥匙。"2到6岁是培养孩子的语言表达能力关键时期，同时这段时期也是孩子建立健康人格的重要时期。

专家表示，语言表达能力不佳的孩子，有极大比例会出现焦虑、退缩、哭闹等负向情绪；由于无法适度说出内心想法与需求，也较正常人容易出现学习效果低落、社会适应欠佳、缺乏自信心的、孤僻、自卑等人格特征。若不及早进行语言治疗，严重者还会出现像是自残、攻击别人等肢体暴力行为来发泄情绪。所以，从小注重培养孩子的语言表达能力更利于塑造出积极向上、活泼开朗的人格。

口头语言与书面语言的能力发展是互相制约、互相促进的，听说读写四种能力是一个互相作用与联系的有机整体。口头语言表达是书面语言表达之本，读写能力的提高，一般来说是从口头语言中汲取养分，丰富自身；而口头语言表达则可以借助书面语言表达得到进一步规范、生动、简练。

因此，要使听、读、写、思等语文基本技能得到发展，就必须充分重视听说的训练，即从低年级开始就重视"口语交际"的教学。

语言表达是一种最基本日常交往形式。叶圣陶先生曾这样说过："谁的说话能力差，不仅是他个人吃亏，往往又间接会造成社会的损失。"说话是人们交流思想的主要形式，说话能力则是人们必须具有的处理社会生活的重要能力和社会发展的基本需求。《课程标准》更指出："口语交际能力是现代公民的必备能力"。语言表达能力差的人，生活上会遇到很多麻烦，在事业上会遇到各种挫折，在社会交往上也会受到孤立，甚至因为语言表达能力差，形成自卑、孤僻性格，不敢与别人交往严重的还会影响到自己的人生态度。

小学生虽然还没有踏入社会，但他们也同样有着自己的交往圈子，只不过交往的对象、范围、方式有着自身的特点而已，也需要不断培养、提高语言表达能力，对他们的学习、生活和人际交往都有着很重要的意义，对他们踏入社会后能够更好地适应地社会生活也有着重要的意义。

中国作为历史最久的文明古国，孝顺父母，尊老爱幼，见利思义，公而忘私，团结友爱，诚信忠恕，见义勇为，和睦坦荡，先人后己，礼貌待人，遵纪守法，上下有序，学无止境，德智兼备，讲求公德，廉洁奉公，重民爱民等等，所有这些无一不是先人的文化教诲。

中国自古以来就有重视未成年人启蒙教育的优良传统，启蒙教育思想极为丰富。继承这一笔可贵的遗产，对现阶段我国小学生的教育，尤其是道德品质的养成大有裨益。

如今小学生的学习、生活环境要比古人复杂得多，因为社会风尚、现代传媒、法制环境，以及成年人示范、熏染的人际关系，环境等，都比先前复杂了许多。对儿童品德培养的影响作用也日渐增大，因而更应该在少年儿童的教育中增强德育环境意识，加强传统美德教育，注意将小学生道德教育与整个公民道德建设结合起来，倡导成年公民增强责任意识，自觉言传身教，为学生树立好的榜样。

中国传统文化是中国人民在几千年的历史长河中积累的丰富的人生智慧，是我们宝贵的精神财富和精神家园。作为一个教育者有责任要保护好我们的文化遗产，大力宣传和弘扬中国传统文化，吸取其精华，摒弃其糟粕，增强学生的民族自豪感，培养学生爱国主义的情感。

第二节　理解积累的类型

一、内容理解的类型

常言说字不离词、词不离句、句不离段、段不离篇，字、词、句、段构成一篇文章的内容。篇章教学能更好地从整体上把握文章，更好地体会文本的情感，更好地学习作者的表达方法。篇章教学能很好地把握文章的主旨，帮助学生理清文章的层次脉络，掌握文章的篇章结构，对提高学生的读写能力有很好的作用。

（一）整体理解

整体理解的教学策略主要体现"整体——部分——整体"的教学思路。第一步整体感知：这个环节主要读通读顺课文，了解时代背景，弄清文章结构，初步了解课文的主要内容等；第二步精读部分：引导学生抓住课文的语言优美之处、情感丰富之处、内涵深厚之处，细致地揣摩体会；第三步回归整体：引导学生跳出文本，领会写法，适度拓展。

【案例】

《莫高窟》一课，第一步：在学生读通读顺的基础上，让学生思考："作者是从哪几个方面来介绍莫高窟的？"学生通过阅读课文的第一段及课文的二、三、四自然段不难发现课文是从"彩塑、壁画、藏经洞"三个方面来介绍莫高窟的，这就从整体上了解课文的主要内容。然后看课文的最后一个自然段，思考："最后一个自然段写什么？"是对莫高窟的总的评价，总结了全文。学生明确课文是按着"总——分——总"的结构来写的。之后，再问学生："文章主要写了什么？"课文主要介绍了"彩塑、壁画、藏经洞"。

这是从整体上把握文章的结构及主要内容。第二步：引导学生品读描写"彩塑、壁画、藏经洞"三个段落，体会特点，学习写法，品味语言的精美，感受莫高窟是举世闻名的艺术宝库。第三步：总结写法，引导学生写导游词，结合自己搜集的材料介绍莫高窟。

（二）写人文章的理解积累

这类课文主要体现主人公的献身精神、舍己为人的精神、科学精神及其他美好品质。如《董存瑞舍身炸暗堡》体现了董存瑞英勇献身的精神；《哈尔威船长》体现了哈尔威船长镇定自若、舍己为人的精神；《小珊迪》体现了小珊迪的诚实和善良的美好品格等等。文中往往是通过人物的具体感人的事例，并通过具体的描写（语言、动作、神态、心理等）来体现人物的高尚品质。教学中就要引导学生体会具体描写的句子，走进文本，与人物对话，体会人物的高贵品质。首先通过初读，引导学生抓住典型的事例初步感受人物的高贵品质。然后引导学生抓住文章感人的地方，特别是抓住人物描写的语句，进行感悟体会，与人物对话，进一步感受人物的伟大，并通过朗读在学生心中树立人物形象。接着创设情境引导学生想象当时的情景，或者把自己想成课文中的人物，或者想象到主人公就在眼前，想和他说些什么等，学生们就会更深刻地体会人物的美好的情感。

如《我的战友邱少云》的教学案例：

片段一：

师：读了课文，想一想写了邱少云的什么事？

生：主要写了邱少云被烈火烧死的事。

师：能具体一些吗？

生：主要写了邱少云同志为了战斗的胜利，为了战友的安全，严守纪律，在烈火中足足三十分钟，没有挪动一寸地方，没有发出一声呻吟，最后光荣牺牲的故事。

师：很好。读了这个故事，邱少云给你留下了什么印象？

生：我觉得邱少云能严守纪律。因为上级要求必须纹丝不动，邱少云在烈火烧身的情况下，没有挪动一寸地方，没有发出一声呻吟，做到了纹丝不动，真正地做到了严守纪律。

师：回答得很好。接着来。

生：我觉得邱少云具备舍己为人的高尚品质。之所以他能在烈火中纹丝不动，就是因为怕部队被敌人发现，那样他的战友就会被发现，会有很多的人牺牲。

生：我觉得邱少云非常顽强。烈火烧身能够纹丝不动，这需要具有顽强的毅力，不是一般人能做到的。

师：了不起，看来你们都被邱少云的精神所感动了，下边请同学们再读课文，看看什么地方更能让你感动，哪些描写体现了邱少云这些美好的品质？你们用笔画一画，如果有什么感受在字里行间写一写。

以上的教学片断，就是引导学生的通过邱少云的典型事例，初读体会人物的思想品质，邱少云的形象在学生心中树立起来。

片段二：

师：好，我看同学们在读书的过程中，边读边画，而且把自己的感受写在字里行间了，不动笔墨不读书是好习惯，下边请同学们把自己的感受和同学们交流一下，那是一种快乐，开始吧。

（学生与同伴交流。）

师：大家交流得很好，现在把你的观点和全班同学交流，那更是一种快乐。和同学们谈一谈，哪些地方让你很感动？哪些描写体现了邱少云高尚的品质。

生：课文第二自然段有这么一句话："他全身伪装，隐蔽得很好，相隔这么近，我几乎找不到他。"通过这句话我们可以看出，邱少云严格遵守纪律，战友离他很近，几乎都找不到他。可见他隐蔽得很好，可见他在自觉遵守上级命令，严守纪律。

师：体会得很好，读了这句话你有怎样的心情？

生：我敬佩邱少云叔叔。

生：我要向邱少云叔叔学习。

师：来读读这句话，读出你的心情。

生读："他全身伪装，隐蔽得很好，相隔这么近，我几乎找不到他。"（学生读得很有感情。）

师：读得真有感情。接着谈感受。

生：课文中这句话让非常感动——"为了整个班，为了整个潜伏部队，为了这次战斗的胜利，邱少云像千斤巨石一般，趴在火堆里一动不动。""像千斤巨石一般"和"一动也不动"可以看出邱少云是多么的严守纪律，多么的顽强，烈火烧身啊！有时候我被烫一下，都受不了，可邱少云竟能做到一动也不动，多让人敬佩呀！

师：你读读，把你的心情读出来。

生读。

生：我从这句话里，读出了邱少云心中有他人，舍己为人。前面说了，"为了整个班，为了整个潜伏部队"从中可以体会出邱少云是为战友才忍受烈火的焚烧，献出自己宝贵的生命的。

师：谈得好，什么心情？

生：让人敬佩，让人感动。

师：读一读，读出这种情感。

生读。

师：多么值得敬佩，多么让人感动，让我们一起读一读这句话，读出敬佩。

……

通过这个片段，可以看出学生抓住了人物的描写，和文本进行了对话，学生的情感在对话中与作者的情感产生共鸣。

片段三：

师：同学们如果你是邱少云的战友，你看到你的战友被烈火焚烧，你的心情怎样？

生：我会很担心。

师：担心什么？

生：我担心我的战友会受不了，我担心邱少云会牺牲。

生：我很心疼，烈火烧身多疼啊！

生：我真想拔掉他的衣服，扑灭他身上的烈火。

师：能做到吗？

生：不能，因为那样就会暴露部队。

师：就是这个原因，邱少云才一动也不动，就是这个原因，"我"才不敢朝他那儿看，但又忍不住不看。让我来读一读文章中描写"我"话。（引导学生读"我的心绷得紧紧的。这怎么人受得了呢？我担心这个年轻的战士会突然跳起来……）

这个教学片段，就是引导学生想象文中的人物，和人物对话，激发学生情感。

通过以上三个片段可以看出，学生已经被邱少云英勇献身的精神所折服，敬佩之情油然而生，学生的情感和作品的情感产生共鸣。

（三）写事文章的理解积累

这主要是针对写事的课文所采取的一种方法。写事的文章主要是通过具体的事件阐述一个道理或歌颂人世间美好的情感。有的抒发爱国之情，如《别了，我爱的中国》《祖国我终于回来了》等；有的抒发战友之情，如《伟大的友谊》《草地夜行》等；有的体现故乡之情，如《繁星》《古井》等；有的抒发亲情、友情，如《十六年前的回忆》《献你一束花》等。而且文章中有感人的情节，我们要抓住动人情节，从动人的情节入手与文本对话，进行情感交流，从而感悟人世间这些美好的情感。

如教学《和时间赛跑》这一课时，我抓住读第八自然段中作者和时间赛跑的这一重要情节，引导学生明白"假如你一直和时间比赛，你就可以成功！"教学片断如下：

师：课文中哪个自然段具体地写了作者和时间赛跑？

生：第8自然段。

师：请同学们细读这一自然段，想一想作者都和什么赛跑了，跑赢了吗？你有什么感受？

生：作者和太阳赛跑，跑赢了太阳，作者的心情由悲伤到高兴。从中可以看出，时间是可以跑赢的，只要你抓紧时间做好每一件事。

生：作者还和西北风比快，有时一个假期的作业，十天就写完了，三年级时就把五年的作业拿来做。他做了时间的主人。

师：是啊，做了时间的主人，才会有所作为，作者做了时间的主人，所以最后成了著名的作家，因此她告诉我们："假如你一直和时间比赛，你就可以成功！"（课件出示）同学们读读这句有哲理的话。

教学中抓住了课文的重要情节，学生对"假如你一直和时间比赛，你就可以成功！"有了深刻的理解，珍惜时间的思想也深入学生的骨髓。

（四）历史题材的理解积累

历史题材的课文因为学生离作品所描写的时代很久远，就很难体会文章所表达思想感情，很难与文本对话。所以要通过讲故事或者影视作品让学生了解背景，渲染环境，引导学生走进文本，体会文章的情感。

如《火烧圆明园》一课，教师要用感人的语言讲述中国清朝那段耻辱的历史，在讲解外国列强焚烧圆明园一段时，播放《圆明园》电影中的烧圆明园的片段，学生就更加愤恨西方列强，更加不忘国耻，振兴中华。

（五）写景文章的阅读教学策略

写景的文章运用了生动优美的语言，向读者再现了优美的景物。如《草原》《第一场雪》等。"情景交融"是写景文章的特点，借着景物描写表达作者的思想感情。抓住优美的语句去体会、感悟、美读、想象、积累、仿写等方法，引导学生和文本对话，学生就会身临其境，更好地体会作者的思想感情，和作者产生共鸣。

如教学《草原》的第一自然段，首先配乐示范读全段，从整体上感受景色的美，然后让学生细读文本，问："看到了怎样的草原？"引导学生找出体现草原特点的句子："在天底下一碧千里而并不茫茫。"接着引导学生抓住具体的语句体会：我先由词入手："一碧千里什么意思？"学生说："绿的范围很广，千里以外都是绿的。""不茫茫是什么意思？"学生回答："不单调，不空旷。"我引导学生："哪能看出草原一碧千里？从哪可以看出不空旷？"学生读书后回答："平地是绿的，小丘也是绿的。通过这句可以看出草原到处是绿的。"另一个学生接着说："羊群一会儿上了小丘。一会儿又下来，走到哪里都给无边的绿毯绣上了白色的大花儿。这句中说无边的绿毯可以看出草原的面积大，绿的范围广。同时羊群又给绿色的草地增添了白色，显得草原不单调，有个羊群也就不空旷了。"又一个学生说："那些小丘的线条是那样柔美，好像只用绿色渲染不用墨线勾勒的中国画那样，到处翠色欲流，轻轻流入云际。这句话可以体现一碧千里，因为写到'到处翠色欲流，轻轻流入云际'，都绿到天边的感觉了。"学生感受到美后，我用生动的语言创造情景，引导学生有感情地朗读，配乐朗读，创造情景的读，体会草原的美。最后引导学生理清层次练习背诵。学生先掌握课文的写作顺序，课文是按"天空——草原——感受"来写的，然后抓住支柱点的语句："这次我看到了草原——在天底下——在这种境界里——"练习背诵，积累语言。

（六）说明文的理解积累

说明性的文章往往说明性强，但是作者的情感具有隐形性，不是很明显。我们在教学的时候，就要运用灵活的教学方法，激发学生学习的情趣，调动学生的学习兴趣，引导学生进行文本交流。

说明文不像写景文章那样优美，也不像写人记事的文章有生动的情节，所以就要在情趣上下功夫。导入是非常重要的环节，我在教学中非常注重导入环节，激发学生强烈的好奇心和主动阅读的积极性。

如《水就是生命》一课，我设计了这样的导语，请看片段：

师：同学们，你们知道人体里什么最重吗？

生：是所有的骨骼。

师：不是。

生：是所有的肌肉。

师：也不是。

（学生都挠头。）

师：想知道吗？就是水。

生：（惊讶地互相议论）怎么可能？

师：不相信？我们就来学习《水就是生命》，阅读后你就会相信了。

（学生迫不及待地打开书阅读。）

这个设计，真正激发了学生读书的欲望，唤起了学习的情趣，学生以饱满的热情投入到阅读学习之中，很好地进行情感交流。

我们在教学时，要运用灵活的方法，调动学生阅读的积极性。

《奇异的激光》一课，可以设计这样的教学策略："最亮的光"一部分，让学生根据生活中激光的作用，体会激光是最亮的光，并学习说明的方法。由于学生对生活中科学现象很感兴趣，让学生搜集有关资料，就体会出"最亮的光"在生活中的作用，学习起来就更有兴趣；"最快的刀"一部分，让学生当科普介绍员，抓住特点介绍给大家听，在过程中渗透说明方法；"最准的尺"一部分，引导学生把自己想成激光，用第一人称"我"的方式介绍自己怎么是最准的尺，在生产生活中如何运用等。

通过这样的策略，学生们兴趣盎然，把枯燥的说明文变得有趣了，学生带着情趣，使阅读事半功倍。

（七）诗歌体裁的理解积累

这主要是针对诗歌体裁的课文。教学时，如何把学生带进诗文描写的意境中，让学生感受诗人的情感，这是教学的难点。我在教学中采用引导学生美读诗句、品味诗句意境美，感受诗人的心声，通过朗读与诗人对话，感受诗人的情感，引导学生想象，让学生走进诗篇表达的意境中，与文本的情感产生共鸣。

例如，教学《蜂》一诗，我是这样设计的：首先让学生读诗，感受一下在罗隐笔下的蜜蜂是怎样的？通过哪些诗句体会到的？引导学生通过"无论平地与山尖，无限风光尽被占"体会出蜜蜂的辛劳。然后引导学生美读，读出对蜜蜂的敬佩。引导学生"采得百花成蜜后，为谁辛苦为谁甜"体会蜜蜂无私奉献的精神。然后引导学生想象：让学生闭上眼睛，然后教师配乐范读，问学生都看见什么了？然后让学生想一想，蜜蜂会为谁酿造着甜美？当你品味甜甜的蜂蜜的时候，你会感谢谁？生活中你觉得哪些人像蜜蜂？他们都在为谁辛苦，在为谁甜？能把"为谁辛苦为谁甜"改一下吗？例如，解放军叔叔是"为国辛苦为民甜"。

透过这样的设计，学生对蜜蜂就充满了敬佩的情感，同时蜜蜂无私奉献、不求回报的品格深入学生心中。

（八）文言文的理解积累

对于小学生来说，初步接触文言文，很有难度。对于"之乎者也"等不明白，文章读起来也很绕嘴，学生不感兴趣。如何让学生喜欢文言文，这是个难点，如果把教学放在理解文义和讲解上，学生学习起来会更无趣。教学中要重读淡讲，形成语感，进而培养学生学习文言文的情趣。

师：来，一起读一下第一句。（学生齐读）

师：老师想问一些问题，弈秋是什么意思？

生：弈秋是人名，他是全国最善于下棋的人。

师：你怎么知道的？

生：我是从课文下边的注释中知道的。

师：你很善于学习，学古文就应该会对照注释来理解。

师：通国呢？之？善？能连起来说说这句话的意思吗？

生：弈秋是全国最会下棋的人。

师：意思弄懂了，读起来就有底气了，我们再来读一读。（全体齐读）

师：好，懂了意思再读就不一样了。谁愿意自己读？

（一个女同学站起来读第一句）

师：读得真好。就这样读，大家再来。

师：不看书，把它背下来，齐。

师：就是这样读书，潜心会文本。（放幻灯）把意思、语气结合起来，把自悟、自得结合起来，熟读成诵——就这样读古文。知道了吗？

［点评：崔峦先生指出："阅读教学改革：一是抓语言。要紧紧抓住文本语言，读出情、品出味、悟出效，习得法，激活思。……"这环节，看是平淡，却稳扎稳打，步步为营。教师紧紧抓住文本语言，围绕一个"读"字，使学生从"念字"到"韵读"到"成诵"，不知不觉中掌握了学习方法，感受了文言文的韵味，积淀了语感，积累了语言。］

师：我们继续来研读后面四句话，你可以自己读，也可以和同桌读，要读好、读懂，不懂的你地方可以问老师、同学、看注释，开始研究吧。

学生有读了数遍的基础很快背诵文章（让学生感受到了熟读成诵的方法）；四比表演创意的读。通过这样的读，学生很好地形成了文言文的语感，也理解了文言文的意思，同时寓言的寓意也在反复读的过程中逐渐领悟，其乐融融。文道结合，避免枯燥说教，学生也学得情趣盎然。

二、表达的理解的类型

在小学阶段，语文课进行表达方法的领悟，主要任务是学习语言，主要目的是发现语言规律，学习表达方法，引导学生在阅读的过程中感受作者是怎样把文章写具体、写生动的，然后引导学生学会运用多种常见的语言表达方法，把自己的文章写得生动形象。

教材中对理解内容和领悟表达特点的引导，涉及诸多方面。在每篇课文中，表达方法可能表现在多个角度，应该本着一课一得的原则，引领学生抓住一两点领会就可以了。下面，我就以课为例，谈谈如何引导学生积累文章的表达方法。

（一）通过揣摩优美的语句，学习抒发情感的方法

如《草原》一课，写的是作家老舍第一次访问内蒙古大草原时的所见、所闻、所感，字里行间浸润着浓郁的草原风情：那一碧千里的草原风光，那马上迎客、把酒联欢、依依话别的动人情景，那纯朴、热情好客的蒙古族同胞，都令人难以忘怀。随着场景的变化、时间的推移，情感也在变化着。作家在描写草原风光时，处处流露出对草原及草原人民的赞美与留恋之情，或直抒胸臆，如"那里的天比别处的更可爱，空气是那么清鲜，天空是那么明朗，使我总想高歌一曲，表示我满心的愉快"，"这种境界，既使人惊叹，又叫人舒服，既愿久立四望，又想坐下低吟一首奇丽的小诗"；或间接抒情，如"握手再握手，笑了再笑"，"干部向我们敬酒，七十岁的老翁向我们敬酒。我们回敬，主人再举杯，我们再回敬"。这种纪实的描写，更能表达出蒙汉情深和民族间的团结互助。这种情感与描绘的景物紧密交融在一起，要引导学生抓住这样的语句。

通过品读、吟诵、想象画面等方法来体会美的意境、美的情感、美的语

言，感受作者借景抒情的表达方法。

（二）整体感知课文内容，体会借物喻人的表达方法

《白杨》这篇文章由树及人，从孩子关于白杨的争论开始，引出爸爸对白杨特点的介绍，托物言志，借物喻人。然后写爸爸借白杨表明自己扎根边疆的志向，并希望孩子也能够成为边疆建设者的心愿。在作者的描写和叙述中，没有直接歌颂这些无私奉献的建设者，而是将戈壁上高大挺秀的白杨与扎根边疆的建设者形象逐步交融在一起。

在阅读时，要引导学生首先从整体上感知课文内容，把握作者的行文线索。可让学生默读课文，说说这篇文章写了一件什么事，并画一画文中直接描写和谈论白杨的句子。例如，"白杨树从来就这么直。哪儿需要它，它就在哪儿很快地生根发芽，长出粗壮的枝干。不管遇到风沙还是雨雪，不管遇到干旱还是洪水，它总是那么直，那么坚强，不软弱，也不动摇。""爸爸只是向孩子们介绍白杨树吗？不是的，他也在表白着自己的心。"对于这些句子，要联系上下文，前后贯通地反复研读、理解，从而把握课文的主要内容，并初步感知白杨的象征意义，借此体会文章借物喻人、托物言志的表达特点。

（三）抓住文章的体裁，了解不同体裁文章的表达方式

《杨氏之子》是一篇文言文故事，《晏子使楚》是一个现代文的故事，《半截蜡烛》是一个短小的剧本，《打电话》是一段惹人发笑、发人深省的相声。文言文、剧本、相声都是学生第一次接触到的文章体裁，虽说体裁不同，但是这四篇文章都运用了共同的表达方法，就是通过人物对话来刻画人物特点的表达方式。因此，我们可以通过引导学生朗读人物的对话，或分角色表演故事情节，使学生感受到故事中人物语言的风趣机智，体会语言的精妙与幽默。如《晏子使楚》，可通过引导学生有感情地朗读晏子和楚王三次斗智的对话，要读出楚王的骄横、傲慢、阴险和在失败面前的窘迫；要读好晏子的话，或义正词严，或嘲弄戏耍，或诙谐反问，语气虽然变化较多，但这些多变的语气，都充分表现了晏子的机智勇敢和爱国情怀。这样让学生在感受语言艺术魅力的同时，领悟通过人物对话来表现人物特点的表达方法。

（四）抓住句子的修辞手法，感受表达方法的生动

文章描写大量运用比喻、拟人等修辞方法，能增强文章的表现力。如《桥》一课中，"山洪咆哮着，像一群受惊的野马，从山谷里狂奔而来，势不可挡"，"他像一座山"，"老汉凶得像只豹子"。这几句话都运用了比喻的修辞方法，使描写生动形象，让人如闻其声，如见其人。再如，"近一米高的洪水已经在路面上跳舞了"，"死亡在洪水的狞笑声中逼近"，"水渐渐蹿上来，放肆地舔着人们的腰"，这里运用拟人的修辞方法，把洪水疯狂、肆虐的魔鬼形象表现得淋漓尽致。在学生准确地理解和体会到课文表达的内容和感情后，可以通过将比喻句或拟人句、反问句换成陈述句的方法，对比感受使用了修辞手法的句子那种形象生动的表达特点。

（五）从文章的布局谋篇着手，感受表达方法的效果

《再见了，亲人》这篇文章，前三个自然段的表达方式相同，都采用了第二人称的叙述语气，而且都在叙事的基础上直接抒发感情，借助精巧别致的构思，叙事抒情相结合，抒发了真挚强烈的感情。这样安排结构，这样的表达方法，达到了震撼人心的艺术效果。

领会文章表达方法的途径还有很多，如通过课后的思考练习题，引导学生理解内容，领会表达方法；抓住关键词语，带动全文的理解，领会表达方法；通过交流平台，总结和提升表达方法……总之，只要我们善于从课文中挖掘精彩的语言材料，进一步丰富学生的感受，就会使学生获得比较系统、实用的读写方法，使语文的人文性与工具性得到有效的统一。

第三节 理解积累的方法

一、内容理解的方法

学生是阅读教学活动的主人，教师是学生学习的引导者和组织者，阅读是学生的个性行为，提倡学生在自主阅读思考的基础上，踊跃发表自己独立的见解，要求学生在阅读实践中逐步学会思考、学会读书。正确引导学生自己阅读课文、理解课文内容，是教师在阅读教学中必备的技能。

（一）初读课文，整体感知

1. 引导质疑

教师对学生阅读的引导有着非常关键的作用，教师的引导又往往是靠引导学生质疑来体现的。在阅读教学导入时，引导学生对课文内容进行质疑，能帮助学生激发兴趣、不断拓宽思维、了解文章的主要内容。

2. 课堂表演

小学生都有爱玩好表现的特点。在进行童话、寓言、神话、故事这一类课文的教学时，采用课本剧表演的教学形式，让几个学生来担当课文中不同的角色进行表演，由于学生自己进入扮演角色，课文中的角色不再是在书本上，而是自己或自己班里的同学，这样，学生对课文中的角色必然产生亲切感，很自然地加深了内心体验，有利于学生更好地阅读课文。

（二）细读课文，加深感悟

当学生整体感知课文之后，教师应积极地引导学生细读课文，加深他们对文章的感悟。

1. 理清文章脉络

理清文章脉络可以帮助学生梳理文章思路，加深他们对课文内容的理解。一般来说，文章的脉络主要是纵向（按事情发展的顺序）和横向（按人或事物的几个方面）。比如上《东方之珠》一课时，我引导学生按香港的"沙滩→海洋公园→街市"这一思路细读课文。通过有条理的细致阅读，学生领略到香港迷人的沙滩、著名的海洋公园、繁华的街市以及美丽的夜景，从而感悟到香港是一颗无比璀璨的东方之珠。

2. 分段、分层细读

比如上《石榴》这篇课文时，在细读课文这个环节上，我引导学生抓住春天时石榴的叶子，夏天时石榴的花，秋天时石榴的果实这三个方面内容有条理、有次序地进行阅读，并着重引导学生对石榴果实的颜色、样子、味道进行细读，从而加深他们对课文的理解。

3. 品读语言，体会文章语言的美

如《荷花》是一篇语言优美的散文。文中有许多精美的句子，为了让学生更好地感悟文章语言文字的美，我运用课件展示出许多幅荷花的图片，并播放美妙的音乐，引导学生在一个美的意境中诵读精美的句子，通过在意境中诵读这些句子，学生不仅从视觉上欣赏到荷花的美，而且还能从品读语言中感受到荷花的美。

（三）抓住重点词、句

精读是培养学生阅读能力最主要、最基本的手段。精读是细读的继续和提高，即让学生感悟课文内容后，引导学生深入、透彻地认识课文所反映的客观事物，全面理解课文内容，明确作者的写作目的，体会作者如何表达课文思想内容。有些课文，语言隽永、引经据典、情节生动，教师可以利用这些课文为依据指导学生精读，要求学生全身心投入，调动各种感官，养成认真读书的好习惯。

1. 抓住关键词语理解课文内容

词虽然是语言中较小的语法单位，但每一篇文章都会有一些具有概括性的关键词语。在阅读教学中我们要引导学生通过对课文中关键词、主题词的理解来理解课文内容。

2. 抓住中心句，理解课文内容

在教学中，抓住中心句引导学生阅读课文，能有效地帮助学生理解课文内容，提高教学效果。

3. 抓住含义深刻的句子来理解课文内容

课文里有很多含义深刻的句子，如果不能正确理解这些句子，就不能更深层地理解课文内容。在阅读教学中，我们要引导学生联系上下文及作者当时的思想感情等来理解句子。

（四）赏读课文，体会感情

阅读教学，我们不光引导学生在阅读中感知、理解课文，更重要的是使学生在阅读中受到情感的熏陶，让他们在思想上获得启发。因此，我们在阅读教学中，要引导学生掌握一定的朗读技巧，指导他们通过有感情地朗读课文，深化对文章的理解和感受，达到与文章、作者情感上的共鸣。

1. 注重要点挖掘，以读入境

一篇文章的情感往往是从字里行间流露出来。在语文阅读教学中，我们要善于选取那些有助于挖掘文章主题思想的句子，引导学生有感情地朗读，帮助他们深刻体会文章的思想感情。例如《桂林山水》一文结尾，舟行碧波上，人在画中游。这句话是对全文的总结，概括了荡舟漓江时的情景。课堂上，我引导学生有感情地反复诵读这句话，他们犹如身临其境，感受到桂林山水的美。

2. 激发学生的想象能力，以读悟情

在朗读时，教师要有意识地唤起孩子们的想象能力，引导他们结合生活经验，边读边想象文中的情境，使学生逐步领悟语言文字的深层内涵，读出真情实感。

3. 读有所思，读有所悟

在阅读教学中，教师要善于引导学生读思结合，在读中悟，在悟中提高自己的认识，实现语言的深度积累。

在小学语文阅读教学中，要有效地引导理解课文内容、体会文章的思想感情，教师要积极参与到学生的阅读活动中去，在活动中对学生言传身教，使他们得法于课内，得益于课外，让学生在积极主动的阅读中，读出内容，读出思想，读出感情，读出启发。

二、表达理解的方法

文章的表达方法又叫表达方式，它是文章思想内容变成具体存在现实的一种艺术形式，它是文章的重要形式因素，也是衡量文章艺术性的重要条件。表达的基本方式有叙述、描写、抒情、议论、说明五种。

（一）叙述

1. 叙述的定义

叙述是作者通过一般性的陈述，介绍、交代人物、事件、环境及其发展演变过程的表达方法，回答"是什么"的问题。

2. 叙述的作用

（1）介绍人物的经历、事迹、交代人物的关系。

（2）交代事物发生的时间、地点及其发展过程。

（3）概括事实事例，为文章的议论提供依据。

（4）联系故事情节、过滤转换上下文的意思。

3. 叙述的种类

叙述有两类：一是概括叙述、一是具体叙述，概括叙述又叫简述、略述、就是用简单的笔墨对人物、事件、环境加以介绍、给读者提供一个大概的印象。具体叙述又叫详述、细述，就是用详尽的笔墨对人物事迹、环境做详细交代。

4. 叙述的方法

叙述的方法有三种：顺叙、倒叙、插叙。

顺叙，是按照事件的发展过程或人物经历的自然顺序进行叙述的方法。它符合人们一般的认识习惯、条理清楚、脉络分明，易于将人和事叙述完整。

倒叙、又叫倒插笔。是把事件（人物）的结局或发展过程中精彩、感人的片断提到前边叙述，然后按顺叙的方法进行叙述的方法。倒叙有三种情况，一是把结局提前，二是把某个片断提前，三是用回想回忆的方式进行，将作者的感受用叙述在文章前边表达出来。用倒叙的优点在于：可以造成悬念、使文章结构富于变化。

插叙，就是在叙述进行中插进另外一段叙述。插叙能充实文章内容、丰富故事情节。插叙也有三种情况：一是插进来的内容是和所叙述的内容有关的以先发生的事情；二是插进来的内容是对所叙述内容的补充，注释；再一种情况是插进来的内容在表达顺序上与原叙述的顺序相反。叙述的多种形式在教材中多次出现，如《凡卡》中的插叙，《灯光》中的倒叙。

5. 叙述的人称

叙述的人称，就是叙述客观事物或人物活动时所确定的出发点和所选择的角度。常用的叙述人称有三种：第一人称——我、我们；第三人称——他、他们和第二人称——你、你们。

使用第一人称，有三种情况。"我""我们"有时就是作者本人，有时是虚构艺术形象，有时还可能是作品中的主人公或其他人物。因为讲的是"我""我们"的亲自见闻，有助于表达作者的思想感情，真实、亲切、自然。其缺点是，只能从"我""我们"的角度去写，在刻画人物，描写景物环境时要受时间和空间的限制。使用第三人称可以不受时间、空间限制，能够自由灵活地将叙述对象讲述出来。

使用第二人称，有两种情况，如果作者在文章中不仅叙述了别人，也叙述了自己，实际上是站在第一人称的角度上进行叙述的。如果作者较为客观地向读者讲"你""你们"的事，自己并没有在文章中出现，那实质上是第三人称的叙述。

第一人称和第三人称视角的叙述在课文中较为常见，如《十六年前的回忆》《少年闰土》中的第一人称，如《桥》《穷人》中的第三人称。

6. 叙述时要注意的问题

① 要线索清楚。确定一定的线索，才能理丝有绪，无论多么复杂的情况，都能自成条理。② 要交代明白。叙述要达到告诉读者"是什么"的目的，就要把握叙述的要素，如时间、地点、人物、事件、原因、结果交代清楚。这样读者才会得到一个完整、清晰的印象。③ 要详略得当。叙述一件事，对它发展过程的每个阶段不能平均用力量，叙述几件事，也要有个侧重点。要根据文章的具体情况，做到详而不杂，细而不荒，简而不陋。④ 要波澜起伏，"文如看山不喜平"，要善于交替使用各种叙述方法，运用抑扬、快慢、断续、离合等技巧，使叙述峰峦起伏，跌宕多姿。

（二）描写

1. 描写的定义

描写，就是用生动形象的语言，把人物的状态、动作、景物的性质、特征、环境的色彩、布局等具体地描绘出来。它回答的是"怎么样"的问题。

2. 描写的作用

① 展现自然景色的风貌。② 展现人物的形态、举止、言谈及内心世界。③ 展现人物活动的背景或具体环境。④ 唤起人们的审美情绪，影响人们的感情，加深人们对客观事物美的感受，使作品具有吸引人的魅力。

3. 描写的类型

描写大致有四种类型：人物描写、环境描写、场面描写和细节描写。

（1）人物描写包括肖像描写、行动描写、语言描写和心理描写

肖像描写，即对人物的音容笑貌、衣着服饰、神情姿态等外部特征的描写。肖像描写的方法很多，从描写的角度上说：有通过作品中人物介绍进行描写，有通过不同人物对比进行描写，有侧面烘托的描写；从描写的手法上说，有一次完成的描写，有静态的描写和动态的描写；从运用笔墨的程度上说，有精雕细刻的工笔描写，也有轻描淡写的白描。

行动描写，即对于人的具体行动的描写。行动描写的要求：要具体、生动展示出人物行动的方式方法和步骤，圆满地回答人物"怎么样做"的问题。

语言描写，即用个性化的语言表现个性化的人物。语言描写的方式有两种，一是独白，即作品中人物自言自语；一是对话，即两个或两个以上的人互问互答。搞好语言描写，首先语言一定要符合人物的身份、处境、思想和性格特征，使人看后相信这个人只能这样说话。其次，语言要准确、简洁、传神。

心理描写，即直接描写人物在特定环境中内心活动的方法。它是对人物的思想感情、理智、整个精神世界的直接透视，能较好地把人物内心最隐蔽的东西展露出来。

进行心理描写必须注意：一不要把作者的感情强加给人物；二要铺垫好寄托心理活动的必要的环境条件；三要与其他描写方法交错穿插，不宜做过长、静止、单调的心理描写。

（2）环境描写的定义及作用

环境描写，指的是对那些和作品中的人物或和作者所抒发的感情发生直接关系的客观外界条件的描写，它包括自然景物和社会环境两个方面。

环境描写能显示作品背景、点明时间、地点及社会背景；衬托人物性格、表现人物的精神面貌；推进情节发展，增加故事的真实感；突出文章主题，反映社会生活；抒发思想感情，袒露作者胸怀。

（3）场面描写的定义及作用

场面描写，是指对人物之间在一定时间和环境中所形成的相互关系而构成的生活画面的描写。

场面描写的方法主要有两种：一种是鸟瞰式，即从整体着眼、较全面地、概括地写出场面的总的景象和总的气氛。另一种是特写式。即把场面中具有代表性、特征性的典型情景、集中、细致地突现出来。

场面描写要注意它的四周，把时间、地点等跟人物结合在一处，要有人还要有画面。要截取事件过程的横断面，要写出动静之态，显示人物之间的关系。

（4）细节描写的定义及作用

细节描写，即对人、事、景、物的富有典型意义的细枝末节的刻画与描绘。

细节描写的作用很大，可以促成情节的曲折和复杂；可以表现人物鲜明的个性；可以展现环境景物的独有特征；可以增强主题的表现力。

直接描写与间接描写，都是从描写时所站的角度上说的。直接描写又叫正面描写，它是从正面描写人物，事物和环境，使其形貌直接地显现出来。间接描写又叫侧面描写，它不直接描写对象本身，而是借描写其他，间接烘托出要描写的对象。

工笔描写与白描，是从描写的程度上来说的，工笔描写，即浓墨重彩、精雕细刻的描写。白描、即轻描淡写，简单的勾勒。

静态描写与动态描写，是从描写对象的变化上来说的，静态描写，即对平面、静止的人物与景物的描写。动态描写，则是对人物或景物发展变化的情态的描写。

（三）抒情

抒情，即作者在文章中抒发主观感受和思想感情。它可以以情动人、增强文章感染力；可以开拓意境，表现和深化主题思想；可以渲染气氛，显示行文格调，贯通文章意脉。

1. 抒情的分类

抒情可以分为四类：① 直接抒情，又叫直抒胸臆，即作者直接倾吐自己的感情。② 即事抒情，又叫叙述抒情，是作者因事而动情，将感情融入叙事之中的一种抒情方式；③ 借景抒情，又叫寓情于景或描写抒情，即作者把感情寄托在景物描写之中，以景物的形状、色彩浓度、格调表达感情。④ 议论抒情，又叫寓情于理。即把感情寓于道理之中，借助说理表达思想感情。

2. 抒情的要求

① 要有真情实感，不可为文造情、无病呻吟；② 要同内容和谐一致、保持一致格调、形成有机联系；③ 要有积极、健康的情趣。

（四）议论

1. 议论的定义及作用

议论，即分析评论客观事物，表现自己的观点和态度。议论的作用是：① 增强文章表达效果，提高战斗性；② 明确文章主题，揭示蕴含的思想意义；③ 贯通文脉紧凑篇章结构。

2. 议论的方法

常见的议论方法有：① 夹叙夹议。即一边叙述一边议论。可先叙而后议，亦可先议而后叙。要把议和叙紧密联系，使议出自叙，言简意赅、灵活、自然。② 寓理于情，即把议论融入抒情之中，借抒情阐发道理。

3. 议论有的要求

① 议论要有独到见解，要有深度、有分量、有所指。② 要精当贴切。精当即言简意明、切中要害、鞭辟入里；贴切即恰到好处，③ 要因文制宜、文学作品议论要少而精。

（五）说明

1. 说明的定义及要求

说明即用言简意明的文字，把事物的形状、性质、特征、成因、关系、功用等解说清楚，把人物的经历特点表述明白。说明的作用是：① 在议论文中用它交代论据；② 在记叙文中用它起注释作用；③ 在新闻中，用它介绍背景材料，加强内容表达；④ 在科学报告或教科书中，用它表述科学知识或事物。

2. 说明的方法

（1）比较说明，把不同事物或同一事物的不同情形，不同问题或不同方面进行比较，从而使各自的本质，特征显示得更为突出。比较有横的比较和纵的比较。横的比较是指不同事物或不同问题间的比较；纵的比较则是指同一事物的不同情形或同一问题在不同情况下的比较。

（2）分类说明，把被说明的对象按同一标准分成不同类别，逐类加以说明。

（3）比喻说明，找出与被说明对象具有相同或相似之点的事物、事理，用以说明对象。

（4）诠释说明，即以下定义的方式说明事物或事理，用简洁而明确的语言，指出被说明对象的性质特点，使它与那些易混淆的对象区别开。此外，还有举例说明，引用说明、问答说明、描述说明、图表说明、数字说明等。

3. 说明需注意的问题

① 要把握说明对象的特点；② 要善于说出事物的疑似之处；③ 说明要客观地进行；④ 说明要用浅显，准确、详尽的文字。

第十七章　运用积累

　　语文教育工作者，就是要扎实指导学生语言的积累和运用，不管在教学什么任务都要把这一点放在优先位置，离开了语言的积累，谈任何教学模式都是空洞和苍白的。所以合理的运用课内笔读，注意课内外读写结合，关注拓展性课程的开发和利用，必将成为语文课堂的又一重要任务。

第一节　运用积累的意义

一、课堂笔记运用的意义

　　俗话说：好记性不如烂笔头，此话一语道出了做笔记的重要性和必要性。心理学研究早已证明，注意力是可以分配的，记笔记非但不会分散学生的注意力，而且可以帮助学生注意所讲的知识，提高认识过程的专注性。经验证明，坚持在课堂上做笔记的学生，都提高了注意力，提高了学习的效率。一本完整的笔记还能帮助学生进行知识的整理、复习，是学生自学的重要帮手。勤记课堂笔记作为一种良好的学习习惯，非但对学生当前的学习有益，还能使学生在以后的学习中获益。因此，教师应十分注重对学生记课堂笔记习惯养成的督促和方法的指导。

　　记读书笔记会让注意力格外集中，读得认真仔细，没读懂的地方会反复地看，会抓住要点，还要搜寻作者独特的思考，新的观点，新的材料，精彩的论证等。因为这些都要记下来，这样边读边记的过程，大脑会积极思考，对书中内容的理解自然会加深。所以，做笔记是深入理解学习内容的一种有效的方法。前人说"不动笔墨不读书"讲得就是这个道理。

　　中国有句老话："勤笔勉思"。人的记忆力总归是有限的，一个人不论有多么好的脑子，也不可能把所学过的知识都记得一清二楚，准确无误。读书笔记记得好，一旦需要某种材料的时候，只要翻检一下读书笔记就可以了，可以补偿记忆力不足。

写读书笔记，绝不是简单的抄抄写写，而是要有一番对学到知识加工制作的过程，这本身又是一种写作锻炼。平时注意积累资料，知识面就会越来越宽，对事物的认识也就会越来越深。

由于做笔记要经常思考问题，还需要用自己的语言来表达，所以也可以提高人们分析问题的能力和运用语言文字表达的能力。

二、读写结合运用的意义

读写结合中，读更多的是强调通过读书、读诗、读史来学习，积累知识，而写便是强调练习、常识、学以致用。读写结合旨在并行推进，双效结合，达到事半功倍的作用。运用到教学当中，读写结合可以加强学生的学习能力，是一种高效学习方法，也是中国传统语文教育精华。

阅读是吸收，写作是倾吐。阅读与写作相辅相成，密不可分。因此，在教学中，把阅读与写作结合起来，使学生"吸收"更充分、灵活，"倾吐"更自然、多彩。

语文"读写结合，点评互动"强调是读写的密切配合，学生可以广泛的阅读，可以以教材中的语文篇目，课标规定的课外读物，自选配套辅助教材等作为载体，教学侧重对学生的阅读进行指导，博览群书，扩大知识面，拓宽视野，注重学生阅读方法指导，提高学生阅读能力。重视语言积累感悟，不仅积累文本的立意、构思、表达形式、表现技巧，更为重要的是文本所渗透的认识能力以及人格素质。引导学生做好读书笔记、听新闻、做调查，方法要灵活多样。这样通过阅读积累与写作直接相关的素材包括文本的语言方式与技巧、结构与主题、思维方式与思想提炼，从而为写作奠定坚实的基础。

同时在阅读的基础上，激发学生写作欲望，指导写作方法。通过学习点评互动，写作训练，例文评改，提炼写作知识，从而提高写作能力。其中阅读的期待视野将激发学生再创造作品的兴趣，写作的冲动与过程经点评互动又刺激了阅读活动的各个环节，从而提高阅读质量。这样就形成了读写结合，相依相从，双向促进的良性循环。只有在语文教学中坚持不懈地将读写有机结合起来，以阅读作为写作的基础，由写作促进阅读，经过点评互动，我们的学生才能达到："读书破万卷，下笔如有神"的理想境界。

三、拓展课程运用的意义

拓展课程，就是根据教材要求、文本特点、教学目标、学生基础、教师个性，在课堂适时、适度、适量、适情地引入文本背景和相关内容，包括文字、音乐、图片、影像等媒介，整合而成的读写思教学内容。语文课堂上的拓展符合新课程理念要求，是与语文课堂发展相适应的，是素质教育的一个支渠道。

（一）拓展课程能进一步开放教学内容，将文本引向更广阔的资源空间，拓宽学生知识面

拓展是课堂教学的合理补充和有效延伸，它从不同的角度丰富了学生的知识储备，如通过拓展材料让学生了解到作家的个人资料，了解作者写作的时代背景，了解到作品的历史背景，了解到各地方的民风风俗，了解到地方的地理特点，了解到动植物世界的特点等，为学生开启知识的大门，让学生的目光看得更远。

（二）拓展课程能发展学生非智力因素，提高学生学习兴趣

心理学认为非智力因素是指人的智力以外的一切心理因素，主要包括动机、兴趣、情感、意志和性格等。一个人成绩好坏并不完全取决于一个人智力的优劣。教育家洛克曾说过："儿童学习任何事情的最合适的时机是当他们兴致高、心里想做的时候。"学生学习的兴趣来源于课堂的吸引力。拓展是能使课堂焕发活力，产生吸引力的元素之一。因为它是课堂的补充，因而它的内容和形式都具有灵活性。拓展的形式可根据学生的特点、课型的特点和拓展的目的，或看，或说，或练，或演而有所不同，使课堂变得多姿多彩，富有情趣。

（三）拓展练习的运用能活跃学生思维，培养学生创新精神

语文课堂拓展是教师精心设计的教学活动，此活动过程中，学生需要想象，需要思考问题，需要组织语言，需要动手制作等，使自己的大脑处于一种发散性的积极的思维状态。这个过程也是学生自主探究、合作探究，"体验——发现——再发现——创新"的过程。因此，它对发展学生的创新思维能力，培养学生的创新精神起着重要作用。

（四）拓展课程能培养学生的自学能力，促进良好学习习惯的形成

学生自学的过程就是学生根据学习的内容自主地搜集整理信息，积极地思考问题，以获取知识的过程。拓展活动就是要让学生搜集整理信息，思考，与人交流。学生长期习惯于这一模式，不但使自己的自学能力得到增强，而且也会形成良好的学习习惯。

第二节　运用积累的类型

一、课堂笔记的类型

读书笔记的类型有很多种，可根据学生的特点选择合适的记录类型，语文课堂里主要有摘要式和评注式两种方法。

（一）摘要式读书笔记

摘要式读书笔记，是在读书时把与自己学习、工作、研究的问题、有关的语句、段落等按原文准确无误地抄录下来。摘录原文后要注明出处，包括题目、作者、出版单位、出版日期，页码等，便于引用和核实。摘录要有选择，以是否有用作为摘录的标准。摘录式笔记可分为：

1. 索引读书笔记

索引读书笔记是指记录文章的题目、出处的笔记。如书刊篇目名、编著者、出版年月日、藏书处。如果是书，要记册、章、节，如果是期刊，要记期号，报纸要记年月日和版面，以备日后查找方便。例如，庄照：《也谈为谁立传》，《光明日报·〈史学〉》

2. 抄录原文读书笔记

抄录原文读书笔记就是照抄书刊文献中与自己学习、研究有关的精彩语句、段落等作为日后应用的原始材料。摘抄原文要写上分类题目，在引文后面注明出处。

（二）评注式读书笔记

评注式读书笔记不单是摘录，而且要把自己对读物内容的主要观点、材料的看法写出来，其中自然也包括表达出笔记作者的感情。评注式笔记有下列几种：

1. 书头批注

书头批注，是一种最简易的读书笔记作法。就是在读书的时候，把书中重要的地方和自己体会最深的地方，用笔在字句旁边的空白处打上个符号，或者在空白处加批注，或者是折页、夹纸条做记号等等。这种笔记方法不但对书中的内容可以加深理解，也为日后查找提供了方便。

例：于永正老师教《高尔基和他的儿子》。

师：同学们，这就是朗读，请拿起笔来默读全文，你觉得哪些是要背下来做个记号？你觉得哪些话引起你的思考也做上记号。该背的用一种记号，该思考的用另一种记号。对着要思考的话写一写自己的感受。（学生默读思

考，老师巡视）

师：通过默读，你觉得哪些句子最值得背诵下来呢？

（通过交流，总结出最后两段，教师让学生读三遍，然后背诵。）

师：下面我们来交流你在旁边写了什么？

生：我画了"你要知道，给，永远比拿愉快。"这句话。

师：读自己画下来的这句话。

生1：我从中感受到：赠人玫瑰，手有余香。生2：我们应该把帮助别人当作一种快乐。生3：给：给予；取：索取。

师：高尔基就是这样一个人，我会永远记住他。（师简介高尔基的情况，并展示自己课前写的批注。）

生：我画的是"瞧，那些盛开的花朵多像儿子红扑扑的脸庞啊！"把花比作红扑扑的脸庞，表达了高尔基对儿子的思念。

师：于老师看到这两句话，想到两个词，你们猜猜看。

（等学生猜之后，教师投影展示自己的批注：触景生情、睹物思人）

师：读到这，老师又要送给你们一句话：书是读出来的——于永正

师：还有一道题：请你替他的儿子写一封回信。师引领学生了解高尔基信的内容，（1. 花开了很漂亮；2. 思念儿子；3. 多助人）提醒学生注意信的格式，给学生五分钟的时间写回信。（师巡视，从中发现学生的佳作）

师：指名上台读自己的信，加以点评，评出其中写得精彩之处。（学生写的信很精彩，体贴入微）

师：于老师也展示自己写的回信，（投影出示）说说最喜欢老师写的哪一段？

（学生读出老师引用排比的句子）

师：还喜欢老师什么？

生：您会分段；善于引用名言；符号也打在恰当的地方。

师：会欣赏的人就会有发现，有进步。

2. 提纲

提纲是用纲要的形式把一本书或一篇文章的论点、论据提挈领地摘录出来。提纲可按原文的章节、段落层次，把主要的内容扼要地写出来，还可以采用原文的语句和自己的语言相结合的方式来写。

3. 提要

提要和提纲不同。提纲是逐段写出来的要点，提要是综合全文写出要点。提要可以完全用自己的语言扼要地写出读物的内容，除客观叙述读物内容外，带有一些评述的性质，是对一篇文章或一本书的内容梗概做简要的说明。

4. 评注读书笔记

评注读书笔记，是读完读物后对它的得失加以评论，或对疑难之点加以

注释，这样的读书笔记叫作评注笔记。例如鲁迅读《蕙榜杂志》中的一段：

清严无照《蕙榜杂志》：西湖有严嵩和鄂王《满江红》词石刻，甚宏壮。词即慷慨，书亦瘦劲可观，末题华盖大学士。后人磨去姓名，改题复言。虽属可笔，然亦足以惩奸矣。

5. 补充原文读书笔记

补充原文的读书笔记，是在读完原书或文章之后，感到有不满足的地方进行补充。需要注意的是补充原文不是随意地加以补充，而是要围绕中心思想加以引申或发挥。这种读书笔记较少在小学中运用。

二、读写结合的类型

读写结合教学是我国语文传统教学经验精华之一。它能使学生的阅读能力和写作能力相互迁移、相互转化，相互促进。

（一）随文练笔式——关注文本中可随堂训练的"写点"

随文练笔是一种即时性的读写结合，写的内容和形式多由文本中隐含的"写点"决定，充分发挥文本以读促写的教学价值。依据文本在随文练笔中起到的不同具体作用，又可以分为这样几种情况：

1. 形式模仿

如句式训练、构段练习等。在低年级主要表现为短语和单句的写话练习，中年级主要是典型句群和段的练习。

低年级的写话模仿练习正是低段学习目标的要求。如《蓝色的树叶》课后"读读说说"中安排了这样的仿写句子练习：你把绿铅笔借给我用一用，行吗？现在可以把你的绿铅笔借给我了吧。《清澈的湖水》一课中有这样一个生动具体的比喻句：湖水像一面镜子，映出了蓝天、白云，还有变幻的山峦。教学中可以适时引导学生感受比喻的表达效果，并练习仿写。

典型句式或句群模仿，如《海底世界》第二自然段有这样一句："如果你用上特制的水中听音器，就能听到各种各样的声音：有的像蜜蜂一样嗡嗡，有的像小鸟一样啾啾，有的像小狗一样汪汪，还有的像人在打呼噜……"句中包含着"有的……有的……有的……还有的……"这一排比句式，是一个很好的句式训练点，可引导学生先想象海底还有哪些声音，再模仿这一句式说一说，写一写。同样，《秦始皇兵马俑》第四自然段中对兵马俑神态的细致描写，是文章的"美点"，也是典型句式仿照练笔的"写点"。

典型构段模仿，如《小镇的早晨》二、三、四自然段，《庐山的云雾》二、三自然段的第一句都是段落的中心句，教学中可以引导学生进行围绕中心句做具体描写的构段练习。《翠鸟》的第一自然段分别从几个方面具体描写了翠鸟的外形特点，可以作为引导学生仿写，学习从几个方面描写动植物外形的写法。

2. 联想补白

有些文本就像中国画一样有留白的地方，这些地方留给了读者联想和想象的空间。作为作者，这种处理是表达的艺术体现；作为读者，在留白处展开联想和想象，是对文本的再创造；而在课堂上，有效利用留白引导学生进行联想和想象，不仅是阅读方法和能力的训练，同时也是读写结合的好契机。《钓鱼的启示》中，当父亲要求"我"放掉大鲈鱼时，"我抬头看了一下四周，到处都是静悄悄的，皎洁的月光下看不见其他人和船的影子。我再次把乞求的目光投向了父亲。"此时此刻，"我"想了些什么呢？可适时引导学生联系文本内容进行联想补白。

3. 抒写感悟

阅读是一个与文本展开充分对话的过程，当阅读对话真正触及心灵时，"感悟"便成为必然的产物。课堂阅读教学中，交流感悟是对话的一个重要方面。教师适时引导学生交流感悟，并将感悟写下来，这是读写结合的一种常见方式，既能丰富学生的思想、发展学生的思维，又能提升学生表达的能力。例如，《去年的树》最后一个自然段旁的泡泡这样引导学生思考感悟："这时候鸟儿会怎么想呢？"课后习题"读了这篇童话，我想到了很多，让我们来交流一下"，与泡泡中的问题有紧密的联系，它是对泡泡中问题的丰富和延伸。课后"小练笔"又是对上面两个问题的进一步整合："我有很多话要对鸟儿说。我先说一说，再写下来。"课堂上，将这三个问题有机联系和整合，抒写感悟的课堂小练笔便水到渠成了。与学生的生活联系紧密的课文，都可以安排这样的练笔活动。

（二）生活沟通式——关注文本内容与学生生活经验和情感体验的沟通

这种读写结合的方式，读是写的触发点，因为读的内容而触发了表达的愿望，顺读而写，自然而然。《给予是快乐的》一文，讲述了圣诞节前夜，保罗偶然结识了一个生活贫困的小男孩，在短暂的相处中，小男孩的言行强烈地震撼了保罗的心灵，使他深深地体会到"给予是快乐的"。学生读过课文，教师可启发学生：你在日常生活中有过这样的体会吗？然后组织交流，鼓励学生课下写一写自己熟悉的此类故事。

这种读写结合，重点关注的是课文内容对写的欲望的触发，关注的是学生表达的需要，尽量放开学生的手脚，让他们把自己的故事和感情抒写出来，不一定强调对课文写法的习得与模仿。例如，学习"中外童话"专题，学生大量阅读了童话故事后，自然会产生编写自己的童话故事的欲望，这时就让学生放飞想象，自由畅想，编写自己的童话。至于童话的特点和表达方法，学生能在阅读中悟出多少是多少，在习作中能体现多少是多少，更不必人为地拔高要求，以免因噎废食，损伤学生写的积极性。再如，"生活中的启示"专题单元的学习，学生走进一个个文本之后，一定会为文本中的人和事所感动，从中受到启发和教育，同时一定会从文本联想到自己的生活实际，想起相关的人和事。此时，由读到写，显得那么自然。

（三）策略运用式——关注表达方法，尤其是谋篇布局方式的迁移运用

这主要是中高年级运用较多的读写结合方式。前面谈到的典型构段方式的练笔，就是对表达方式和策略的习得和运用。

人教版五六年级教材的每一个专题单元的导语部分都明确了单元学习的重点，很多单元导语对读写结合的内容进行了明确的定位。例如，人教版五年级上册第三组："学习本组的说明性文章，要抓住课文的要点，了解基本的说明方法，并试着加以运用。"六年级上册第八组："学习本组课文……还要学习作者展开联想和想象进行表达的方法"等，为我们的教学实施指明了方向。

要保证这类读写结合的有效性，教学中就要抓住课文中能"以读促写"的内容，引导学生揣摩、体会文本表达上特点和方法。

如教学《小桥流水人家》，在体会了文章表达了作者热爱家乡的思想感情的基础上，再让学生说说是从文章中的哪些地方体会出来的，学生自然习得了运用具体景物、事情表达思想感情的写作方法。在习作时有意识地引导学生运用这一表达方法，以读促写便落在了实处。

这样的读写结合，在应用文的学习当中，表现得更明显。

再如《尺有所短寸有所长》是两封信，文后的泡泡引导学生学习书信的写法："我注意到信开头的称呼要顶格写，称呼后面要加冒号。""我还知道了信的末尾祝语和署名的写法……"

当学生感知了书信的写法后，再引导学生给远离家乡打工的父母写信，学习书信的表达格式，形成能力。

三、拓展课程的类型

语言拓展性课程正是依据语文综合性、实践性的学科特点，注重语言学科诸要素的联系，从不同角度、不同侧面，通过多种形式、多种手段，有效地沟通诸要素之间的内在联系，使其相关内容能够在逻辑上密切地联系起来，融会贯通，相互渗透，共同作用于学习对象。

（一）扩展延伸式

扩展延伸式是教师根据教材的特点，抓住教材某一信息点，向教材以外某个方面或几个方面扩展延伸，引导学生寻找其中的内在联系，以点拓面，再由面驭点，在沟通相关联的知识过程中，达到综合学习的效果。相对于那种拘守于一隅、孤立地处理教材的形式，这种扩展延伸式对学生思维广度、灵活程度的训练，有利于提高他们综合运用知识解决问题的能力。如学《狼牙山五壮士》可联系有关抗战历史的影视；学《竹石》可引进《诗经》《楚辞》中香草美人喻高洁品质的诗歌，引导学生背诵积累。上好这一类型课的关键在于教师在钻研教材过程中要精心选点、设点，使要拓展的面与课文有机地联系起来，以及课堂教学中恰到好处地实施。

（二）主题组合式

主题组合形式围绕着一个中心，将相关的内容和活动组成一个教学单元，将课内与课外、诸学科要素结合起来进行教学。如语文教材中有毛泽东的《七律·长征》，学这篇课文以"红军长征"为中心，课内将学生学过的课文《金色的鱼钩》等联系起来，将历史课"红军长征"的有关介绍联系起来，在地理课上考证长征线路、地貌概况、风土人情，音乐课上教唱欣赏《长征组歌》等；课外举办"红军长征"故事会、剪报专栏展出、组织合唱歌咏等活动。学生在主题组合的学习过程中，潜移默化地受到了综合性训练，促进了学生综合运用多学科知识分析问题、认识问题、解决问题的能力，提高了学习兴趣，培养了人文品质。

（三）时文积累式

学语文仅靠教材、课堂，是远远不够的，而且由于教材多年"老面孔"的局限，也极不利于学生吸收鲜活的语文信息。教师应有意识地从报纸杂志选取时文或从新华书店选择时文读本，供学生每日课余闲暇阅读。这可分两个步骤进行。第一步骤是学生阅读文章做读书笔记，第二步骤是每周专门设置一节阅读课，由学生自主交流。为突出学生的自主性，可以每节课由两名学生准备本周内阅读的几篇文章，安排好交流的步骤环节。上课时由两名学生主持穿针引线，或问或答、或读或评、或讨论或辨析，最后几分钟老师解疑、总结。

（四）专题研究式

语文教材中古今中外的名家名作比比皆是，但仅读一篇作品很难对这些大家的作品乃至人物有全面的了解。教学中如果能根据学生的兴趣，确定某位作家作品做一个专题，进行全面深入地研究，那么对学生蓄积多方面深厚的文化底蕴，形成综合性全面素质，完善人格是大有裨益的。当然，这类课操作起来，不但不能拘于课时（查资料利用周末、课余时间等），而且要求教师本人具备一定的研究指导能力。

（五）社会实践式

通过社会实践引进生活的"活水"、把"小课堂"与"大社会"结合起来，变封闭性为开放性，使语文教学始终与社会生活、经济文化密切结合起来，对学生蓄积多方面的深厚的文化底蕴，奠定综合素养打下坚实的基础。

第三节　运用积累的方法

一、课内笔记的方法

学生在课堂上常用的笔记方法很多。关键是要抓住要点笔记，不是将教师讲的每句话都记录下来，而是抓取知识要点，通过符号记录、剪贴重要内容、写读后感等方法，对老师所讲的内容加以概括、整理、分析等。

（一）符号记录法

我们读书的时候，把书中重要的，或者有疑问的地方，用各种符号（例如直线、曲线、括弧、三角、问号……）勾画出来，或在书的空白处写上批语，这种笔记，就是符号式笔记。

做符号式笔记需要注意以下几点：

（1）所读的书必须是自己的。图书馆的或借别人的图书，不应该乱批乱画。

（2）每一种符号所代表的意思，自己应该固定下来，不要随意改动。

（3）符号不能做得过多。如果整页整页都围上圈，画上线，全都成了重点，就等于没有了重点，符号也就失去了它的意义。

（4）要清楚整齐。不要把书弄得很脏，涂画得连原文都看不清楚了。

2. 摘录法

摘录笔记就是把我们从书上、报上看到的一些精辟的，对我们很有启发的内容抄写下来。摘抄可以加深理解和记忆，也便于日后查找起来。

做摘录笔记时要注意以下几个问题：

（1）要有选择地抄录。把文中对我们最有用、最有启发的内容抄下来，每条抄录笔记应当"少而精"。"少"指字数较少，"精"指内容把握要点。

（2）要忠实原文。书里有段话，作者怎样写，我们就应怎样抄，不但词句不能改动，就连标点符号也不能改动。一段话中，前后和中间不需要摘录的文字，可以用省略号表示。

（3）要注明出处。每条材料都要注明从哪本书里第几页抄录的，作者是谁。如果是在报纸、杂志上抄录的，就要把报纸、杂志的名称、日期写上。还要注明文章的标题和作者。这样便于以后使用时查对。

3. 剪贴法

在自己订阅的报纸、杂志上看到好的文章或者其他有用的资料及时剪下来，经过整理就是剪贴式笔记。这种方法收集材料快，也很简便。

剪贴式笔记需要注意以下几点：

（1）进行剪贴式笔记时要按不同的内容分类。可以准备几个用来贴剪报的本子，或者把一个本子分成几个部分，把语文知识、历史知识、自然常识等内容分别贴进去。

（2）每一条剪贴的内容要注明出处、时间。即剪自哪一种杂志或报纸，哪一年哪一期等。

（3）短小的剪贴笔记也可以作为读书卡片的内容。

写读书笔记的方法还不止这些。假如我们把每一篇好文章比喻成一朵花，写读书笔记就好像在万花丛中采集花蜜。天长日久，我们会发现读书笔记对提高学生的阅读和写作能力有事半功倍的效果。

二、读写结合的方法

在课堂教学中，我们把"读写结合"分为两种形式，一种是"外在"的，即学完一篇课文后，摘抄其中的好词好句，学习作者的写作顺序，并在习作中运用这些好词，或仿写文中句子的写法。另一种是"内在"的，即学完一篇课文后，学习作者的表达方法和写作特点，逐渐理解、消化为自己的东西，并对日后的写作起到潜移默化的影响。

1. 以读为主，反复熟读，品读精悟

"文不读熟不开讲。"学习课文首先要学生读正确、读流利，把这当作"死"任务，要求人人做到。确保每个人达到读正确、流利，然后才是读出感情。这就要"精读"——在学生读正确流利的基础上，进一步引导学生把课文读懂，读出字面背后的意思，进而把课文读出感情来。在阅读课上，我们就力求扎扎实实做到这一点。例如李云老师上《"东方之珠"》一课，从题目入文，深情地读课题，自读课文，闯三关读生字词，有滋有味地读词，默读课文找脉络。多种形式激兴趣，层层目标引读文，保障品、习目标的实现。以重点词为突破口，在课文中提炼出的重点词，读透了，品出滋味了，能起到"牵一发而动全身"的效果。如潘素寒老师在上《石榴》一课时，抓住"驰名中外、红白相间、晶莹透亮、清爽无比"这几个重点词，先理解意思读出滋味，再由这几个词牵出课文脉络，抓住石榴名气大，就是因其形美、味美，再细细品读课文，体会石榴的形美与味美。

2. 摘抄积累运用

别人好的东西，我们一定要学会借鉴。著名大剧家莎士比亚在他的作品中使用词语达一万六千，没有这么多的词汇，恐怕他也难写出闻名世界的不朽之作。毕竟人类的知识绝大多数还是来自于前人的经验，是书本上学来的。如果一切知识都要从自己的实践中得来，那是不可能的，也是不现实的。所以，我们提倡学生在读书的时候做摘抄，把书中的好词好句拿来为我所用。而且，每篇课文学完之后，应给学生指出一些比较好的词语、句子和段落，要求学生背诵、积累，并且有意识地在写话和作文中进行运用。每学完一个单元，还可以围绕这个单元的主题让学生把一个单元的优美词语、句段整理并背诵积累，再在日记、作文中运用。

3. 诵读仿写内化

仿写是写作的捷径，仿写是内化别人的内容为自己服务，这样才能使自己的写作水平有所提高。既然课文为学生们提供了很多仿写的资源，我们就应该充分利用它。需要指出的是，仿写不是抄袭，也不是生吞活剥式的搬用。它要在读懂值得模仿的他作，认清其超越自己的佳处，领会其精神和风格的基础上有选择地"拿来"。我们在教学中主要是依据课文材料，从以下几方面去做：

（1）仿写句子

如在教学《草原》一课时，在指导学生有感情朗读"那些小丘的线条是那么柔美，就像只用绿色渲染，不用墨线勾勒的中国画那样，到处翠色欲流，轻轻流入云际。"一句后，可引导学生思考为什么这句话给人的感觉这么美？从而引出"比喻"这种修辞手法。在明白了"比喻"这种手法之后，又让同学们用"比喻"的方法造句。

（2）仿写段落。在写好句子的基础上，随着积累的增加，我们也注重结合课文的特点，选择一些符合学生认识规律，与学生写作结合比较紧密的段落，让学生进行仿写。

（3）仿写思路。课本中有很多文章，作者的写作思路非常清晰、明了，而且学生很容易就能理解并能接受和运用。所以，在教学中，我们就抓住了这一宝贵的资源。如《詹天佑》、《鞋匠的儿子》等课文，都是写人的课文，作者都是通过具体的事例反映人物的品质，这些课文上完后，我们布置学生仿照课文写写家乡的名人、身边的熟人。这样的训练可以促进学生举一反三，学习的迁移，培养读写的能力，为今后的发展奠定基础。

（4）拓展延伸书写。拓展延伸是指引导学生把课文的内容从课内延伸到课外，做进一步的挖掘。这既是对课文更深层次的理解，又是提高学生习作水平的一种好形式。

（5）改变文体创造。课文有记叙文、说明文、诗歌等等，我们在教学中经常把它们改变为其他的文体。让学生加以丰富的想象，说明文可以改为童话故事，诗歌也可以成为小故事。如在教学《草原》一课时，让学生展开想象，具体写出"蒙汉情深何忍别，天涯碧草话斜阳"这两句诗所描绘的情境。学生结合课文不但写出了分别时草原的美景，还大胆想象分别时蒙汉人依依不舍的言语。

三、拓展课程的方法

从新课程标准中的三维目标来看，我们可以围绕教学目标，从知识和能力、过程和方法、情感态度和价值观等方面来设计相关的拓展内容。

1. 知识和能力的拓展

知识和能力目标是课堂教学三维目标中最基础的目标。课堂拓展是为了增加学生大脑的信息量，丰富学生已有的知识经验，使学生搜集处理信息的能力、说话能力、创新思维能力、观察力、想象力、语文实践能力都得到提高和发展，使这一目标得到充分落实。

知识方面的拓展可以让学生课外以个别或小组合作的形式搜集展示与文本有关的图片资料，音像资料，视频和文字材料等。这个环节可以结合课后的资料袋来进行。教师也可以自己从网络、书本等途径找到相关的资料来展示交流。如《北京的春节》一课，一位教师布置学生课前搜集祖国各地过春节的习俗。结果在上课时，学生展示出来的资料非常丰富，不光有各地过春节的情况，还找到了许多别的传统节日的习俗。教师因势利导，叫学生将各自找到的资料张贴在教室空白处让大家一起阅读交流，不但丰富了学生传统节日方面的常识，还激发了他们探究传统文化的兴趣。

2. 方法的拓展

教师教学生就是要教给学生学习的方法，实现知识点从课内学习到课外运用的迁移。在教学过程中，我们可以根据课文的特点，指导学生学习一段文章后，引导学生归纳学法，让学生运用此学法学习其他段落。也可以在教学一篇文章后，总结阅读方法和写作手法，再让学生运用到课外的阅读和写作中去。如学习《鲸》一课后，学生学习了举例子、做比较、列数字等说明方法，教师就可以趁热打铁，布置学生运用这些说明方法，以自己熟悉的一件东西为例进行说明文的写作训练。

3. 情感的拓展

情感方面的拓展，我们可以理解为为深化学生在阅读过程中的感受、体验、理解和价值取向，使学生人文素养得到提高而设计的教学活动。包括阅读作者的其他作品，体验作者作品的风格，加深对作者的认识；把自己与文本中的主人翁进行类比，体验文本的人文精神；创设问题情景，寄情于景，移情于己。譬如学习了第十一册第五组"走进鲁迅"的课文后，我们可以在课外搜集阅读一些鲁迅的作品或关于鲁迅的文章，还可以观看和鲁迅有关的影视作品。借此加深对鲁迅先生的认识和了解，更进一步去感受鲁迅先生的崇高精神。

参考文献

[1] 邹兆文，叶熙钊. 试论语文课程的"言语性"[J]. 语文教学与研究，2002，(12) 6-7.

[2] 李海林. 言语教学论 [M]. 上海：上海教育出版社，2000.

[3] 潘新和. 语文课程性质当是"言语性"[J]. 中学语文教学，2001 (2)，3-8.

[4] 汪潮. 小学语文课程与教学论 [M]. 上海：华东师范大学出版社，2010.

[5] 汪潮. 语文教学专论 [M]. 北京：教育科学出版社，2008.

[6] 彭南安. 孔子教育思想论 [M]. 重庆：西南师范大学出版社，2016.

[7] 李长泰. 孟子公共理性思想研究 [M]. 长沙：中南大学出版社，2014.

[8] 涂可国，刘廷善. 荀子思想研究主编 [M]. 济南：齐鲁书社，2015.

[9] 陈国代，姚进生，张品端. 大教育家朱熹：朱熹的教育历程与思想研究 [M]. 北京：中国社会科学出版社，2010.

[10] 列夫·谢苗诺维奇·维果茨基. 思维与语言 [M]. 杭州：浙江教育出版社，1997.

[11] 叶圣陶. 叶圣陶语文教育论集 [M]. 北京：教育科学出版社，2015.

[12] 周洪宇. 陶行知生活教育导读（教师读本）[M]. 福州：福建教育出版社，2013.

[13] 中华人民共和国教育部. 义务教育语文课程标准/2011 年版 [M]. 北京：北京师范大学出版社，2012.

[14] 温儒敏等. 语文课程标准（2011 年版）解读 [M]. 北京：高等教育出版社，2012.

[15] "义务教育学科教学质量基本标准和评价办法"项目组. 义务教育语文教学质量基本标准和评价办法 [M]. 北京：北京师范大学出版社，2016.

[16]　朱家珑．小学语文义务教育课程标准（2011年版）案例式解读［M］．北京：教育科学出版社，2012.

[17]　吴忠豪．从"教课文"到"教语文"［M］．北京：高等教育出版社，2012.

[18]　段玉裁．说文解字［M］．北京：中国书店出版社，2011.

[19]　张素凤，郑艳铃，张学鹏．一本书读懂汉字［M］．北京：中华书局，2012.

[20]　胡双宝．汉语汉字汉文化［M］．北京：北京大学出版社，1995.

[21]　王祥之．图解汉字起源［M］．北京：北京大学出版社，2009.

[22]　李乐毅．汉字演变500例［M］．北京：北京语言大学出版社，2014.

[23]　施春宏．汉语基本知识［M］．北京：北京语言大学出版社，2011.

[24]　张和生，白荃．汉语可以这样教［M］．北京：商务印书馆，2006.

[25]　吕叔湘．汉语语法分析问题［M］．北京：商务印书馆，1979.

[26]　胡裕树．现代汉语［M］．上海：上海教育出版社，2011.

[27]　宋国明．句法理论概要［J］．中国社科，1997.

[28]　潘玉峰，代旭．语文教学的趣味段落设计［M］．合肥：安徽人民出版社，2012.

[29]　吴忠豪．小学语文教学内容指要汉语阅读［M］．北京：高等教育出版社，2015.

[30]　朱德熙．现代汉语语法研究［M］．北京：商务印书馆，2014.

[31]　路丽梅，王群会．新编现代汉语辞海［M］．北京：光明日报出版社，2012.

[32]　徐赳赳．现代汉语篇章语言学［M］．北京：商务印书馆，2014.

[33]　《画说汉字》编辑部．图解"说文解字"画说汉字［M］．长春：时代文艺出版社，2015.

[34]　薛法根．为言语智能而教［M］．北京：教育科学出版社，2014.

[35]　于永正．我怎样教语文［M］．北京：教育科学出版社，2014.

[36]　王崧舟，林志芳．诗意语文课谱［M］．上海：华东师范大学出版社，2011.

[37]　支玉恒．小学语文课堂教学亮点［M］．北京：教育科学出版社，2016.

[38]　左民安．细说汉字［M］．北京：中信出版社，2015.

[39]　魏励．汉字部首解说［M］．北京：商务印书馆国际有限公司，2015.

[40]　唐汉．发现汉字［M］．北京：红旗出版社，2015.

[41]　钱理群，孙绍振，王富仁．读语文［M］．福州：福建人民出版

社，2010.

[42] 牟钟鉴．中国文化的当下精神［M］．北京：中华书局，2016.

[43] 张岱年，程宜山．中国文化精神［M］．北京：北京大学出版社，2015.

[44] 窦桂梅．跟窦桂梅学朗读［M］．桂林：广西师范大学出版社，2016.6.

[45] 潘新和．新课程语文教学论［M］．北京：北京人民教育出版社，2005.

[46] 王映辉．表演让阅读更有趣［M］．北京：团结出版社，2016.5.

[47] 桦泽紫苑．过目不忘的读书法［M］．北京：中国青年出版社，2016.

[48] 王崧舟．王崧舟与诗意语文［M］．北京：北京师范大学出版社，2016.8.

[49] 黄永红．小学生课外阅读方法指导与实践研究［M］．广州：广州中山大学出版社，2015.1

[50] 冯世明．小学生自主阅读教学指导方法［M］．上海：语文出版社，2016.

[51] 陈志文．寻找名家名作［M］．北京：人民邮电出版社，2016.

[52] 杨志朗．我在台湾教语文——阅读改变孩子的人生［M］．北京：台海出版社，2016.

[53] 艾丽森·戴维．帮助你的孩子爱上阅读［M］．北京：北京联合出版公司，2016.

[54] 李少白．是，而不见的长城［M］．北京：北京出版社，2016.

[55] 陶行知．陶行知教育箴言［M］．福州：福建教育出版社，2014.

[56] 刘金玉．课堂教学的革命［M］．武汉：长江文艺出版社，2016.

[57] 徐丽．课堂教学的悄然革命［M］．沈阳：辽宁教育出版社，2014.

[58] 孙敏：金丰年．智慧课堂在线［M］．南京，南京大学出版社，2016.

[59] 谢必芬．浅谈小学生作文素材的积累［N］．川北教育学报，2001，（03）.

[60] 张宇．音乐听觉的积累与内化［N］．哈尔滨学院学报，2002，（03）.

[61] 张博．小学生视觉素养现状的调查研究［N］．中小学电教，2013，（12）.

[62] 金盛华．语文教育新思维［M］．北京：社会科学文献出版社，1998.

[63] 臧铁军，潘仲茗．小学生语文能力评价研究［M］．北京：朝华出版社，2006.

[64] 徐岳．关于概括能力培养［N］．读写新概念，2000，（9）.

[65] 徐廷坤．在阅读教学中训练概括能力［M］.教研天地，2001，(5)．

[66] 吉春亚．新理念与语文教学设计［M］.北京：北京方志出版社，2004.

[67] 杨万扣．现代文阅读中概括能力的培养［M］.语文教学研究，1999，(9)．

[68] 吴忠豪．小学语文课程与教学论［M］.北京：北京师范大学出版社，2002.

[69] 王忠全．小学语文学习习惯的培养策略［J］.读与写·教育教学版，2017，(01)．

[70] 黄敏华．新课标下小学语文教学中的预习方法探微［M］.快乐阅读，2016，(06)．

[71] 栗书巧．浅谈小学语文学习习惯的培养与策略［J］.现代农村科技，2016，(4)：66-66.

[72] 黄友银．基于润泽教育理念下的小学语文习惯的养成教育［J］.师道教研，2016，(9)：56.

[73] 王坤．浅谈小学语文预习方法指导［J］.知音励志，2016，(18)：57-58.

[74] 王成全．多元智能教－9学的策略［M］.北京：中国轻工业出版社，2003.

[75] 林崇德．非智力因素及其培养［M］.杭州：浙江人民出版社，1998.

[76] 范敬．"先学后教，当堂训练"的小学科学教学模式［J］.小学科学(教师版)，2015，(11)：38.

[77] 范树怀．学习方法决定成败［M］.北京：中国经济出版社，2008，(47)．

[78] 杨建强．积累：语文学习的态度、过程与方法［N］.龙岩学院学报，2016，(24)．

[79] 钟启泉，等．为了中华民族的复兴、为了每位学生的发展［M］.上海：上海华东师范大学出版社，2001.

[80] 潘新和．新课程语文教学论［M」.北京：北京人民教育出版社，2005.

[81] 丁骥良．小学语文学法指导的基本途径［J］.教育科学研究，1992.

[82] 张香竹．汉语拼音教学研究综述［J］.继续教育研究，2009，(1)．

[83] 扈克勇．小学语文学法指导初探［J］.学科教育，2016，(14)．

后 记

（二十年磨一剑）

  著名学者张中行说："任何一篇文章，一本著作，都不可能是作者自己苦思冥想出来的，总要借鉴别人的思考、研究、调查的成果。我们读的书里的思想、观点和材料，都是他人心血的结晶，可以给我们以启发。"可见，积累是多么的重要。

  邹韬奋说："我所看到的书当然不能都背诵得出，看过了就好像和它分手，彼此好像都忘掉，但是当我拿起笔来写作的时候，只要用得着任何文句或故事，它竟会突然出现于我的脑际，效驰于我的腕下……"可见，积累是多么的必要。

  从1994年的一场小学语文毕业考试受"刺激"开始关注语文积累，从老师摘了抄给学生，到学生摘了大家交流，从此与积累相知相交不离不弃，获益多多，收获满满。

  市级以上相关课题：2005年12月，2005年度衢州市教科规划重点课题《语言引路作文教学模式的研究》获三等奖，2008年1月，2007年衢州市教科规划度重点课题《小学生作文语言贫乏问题的对策研究》获二等奖，并被浙江省教研课题立项；2010年6月衢州市第三届名师课题《趣味语言活动作文教学模式的研究》获合格，2013年9月衢州市第四届名师课题《小学语文解词方法多样化的实践与研究》获优秀。

  市级以上有关讲座：2011年12月，浙江省小学语文高端教学研究活动中做专题讲座《词语解读的秘妙》；2011年9月在县小学语文教师专业发展培训活动上做专题讲座《漫谈趣味语文》；2012年10月，在县小学语文教师学科90学时培训活动上做专题讲座《趣味语文》；2013年10在衢州市小学语文习作创新教学培训班上做专题讲座《熊藏万汇凭吞吐，笔有千钧任翕张》。

  市级以上有关公开教学：2007年12月，衢州市小学语文名师送教活动开设《成语的积累与运用》；2011 年 11 月小学语文名师送教活动中示范教学《有趣的汉字》；2014 年 9 月，省教研室"携手行动"教研下乡月活动中开课《魅力汉字》；2017 年 3 月浙江省小学语文拓展型课程设计培训活动中开设《趣味汉字》。

省级以上公开发表相关论文：《语言"操练"术》《小学教学参考》（语文版）2007 年第 5 期；《投机取巧是正道》《小学语文教师》2007 年第 6 期；《有感于"你知道什么意思吗"?》《小学语文教学》2007 年第 9 期；《三眼一板，画出来的精彩》《教学月刊》2008 年第 4 期；《妙语连珠是怎样炼成的》此文发表在《小学教学》2010 年第 9 期，2010 年第 12 期《小学语文教学与学》转载；《精品作文"催生"记》《新作文小学作文创新教学》2012 年 3 期；《让语言为学生的人生点灯》《新作文》2017 年第 6 期。

就这样与积累一路走来，我也积累着，积累下一点点心得，积累下一个个案例，积累下一篇篇论文。就这样，在著名小语专家**汪潮**教授的鼓励引领下，在知名特级教师**章师亚**的指导与帮助下，搭起了一本书的框架，从语文积累的意义，语文积累的要素，语文积累的类型，语文积累的途径，语文积累的方法，共五编 17 章，三十余万字。在写作过程中，承蒙**陈正**，**胡雪燕**，**胡箭慧，李丽，王丽娟，余燕**等老师的大力支持，特别是**陈正**老师，帮助统稿，在此，借书页一角，表达诚挚谢意。

语文积累，有众多专家、学者进行研究，成果丰富，著述甚多。有些研究成果已经在书后注明，有些借鉴成果实在无法考证出处，敬请有关作者谅解。

在进行本书的写作过程中，著者深感自己的学力浅薄，远远不能够参透"积累"的奥秘。所以愿借着这本书，和有志者共同深入探讨。

俗话说，"十年磨一剑"。我这本小书，当然算不上"剑"，但是我愿与大家分享，也希望有更多人一起研究、一起实践语文的"积累"，也算是抛砖引玉吧！